अमर भारत

आई.आई.एम. (कोलकाता) से प्रशिक्षित, 1974 में पैदा हुए **अमीश** एक बैंकर से सफल लेखक तक का सफर तय कर चुके हैं। अपने पहले उपन्यास *मेलूहा के मृत्युंजय*, (शिव रचना त्रयी की प्रथम पुस्तक) की सफलता से प्रोत्साहित होकर उन्होंने फाइनेंशियल सर्विस का करियर छोड़कर लेखन पर ध्यान केंद्रित किया। एक लेखक होने के साथ ही, अमीश भारत-सरकार के राजनयिक, टीवी डॉक्यूमेंट्री के होस्ट और फिल्म-प्रोड्यूसर भी हैं।

इतिहास, पुराण और दर्शन में उनकी विशेष रुचि है और दुनिया के प्रत्येक धर्म की सार्थकता और ख़ूबसूरती को सराहते हैं। उनकी किताबों की 70 लाख से अधिक प्रतियां बिक चुकी हैं और उनका 20 से अधिक भाषाओं में अनुवाद हुआ है। भारतीय प्रकाशन इतिहास में अमीश की शिव रचना त्रयी सबसे तेजी से बिकने वाली सीरीज है और राम चंद्र सीरीज का स्थान दूसरे नंबर पर है। अमीश से संपर्क करने के लिए:

- www.authoramish.com
- www.facebook.com/authoramish
- www.instagram.com/authoramish
- www.twitter.com/authoramish

अमीश की अन्य पुस्तकें

शिव रचना त्रयी

भारतीय प्रकाशन इतिहास में सबसे तेज़ी से बिकने वाली पुस्तक शृंखला

मेलूहा के मृत्युंजय (शिव रचना त्रयी–भाग 1)

नागाओं का रहस्य (शिव रचना त्रयी–भाग 2)

वायुपुत्रों की शपथ (शिव रचना त्रयी–भाग 3)

राम चंद्र शृंखला

भारतीय प्रकाशन इतिहास में दूसरी सबसे तेज़ी से बिकने वाली पुस्तक शृंखला

राम—इक्ष्वाकु के वंशज (शृंखला का भाग 1)

सीता—मिथिला की योद्धा (शृंखला का भाग 2)

रावण—आर्यवर्त का शत्रु (शृंखला का भाग 3)

लंका का युद्ध (शृंखला की चौथी किताब)

भारत गाथा

भारत का रक्षक : महाराजा सुहेलदेव

कथेतर

धर्मः सार्थक जीवन के लिए महाकाव्यों की मीमांसा

मूर्ति पूजाः तथ्य और आस्था का संगम

‘{अमीश के} लेखन ने भारत के समृद्ध अतीत और संस्कृति के विषय में गहन जागरूकता उत्पन्न की है।’

—**नरेन्द्र मोदी** *(भारत के माननीय प्रधानमंत्री)*

‘{अमीश के} लेखन ने युवाओं की जिज्ञासा को शांत करते हुए, उनका परिचय प्राचीन मूल्यों से करवाया है...'

—***श्री श्री रवि शंकर***

(आध्यात्मिक गुरु व संस्थापक, आर्ट ऑफ़ लिविंग फाउंडेशन)

‘{अमीश का लेखन} दिलचस्प, सम्मोहक और शिक्षाप्रद है।’

—***अमिताभ बच्चन*** *(अभिनेता एवं सदी के महानायक)*

'भारत के महान कहानीकार अमीश इतनी रचनात्मकता से अपनी कहानी बुनते हैं कि आप पन्ना पलटने को मजबूर हो जाते हैं।’

—***लॉर्ड जेफ्री आर्चर*** *(दुनिया के सबसे कामयाब लेखक)*

‘{अमीश के लेखन में} इतिहास और पुराण का बेमिसाल मिश्रण है... ये पाठक को सम्मोहित कर लेता है।’

—***बीबीसी***

'विचारोत्तेजक और गहन, अमीश, किसी भी अन्य लेखक की तुलना में नए भारत के सच्चे प्रतिनिधि हैं।’

—***वीर सांघवी*** *(वरिष्ठ पत्रकार एवं स्तम्भकार)*

'अमीश की मिथकीय कल्पना अतीत को खंगालकर, भविष्य की संभावनाओं को तलाश लेती है। उनकी किताबें हमारी सामूहिक चेतना की गहनतम परतों को प्रकट करती हैं।’

—**दीपक चोपड़ा**

(दुनिया के जाने-माने आध्यात्मिक गुरु और कामयाब लेखक)

‘{अमीश} अपनी पीढ़ी के सबसे ज़्यादा मौलिक चिन्तक हैं।’

—***अर्नब गोस्वामी*** *(वरिष्ठ पत्रकार व एमडी, रिपब्लिक टीवी)*

‘अमीश के पास बारीकियों के लिए पैनी नज़र और बाँध देने वाली कथात्मक शैली है।’

—***डॉ. शशि थरूर*** *(सांसद एवं लेखक)*

‘{अमीश के पास} अतीत को देखने का एक नायाब, असाधारण और आकर्षक नज़रिया है।’

—***शेखर गुप्ता*** *(वरिष्ठ पत्रकार एवं स्तम्भकार)*

‘नये भारत को समझने के लिए आपको अमीश को पढ़ना होगा।’

—***स्वपन दासगुप्ता*** *(सांसद एवं वरिष्ठ पत्रकार)*

‘अमीश की सारी किताबों में उदारवादी प्रगतिशील विचारधारा प्रवाहित होती है: लिंग, जाति, किसी भी क़िस्म के भेदभाव को लेकर... वे एकमात्र भारतीय बेस्टसेलिंग लेखक हैं जिनकी वास्तविक दर्शनशास्त्र में पैठ है—उनकी किताबों में गहरी रिसर्च और गहन वैचारिकता होती है।’

—***संदीपन देब***

(वरिष्ठ पत्रकार एवं सम्पादकीय निदेशक, स्वराज्य)

‘अमीश का असर उनकी किताबों से परे है, उनकी किताबें साहित्य से परे हैं, उनके साहित्य में दर्शन रचा-बसा है, जो भक्ति में पैठा हुआ है जिससे भारत के प्रति उनके प्रेम को शक्ति प्राप्त होती है।’

—***गौतम चिकरमने*** *(वरिष्ठ पत्रकार एवं लेखक)*

‘अमीश एक साहित्यिक करिश्मा हैं।’

—***(स्वर्गीय) अनिल धारकर*** *(वरिष्ठ पत्रकार एवं लेखक)*

अमर भारत

युवा देश, कालातीत सभ्यता

अमीश

अनुवाद

शुचिता मीतल

प्रथम प्रकाशन 2024
हार्पर हिन्दी
(हार्परकॉलिंस *पब्लिशर्स* इंडिया) द्वारा प्रकाशित
बिल्डिंग नं. 10, टावर A, 4th फ्लोर,
डीएलएफ साइबर सिटी, फेज II, गुरुग्राम 122002, भारत
www.harpercollins.co.in

P-ISBN: 978-93-6569-606-6
E-ISBN: 978-93-6569-962-3

टाइपसेटिंग : हार्परकॉलिंस *पब्लिशर्स* इंडिया
मुद्रक : थॉम्सन प्रेस (इंडिया) लि.

भावना राय को समर्पित

मेरी बहन
ज्ञान योगी, दार्शनिक,
भारतीय ज्ञान की सच्ची उत्तराधिकारी,
पूरे विश्व के ज्ञान को पाने की अभिलाषी,
जिन्होंने अक्सर मेरी राह को प्रशस्त किया,
और उससे भी अहम, मेरा साथ दिया

ओम् नमः शिवाय

ब्रह्मांड भगवान शिव के समक्ष सिर झुकाता है।

मैं भी भगवान शिव के समक्ष सिर झुकाता हूं।

जननी जन्मभूमिश्च स्वर्गादपि गरीयसी

—प्रभु राम, रामायण

अनुक्रम

इतिहास

आभार

नीचे दिया गया आभार तब लिखा गया था जब 2017 में यह पुस्तक पहली बार प्रकाशित हुई थी। मुझे उन लोगों के प्रति भी अपना आभार व्यक्त करना होगा जो *अमर भारत* के इस संस्करण को प्रकाशित कर रहे हैं। हार्परकॉलिंस इंडिया के उत्कृष्ट सीईओ अनंत के नेतृत्व; और हार्परकॉलिंस यूके, आयरलैंड, इंडिया एवं ऑस्ट्रेलिया के सीईओ चार्ली रैडमेन द्वारा निर्देशित; मेरी संपादक पौलोमी; आकृति के नेतृत्व में शबनम और पूरी मार्केटिंग टीम; गोकुल, विकास, और राहुल के नेतृत्व में पूरी सेल्स टीम; एवं अमिया के नेतृत्व में डिजिटल मार्केटिंग टीम।

~

यह मेरी पहली कथेतर पुस्तक है। बुनियादी तौर पर यह विभिन्न विषयों पर मेरे विचारों का संग्रह है, जिन्हें मैंने आकार दिया है उन लेखों में, जो मैंने लिखे थे, उन व्याख्यानों में जो मैंने दिए थे और उन चर्चाओं में जिनमें मैंने भाग लिया था।

अनेक लोग हैं जिन्होंने मेरे विचारों को मज़बूत करने, और कभी-कभी उन्हें शांत करने में मदद की है। और फिर वे लोग हैं जिन्होंने इन विचारों को सार्वजनिक मंच तक लाने में मदद की है। उनमें से कुछ का मैं आभार व्यक्त करना चाहूंगा।

भारत, मेरी जन्मभूमि और मेरी कर्मभूमि। मैं काफ़ी हद तक अपनी भारतीय विरासत से जाना जाता हूं। मेरे विचार, मेरे मूल्य, मेरी जीवनशैली को मेरे वतन की संस्कृति और धरोहर ने आकार दिया है।

नील, मेरा बेटा, मेरा प्रसाद। और कुछ मायनों में मेरा गुरु; जैसा इस पुस्तक के एक लेख में मैंने कहा है।

प्रीति, नील की मां; मेरी बहन, भावना; मेरे बहनोई, हिमांशु; मेरे भाई अनीश और आशीष को, मेरे लेखों और वक्तव्यों पर अपनी राय देने के लिए। अपनी बहन भावना का मैं विशेष ज़िक्र करना चाहूंगा जिन्होंने अपना वक़्त देकर मेरे हर लेख को बारीकी से पढ़ा और गूढ़ सलाह दी। मेरे बहनोई हिमांशु और बड़े भाई अनीश भी विशेष उल्लेख के हक़दार हैं। अक्सर वे मुझे किसी ख़ास विषय पर सलाह देते हैं, तो कभी-कभी अपने गहन ज्ञान से मेरे भावात्मक उत्साह को शांत करते हैं।

मेरे परिवारः उषा, विनय, मीता, डोनेटा, शरनाज़, स्मिता, अनुज, रूटा को। उनकी सतत आस्था और स्नेह के लिए।

मेरे प्रकाशक वैस्टलैंड के सीईओ गौतम को। दक्षता, विनम्रता और पुरानी तर्ज के शिष्टाचार का दुर्लभ संयोग।

अभिजीत, जिन्होंने इस पुस्तक की मार्केटिंग का दायित्व लिया है। मैं उन्हें बहुत सालों से जानता हूं और वे मार्केटिंग के बेहतरीन लोगों में से हैं। इस पुस्तक के लिए उनका सहयोग मिलना ख़ुशी की बात है। और वैस्टलैंड में मेरी रिलेशनशिप मैनेजर नेहा, जो वहां मेरी गतिविधियों का प्रबंध देखती हैं; बहु-प्रतिभावान, उत्साही और मेहनती हैं।

मेरी संपादक सुधा। उनके साथ मैंने पहली बार काम किया है। वे शांत, समर्पित और मेहनती संपादक हैं। यह एक सुखद अनुभव रहा और मैं देख सकता हूं कि यह मेरी उन अनेक कथेतर पुस्तकों में पहली है जिन पर हम साथ काम करेंगे।

मेरे एजेंट अनुज। वे शुरू से साथ रहे हैं। मज़बूत सहारा और ताक़त।

कुछ अख़बार भी मेहरबान रहे हैं कि उन्होंने मुझे एक नियमित कॉलम प्रदान किया (हालांकि मैं अपने लेखन में बहुत अनियमित हूं!), जबकि अन्य मीडिया हाउसेस ने मुझे लेख लिखने के लिए आमंत्रित किया, जिनमें से कुछ ने इस पुस्तक में जगह पाई है। मैं उनका भी आभार व्यक्त करना चाहूंगा।

मेरे स्तंभों को अपना प्लेटफ़ॉर्म प्रदान करने के लिए द *टाइम्स ऑफ़ इंडिया* के स्वागतो गांगुली और नीलम राज को। और इससे भी अधिक उनकी सलाह, संबल और सब्र के लिए (ख़ासकर तब जब, कभी-कभी, कोई लेख लिखे हुए मुझे महीनों बीत जाते हैं।)

हिंदुस्तान टाइम्स के श्रीवत्स नेवतिया और वीजू चेरियन का मुझे प्लेटफ़ॉर्म देने और उनके हमेशा सहयोगपूर्ण, और तुरंत जवाबों के लिए।

द *एशियन एज/डैक्कन क्रॉनिकल* की सुपर्णा शर्मा और एमी फ़र्नांडीज़ को मुझे अपना प्लेटफ़ार्म प्रदान करने के लिए। वे हमेशा मित्र और प्रारंभिक समर्थकों में से रही हैं।

द *टैलीग्राफ़* की संहिता चक्रवर्ती और सुमित दास गुप्ता को, मुझे अपना प्लेटफ़ॉर्म देने के लिए। और उतने ही महत्वपूर्ण रूप से, अपनी सलाह और फीडबैक देने के लिए।

राजस्थान पत्रिका ग्रुप ऑफ़ न्यूज़पेपर्स की *राजस्थान पत्रिका* को, मेरे हिंदी लेखों के लिए अपना प्लेटफ़ॉर्म प्रदान करने के लिए।

नियोमिया बार्ता के फणींद्र कुमार देवचौधरी को, मेरे असमिया लेखों के लिए एक प्लेटफ़ॉर्म प्रदान करने के लिए।

एकल लेखों के लिए अपना मंच प्रदान करने के लिए *इंडिया टुडे*, द *वीक*, *आउटलुक*, *गुड हाउसकीपिंग*, *फ़ेमिना* एवं द *स्पीकिंग ट्री* को।

सतीश, श्रीवत्स, कृष्णकुमार, दीप्ति, संघमित्रा, निधि, अरुणिमा, सरिता, अमृता, विपिन, शत्रुघ्न, नवीन, संयोग, दिव्या, सतीश, मधु, सत्य श्रीधर,

जयशंकर और मेरे प्रकाशक वैस्टलैंड की शानदार टीम को। वे मेरी सभी किताबों में पार्टनर रहे हैं।

मेरे दोस्त, सागर पुसल्कर, जोयल डीलीमा, अमित राजभर, और क्वोशंट की पूरी टीम को जिन्होंने फ़ोटोग्राफ़र वैभव शेदगे के साथ मिलकर कवर तैयार किया, जो एक साधारण मॉडल के बावजूद अद्भुत दिखाई देता है।

हेमल, नेहा, हितेश, नताशा, कैंडिडा और ऑक्टोबज़ की टीम, इस पुस्तक की सोशल मीडिया एजेंसी। मेहनती, सुपर स्मार्ट और बेहद समर्पित। किसी भी टीम के लिए ये लोग मूल्यवान साबित होंगे।

मयंक, विशाल, प्रियंका जैन, दीपिका, नरेश, दानिश, श्रेया, अभिषेक, मोज़ आर्ट टीम, जिन्होंने किताब के लिए संचार रणनीतियां और मार्केटिंग गठबंधनों पर काम किया। वे मजबूत पार्टनर और उन सर्वश्रेष्ठ

एजेंसियों में से एक साबित हुए जिनके साथ मैंने काम किया है।

मेरे मैनेजर मोहन और मेहुल जो लगभग सभी चीज़ें दक्षता के साथ संभाल लेते हैं, और मुझे लिखने के लिए वक़्त देते हैं। मोहन मेरे सभी पत्रव्यवहारों, वक्तव्यों और मीडिया के साथ संपर्क को देखते हैं, और मेहुल ऑफ़िस और अकाउंट्स संभालते हैं।

और अंत में, मगर निश्चय ही अत्यंत महत्वपूर्ण रूप से, आप पाठकों का आभार। मेरे उपन्यासों को दिए आपके सहयोग के लिए मैं तहेदिल से शुक्रगुज़ार हूं। अब मैं आपके पास अपनी पहली कथेतर पुस्तक लेकर आया हूं। मुझे आशा है आपका सहयोग और प्रेम अनवरत बना रहेगा।

भूमिका

अल्लामा इक़बाल में चारित्रिक कमियां थीं और उन्होंने कुछ ग़लत फ़ैसले भी लिए थे। जिनमें मज़हबी आधार पर पाकिस्तान के निर्माण को दिया उनका समर्थन बहुत ग़लत रहा था, जिसने आज़ादी से पहले के भारत में सांप्रदायिक रिश्तों में ज़हर घोलने की भूमिका निभाई थी। लेकिन इससे यह सच नहीं झुठलाया जा सकता कि वे आला दर्जे के शायर थे। और उनकी बेहतरीन नज़्मों में ये पंक्तियां भी थीं:

> यूनानो-मिस्रो-रोमा सब मिट गए जहां से
> अब तक मगर है बाक़ी नामो-निशां हमारा
> कुछ बात है कि हस्ती मिटती नहीं हमारी
> सदियों रहा है दुश्मन दौरे-ज़मां हमारा

इक़बाल सही थे। प्राचीन ग्रीक, मिस्र और रोमन संस्कृतियां आज संग्रहालय की वस्तुएं बन गई हैं, उनके ज्ञान और फ़लसफ़ों को पश्चिमी यहूदी-ईसाई दुनिया ने हथिया लिया। केंद्रीय, दक्षिणी और उत्तरी अमेरिकी, केल्ट, नॉर्डिक, मेसोपोटेमियन और भी कई प्राचीन संस्कृतियां लगभग नष्टप्राय हैं।

मगर लगातार हुए हिंसक और बौद्धिक हमलों के बावजूद प्राचीन भारतीय संस्कृति ने सहज और हठी भाव से नष्ट होने से इंकार कर दिया। शायद यह इस सच का साक्ष्य है कि भारतीय संस्कृति शुरू से ही बदलते दौरों से गुज़रने और फिर भी अपनी पहचान बनाए रखने के ज्ञान और लचीलेपन की समान मात्रा से निर्मित थी।

आज भी भारतीय संस्कृति, हमारी प्रथाएं, रीतियां, नायक, कहानियां, दर्शन, भोजन की आदतें और दुनिया के प्रति हमारा नज़रिया किसी हद तक हज़ारों साल पुरानी अवधारणाओं पर आधारित है जो वैदिक युग और हिंदुत्व, बौद्ध एवं जैन मतों पर आधारित हैं। पिछली दो सहस्त्राब्दियों में अनेक प्रभावों के संगम ने इसे और अधिक समृद्ध बनाया है। इस्लाम और ईसाई धर्म भले ही पश्चिम से आए हों, मगर उन्हें भी बहुत बारीकी से भारतीय उपमहाद्वीप की संस्कृति के ताने-बाने में बुन लिया गया है। अपने सारे इतिहास में हमने दुनिया भर के दमितों को शरण प्रदान की है; और इसलिए कोई हैरानी नहीं है कि अन्यों के साथ पारसी और यहूदी धर्म ने भी यहां सुरक्षित आवास पाया। हम शायद ही कभी शून्यवादी रहे होंगे; हम हमेशा से सहवर्धी रहे हैं। हमारे प्राचीन धार्मिक दर्शनों पर आधारित नए सुधारों से भरे सिख पंथ को देखें।

इस पुस्तक में अपने लेखों और वक्तव्यों के जरिए मैंने इक़बाल के सवाल का जवाब देने की कोशिश की है। वह क्या बात है जो भारत को ख़ास बनाती है? हमारी प्राचीन संस्कृति में ऐसा क्या है जो अभी भी हमें बताता है कि हम आज कैसे रहें? अपने पूर्वजों से हम क्या सीख सकते हैं? और उतना ही महत्वपूर्ण यह कि हम किस रूप में अपने पूर्वजों की आलोचना कर सकते हैं?

भारत के सामने मौजूद आधुनिक मुद्दों को मैं जिस तरह से देखता हूं, उसे मैंने इन सभी सवालों और जवाबों के ज़रिए स्पष्ट करने की कोशिश की है। हालाँकि हम अपेक्षाकृत रूप से सत्तर वर्ष के युवा देश हैं। मगर हमारे राष्ट्र की आत्मा युगों पुरानी संस्कृति है।

अधिकांश मानव इतिहास में, जब हमारे पूर्वज दुनिया के फ़लक पर हावी थे, तब भारत पृथ्वी के सबसे शक्तिशाली, समृद्ध, उदार और प्रगतिशील राष्ट्रों में से था। हमारी कुछ सदियां बुरी बीती थीं। ऐसा होता है। घृणित जाति प्रथा जैसे अनेक भ्रष्ट आचरण भी इसमें उतर आए। हमारे लिए यह समय है कि हम अपने पूर्वजों से सीखें, कोल्हू में ख़ुद को जोत दें और इस देश को एक बार फिर इसके इतिहास के योग्य बनाएं।

यह सब कहने के बावजूद, यद्यपि मैं उस लंबे मार्ग के प्रति जो एक देश के रूप में हमें अभी तय करना है, और आज के भारत में अनेक बातों पर सवाल करने की ज़रूरत के प्रति सचेत हूं, मगर इससे यह सच नहीं झुठलाया जा सकता कि मुझे भारतीय होने पर बहुत फ़ख्र है। दुनिया में ऐसी कोई और जगह नहीं है जहां मैं रहना चाहूंगा। दुनिया में ऐसी और कोई जगह नहीं है जहां मैं मरना चाहूंगा। और अपने अगले जीवन में भी मैं फिर से यहीं जन्म लेना चाहूंगा।

जय हिंद। भारत माता की जय।

धर्म और मिथक

भगवान शिव: असंगतियों के देवता

मेरे एक युवा पाठक ने भगवान शिव को देवताओं का 'ड्यूड' कहा था। आप सोच सकते हैं कि किस बात ने उन्हें आधुनिक स्त्री-पुरुषों के बीच इतना लोकप्रिय बनाया है? वे तो, आख़िर, सिंह की खाल लपेटने वाले एक वैरागी हैं जो अपने शरीर पर राख मलते हैं, ख़ाली समय में अपने भयानक दोस्तों के साथ भांग पीते हैं, और श्मशान घाट में डांस करते हैं। क्या यह 'कूल' देवता जैसा सुनाई देता है? यह तो इसका विपरीत सा मालूम देता है, है ना? लेकिन विपरीत होना ही उनका तरीक़ा है। और इसी में राज़ छिपा है उस गहन समर्पण भाव का जो वे उत्पन्न करते हैं।

मैं थोड़ा सा असहमत हूं और एक ज़माने पहले गुज़र चुके अंग्रेज़ लेखक चार्ल्स डिकेंस की याद दिलाना चाहता हूं; दरअसल यह उनकी एक किताब, *ए टेल ऑफ़ टू सिटीज़*, की एक पंक्ति है: 'वह बेहतरीन समय था, वह बदतरीन समय था।' यह हमारी वर्तमान दुनिया का सारगर्भित वर्णन करने के लिए भी लिखा गया हो सकता था। हम जटिल विरोधों के दौर में रहते हैं, जो साथ ही साथ, गोरखधंधों में लिपटे हुए हैं! कुछ मायनों में, एक बार फिर, यह कहा जा सकता है कि यह बेहतरीन दौर है, साथ ही साथ बदतरीन दौर भी है। हज़ारों साल में स्त्रियों के पास जितने अधिकार थे, आज उनके पास उससे कहीं ज़्यादा

अधिकार हैं, और फिर भी स्त्रियों के ख़िलाफ़ अपराधों में कोई कमी नहीं है। धार्मिक उदारवाद की दुनिया भर में बलपूर्वक रक्षा की जा रही है जो पहले कभी इतनी अच्छी तरह जुड़ी हुई नहीं थी; तकनीक और उत्सुकता का परिणाम विभिन्न मतों के बीच एक स्वस्थ संवाद के रूप में सामने आया, मगर फिर भी धार्मिक कट्टरवाद दुनिया की धज्जियां उड़ाए दे रहा है।

मानव इतिहास में शायद पहली बार कोई गरीब जायज़ तौर पर ऐसी जीवनशैली का सपना देख सकता है, जो कि पहले अकल्पनीय ही था, मगर फिर भी हमारे आर्थिक विकास की तीव्र गति पर्यावरणीय पतन की धमकी दे रही है। सोशल मीडिया सारी दुनिया को क़रीब लाया है और हमारी ज़िंदगी बज़ाहिर तौर पर लोगों से भर गई है, मगर फिर भी बहुत से लोग पहले से भी अधिक अकेले हैं। सैक्स मीडिया और सार्वजनिक स्थानों पर छाया हुआ महसूस होता है मगर फिर भी यौनेच्छा और इच्छा को लेकर लोग भयानक अपराधबोध से भरे हुए हैं। हम प्रेम के बेइंतेहा सार्वजनिक प्रदर्शनों और जश्नों से घिरे हुए हैं, मगर वह जज़्बाती सहारा गुम हो गया महसूस होता है जो सरल, मगर गहरा, अघोषित प्यार प्रदान करता है।

हां, यह गहन परिवर्तन और विरोधों का दौर है।

तो क्या यह हैरानी की बात है कि वे भगवान जो हमें ऐसे दौर में ला सकते हैं, वे विपरीतताओं के देवता भी हो सकते हैं? निस्संदेह, वे ऐसे वस्त्र धारण करते हैं जिसे कोई सभ्य समाज में नहीं पहनेगा, मगर वे कई कलाओं के जनक भी हैं, जो उच्चवर्ग को पसंद हैं। वे नटराज हैं, नृत्य के देवता। पौराणिक कथा कहती है कि नीलकंठ ने भारतीय शास्त्रीय संगीत के रहस्यों को महर्षि नारद को बताया था। वे भांग पीते हैं, वह नशीली दवा जो मन के सामने एक दिव्य संसार उजागर करती है मगर भौतिक शरीर को नुकसान पहुंचाती है। इसी के साथ, वे योग के प्रणेता आदि योगी भी हैं, जो शारीरिक, मानसिक, भावात्मक और आध्यात्मिक संतुलन का मार्ग है। वे बेढंगे, असभ्य और यहां तक कि भयंकर

साथियों को पसंद करते हैं मगर फिर भी वह प्यार और सम्मान जिससे वे अपनी पत्नी के साथ व्यवहार करते हैं, सज्जनता के लिए एक सबक़ है। वे वैरागी हैं, आत्मत्याग के सबसे बड़े गुरु जो भौतिक दुनिया को दूर रखना पसंद करते हैं। मगर अपनी पत्नी के साथ उनका श्रृंगारिक प्रेम लोककथाओं का विषय है। उनके प्रतीक, शिव लिंग, को अनेक लोग उत्पत्ति का लैंगिक प्रतीक मानते हैं। वे उच्चवर्ग-विरोधी देवता हैं जो वंचितों, दीनों और हाशिए पर मौजूद लोगों के पक्ष में हैं। मगर सबसे ताक़तवर राजाओं ने उनके विशाल मंदिर बनवाए हैं। वेदों के उत्पत्तिकर्ता के रूप में उनके पास युगों का ज्ञान है मगर फिर भी उनके बालसुलभ भोलेपन के कारण उनके भक्त प्रेम से उन्हें भोलेनाथ कहते हैं। यद्यपि आप उनके 'रुद्र रूप' से भय खा सकते हैं, मगर उनके भक्तों का स्वामित्व भरा प्रेम अटल रहता है।

कोई देवता इतने विरोधों से भरा क्यों होगा? क्योंकि हम ऐसा ही चाहते हैं।

वे हमें आकर्षित करते हैं। और फिर वे हमें संतुलित करते हैं।

संभ्रांत लोग भगवान शिव की ओर इसलिए आकर्षित होते हैं कि वे कलाओं के देवता हैं। और अगर कोई संभ्रांत सच्चा भक्त है तो वह महादेव से वंचितों के प्रति संवेदनशीलता सीखेगा। एक साधारण व्यक्ति भगवान शिव की ओर इसलिए आकर्षित होता है क्योंकि वे इस तरह से व्यवहार करते हैं मानो वे उनमें से ही एक हों। मगर साधारण व्यक्ति, समय के साथ, भगवान शिव से सीखेगा कि वह भी इच्छा कर सकता है और उसे हासिल कर सकता है; लीजेंडरी कणप्पा नयनर की तरह। महादेव गांजा पीने वाले लोगों को भी आकर्षित कर सकते हैं, लेकिन अगर वह सच्चा भक्त है तो वह नीलकंठ के फ़लसफ़े में गहरे उतरेगा और सीखेगा कि योग और आध्यात्मिकता उसे कहीं ज़्यादा नशा दे सकते हैं। और मेरे जैसा एक पूर्व-नास्तिक भगवान शिव की दुनिया में इसलिए खिंचा चला जा सकता है क्योंकि... वे ऐसा चाहते हैं। वे अपने भक्तों का सम्मान करते हैं, और जब मैंने महादेव की कहानियों की गहरी

समझ विकसित की तो मैंने जाना कि प्रभु चाहते हैं कि हम सभी धर्मों और देवताओं का सम्मान करें।

बहुत बार, शांति पाने के लिए, अपने व्यस्तताओं भरे जीवन को संतुलित करने के लिए हमें विपरीतताओं को अंगीकार करना पड़ता है। मैंने भगवान शिव के प्रति अपने समर्पण से अपना संतुलन और शांति पा ली है। उम्मीद करता हूं कि आप भी पा लेंगे।

द *वीक*, वर्ष 2012 में, सर्वप्रथम प्रकाशित

आदर्शों पर चलना; भगवान राम का मार्ग

पौराणिक विषयों का लेखक होने का एक फ़ायदा यह भी है कि आपको लिटरेचर फेस्टिवल्स में आमंत्रित किया जाता है। ऐसी ही एक सभा में, मेरा सामना धार्मिक दर्शनों और व्यक्तित्वों पर पूछे गए बहुत कठिन सवालों से हुआ। जब किसी कहानी की आलोचना करने की वजह होती है, तो मैं बेहिचक ऐसा करता हूं। और जब किसी ग़लतफ़हमी को दूर करने का कोई मौक़ा पेश आता है, तो भी मैं समान भाव से प्रयास करता हूं।

ऐसे ही एक सवाल-जवाब ने मुझे दुखी कर दिया। किसी दार्शनिक विचार को समझाते हुए मैंने भगवान राम का उदाहरण दिया। आयोजन के बाद एक महिला मित्र ने मुझसे बात की। मैं उन्हें, और साथ ही उनके धार्मिक और उदारवादी विचारों को भी जानता हूं। उन्होंने मुझसे पूछा कि मैंने भगवान राम के लिए 'भगवान' जैसा श्रद्धासूचक शब्द क्यों लगाया। मैंने कहा मैं उनका सम्मान करता हूं। मैं उनकी पूजा करता हूं। उनके प्रति श्रद्धाभाव व्यक्त करके मुझे संतुष्टि मिलती है। उन्होंने कहा कि वे मुझे एक ऐसे उदारवादी के रूप में देखती हैं जो स्त्रियों का सम्मान करता है! फिर मैं भगवान राम का सम्मान कैसे कर सकता

हूं, जिन्होंने अपनी पत्नी के साथ इतना अन्याय किया? वे भगवान राम के प्रति बहुत कठोर राय प्रकट करती रहीं।

दुर्भाग्य से, आजकल उदारवादी दायरे में भगवान राम की आलोचना करने का कुछ फ़ैशन सा हो गया है। हिंदू धर्म में हमें प्रश्न करने के लिए प्रेरित किया जाता है! *भगवद्गीता* में भगवान कृष्ण स्पष्ट रूप से इसे हमारे ऊपर लागू करते हैं। हमें सलाह दी जाती है कि हरेक विषय पर हम अपनी राय बनाएं, धर्मशास्त्रों और ईश्वर तक पर। लेकिन अपनी राय को दृढ़ बनाने से पहले हमें गहराई से सोचने और विषय के सभी पक्षों को परखने के लिए भी प्रेरित किया जाता है। भगवान राम के संदर्भ में ऐसा करने के अपने प्रयासों में हम नाकाम रहे हो सकते हैं।

भगवान राम को 'आदर्श पुरुष' कहा जाता है, जोकि संस्कृत में उनके लिए प्रयुक्त विशेषण 'मर्यादा पुरुषोत्तम' का अपूर्ण भाषांतरण है। 'आदर्श पुरुष' केवल 'पुरुषोत्तम' का समानार्थी हो सकता है। मगर दूसरे शब्द 'मर्यादा' का क्या? इसका मतलब है नियमों या परंपराओं का सम्मान। तो अगर हम 'मर्यादा' और 'पुरुषोत्तम' को साथ लाते हैं, तो इसका सही समानार्थी 'नियमों का आदर्श अनुयायी' होगा।

अब हिंदू धर्मग्रंथों में *रामायण* और *महाभारत* की भूमिका पर विचार करते हैं। इन दोनों महाकाव्यों को श्रुतियों में शामिल नहीं किया जाता है जो कि दिव्य रूप से प्रकट हुए दर्शन शास्त्र होते हैं जैसे वेद और उपनिषद। *रामायण* और *महाभारत* को इतिहास कहा जाता है। ये ऐसी कहानियां हैं जो हमें बताती हैं 'इस प्रकार ऐसा हुआ'; ये मूल आदर्श और विचार प्रकट करती हैं जिनसे हम सीख सकते हैं और ज्ञान प्राप्त कर सकते हैं। और भगवान राम 'नियमों के आदर्श अनुयायी' के मूल आदर्श हैं। तो हम इस 'नियमों के आदर्श अनुयायी' के जीवन से क्या सीख पाते हैं?

हम सीखते हैं कि ऐसे मूल आदर्श रूप नायक अपने संपूर्ण समाज के लिए परिवर्तनकारी हैं। वे अपनी प्रजा की समृद्धि और उनके सुखी, संतुष्ट जीवन के लिए स्थितियों का निर्माण करते हैं। इसमें कोई हैरानी नहीं है कि इस 'नियमों के आदर्श अनुयायी' के राज्य को आज भी सुप्रशासन के सुनहरे मापदंड की तरह माना जाता है: राम राज्य। दुर्भाग्य से, यद्यपि इस तरह के मूल आदर्श रूप नायक समाज के लिए अच्छे होते हैं, मगर अपने निजी जीवन में वे संघर्ष करते हैं। अक्सर ही, 'नियमों के आदर्श अनुयायी' का परिवार एक चुनौतीपूर्ण जीवन का सामना करता है! स्वयं 'नियमों का आदर्श अनुयायी' दुखी जीवन जीता है। बेशक, हम सब अच्छी तरह जानते हैं कि देवी सीता को भगवान राम द्वारा परित्याग झेलना पड़ा था। मैं उनके कष्टों को क़तई कम नहीं आंक रहा हूं। हां, भगवान राम ने उनके साथ अनुचित किया! इसमें कोई संदेह नहीं है। वे अपनी संतानों के साथ भी न्याय करने में असफल रहे जिन्हें उनके जीवन के प्रारंभिक काल में ही अपने पिता से वंचित कर दिया गया था। लेकिन हममें से कितने लोग जानते हैं कि भगवान राम ने भी पीड़ा भोगी थी? उन्होंने अपने नश्वर शरीर का त्याग जलसमाधि लेकर किया। कहानी कुछ ऐसी है कि भगवान राम सरयू नदी में बढ़ते चले गए, अपने अंतिम पलों में वे अपनी पत्नी के नाम का जाप कर रहे थे: 'सीता, सीता, सीता।' हां, वे अपने परिवार को सुखी नहीं रख पाए थे! मगर वे ख़ुद भी सुखी नहीं थे। नियम समाज में व्यवस्था लाते हैं! मगर परिवारों के अंदर, प्रेम के ऊपर नियमों की प्राथमिकता आमतौर पर दुख का मार्ग होता है।

क्या हम इतिहास या पौराणिक कथाओं के कुछ और ऐसे लोगों के बारे में जानते हैं जो 'नियमों के आदर्श अनुयायी' के मूल आदर्श मार्ग पर चले थे? क्या और भी ऐसे प्रबुद्ध नायक रहे हैं जिन्होंने उन लोगों को बहुत प्रेरित किया जिनका वे नेतृत्व करते थे, लेकिन जिनके निजी जीवन, साथ ही उनके परिवारीजनों के जीवन भी पीड़ा से भरे थे?

महात्मा गांधी के बारे में क्या कहेंगे? उन्होंने स्वतंत्रता के लिए एक शांतिपूर्ण संघर्ष में हमारे राष्ट्र को एक किया था। उन्होंने भारतवासियों, नहीं, दुनिया को सिखाया कि हिंसा जवाब नहीं होनी चाहिए। आज राष्ट्रपिता के रूप में हम उनका आदर करते हैं। लेकिन न केवल उन्होंने पिता की भूमिका में संघर्ष किया, बल्कि कस्तूरबा जी के पति के रूप में भी चुनौतियों का सामना किया

इतिहास के महानतम भारतीयों में से एक गौतम बुद्ध पर विचार करते हैं। वे दार्शनिक उपायों का ऐसा भंडार छोड़ गए थे जो आज भी ज़िंदगी की चुनौतियों का सामना करने में लाखों लोगों का मार्गदर्शन करते हैं। उनकी उदारता, उनकी करुणा, और ज्ञान पूजनीय हैं। उनका मध्यमार्ग अपनाने योग्य है। लेकिन एक पिता, पुत्र और पति के रूप में उन्होंने भी संघर्ष किया। ज्ञान की खोज के लिए वे अपनी पत्नी यशोधरा और पुत्र राहुल को त्याग कर चले गए थे। वास्तव में, उन्होंने अपने पुत्र को जो नाम दिया था, वह मानव बंधनों पर विकसित हो रहे उनके विचारों का संकेतक था! राहुल का अर्थ है ज़ंजीरें या बेड़ियां। उन्होंने राहुल को संघ में भी तभी स्वीकार किया था जब उन्होंने पुत्र के रूप में अपने अधिकारों का त्याग कर दिया और पंथ में मात्र एक अन्य भिक्षुक बनकर रहे।

इन महान व्यक्तियों पर गहराई से विचार करें। उनसे प्रेम करने की हमारे पास हरेक वजह है, क्योंकि उन्होंने अपने जीवन को बलिदान कर दिया ताकि हम एक बेहतर जीवन जी सकें। हां, अगर हम उनका परिवार होते, तो हमारे पास शिकायत करने की वजह हो सकती थी।

और अब मुझे बताएं। भगवान राम के बारे में आप क्या सोचते हैं?

मैं तो बहुत स्पष्ट हूं। और मैं ज़रा सी भी हिचकिचाहट के बिना कहता हूं: जय श्री राम। राम की महिमा बनी रहे।

हिंदुस्तान टाइम्स, मार्च 2014 में सर्वप्रथम प्रकाशित

प्रसन्नमना धार्मिक एवं उदारवादी

मैं शिव भक्त हूं। और मैं उतना ही भक्त हूं जितना कोई हो सकता है। इसलिए इसमें कोई हैरानी की बात नहीं है कि अपने घर के पूजाघर में मैंने बीच में भगवान शिव की प्रतिमा रखी है। उसके पास ही, बेशक, अन्य हिंदू देवताओं की प्रतिमाएं हैं, जैसे भगवान राम, भगवान कृष्ण, भगवान गणेश, भगवान कार्तिक, दुर्गा मां, काली मां, पार्वती मां, सरस्वती मां, लक्ष्मी मां, और भी अन्य कई (हम हिंदुओं के बहुत सारे भगवान हैं!)। उतनी ही मुख्यता से आप काबा की, मदर मेरी, जीज़स क्राइस्ट, गौतम बुद्ध, गुरु नानक, पैग़ंबर ज़रथुष्ट्र, और डेविड के स्टार को पाएंगे। मैं सबकी पूजा और सम्मान करता हूं।

मेरे मित्र मज़ाक़ में कहते हैं कि मैं अपने दांव खेल रहा हूं; यह सुनिश्चित करते हुए कि मुझ पर 'ईश्वर' की कृपा हो जाए, इससे बेपरवाह कि 'सच्चा धर्म' क्या है! मगर मैं तो बस अपने देश की संस्कृति के प्रति ईमानदारी बरत रहा हूं।

अपनी किशोरावस्था में मैं नास्तिक था; कई साल तक मैं ऐसा ही रहा। नब्बे के दशक के आरंभ में बार-बार हो रहे सांप्रदायिक दंगों ने मुझे धर्म से दूर कर दिया था। मेरे धर्मनिष्ठ पिता ने मुझे समझाने की कोशिश की कि धार्मिक उग्रवाद का सामना धर्मनिरपेक्ष उग्रवाद से नहीं किया जा सकता, क्योंकि उग्रवाद का कोई भी रूप कारगर नहीं होता है। धार्मिक असहिष्णुता का विरोध धर्मनिरपेक्ष

असहिष्णुता से करने से केवल एक दानव की जगह दूसरा दानव ले लेता है। उस समय अपने पिता के शब्दों का महत्व मुझे समझ नहीं आया था। अब आता है।

धार्मिक उग्रवाद का जवाब धार्मिक उदारवाद में निहित है। यह हमें अपने अगले प्रत्यक्ष सवाल पर लाता हैः उदारवाद क्या है? आधुनिक भारतीय जनता ने उदारवाद की परिभाषा को तोड़-मरोड़ दिया है। उदार होने को अक्सर वामपंथी समझ लिया जाता है। मगर बहुत से वामपंथी उतने ही अनुदारवादी है जितना कि वे दक्षिणपंथी उग्रवादी जिनका वे विरोध करते हैं।

उदारवाद की सबसे अच्छी परिभाषा एक उद्धरण में सामने आती है जिसे लोकप्रिय तौर पर, अलबत्ता ग़लत ही, वॉल्तेयर का माना जाता है; वास्तव में इसे एवलिन हॉल ने लिखा थाः 'आप जो कह रहे हैं मैं उसे अस्वीकार करती हूं, मगर मैं मरने तक यह कहने के आपके अधिकार की रक्षा करूंगी।'

इसे धार्मिक उदारवाद से कैसे जोड़ेंगे? बहुत सरल है। मेरे पास अपना सच्चा धर्म है और आपके पास आपका अपना सच्चा धर्म है। मैं अपने धर्म का पालन करने के आपके अधिकार का सम्मान करूंगा और आपको अपने धर्म का पालन करने के मेरे अधिकार का सम्मान करना होगा।

उदारवाद को उच्चवर्ग द्वारा लागू किया जाना चाहिए, (और कभी-कभी संविधान द्वारा अनिवार्य होना चाहिए) अगर समाज मूलतः कट्टर है तो। वास्तव में, हमने अनेक समाजों में ऐसा देखा है। भारत में ऐसा नहीं है। हम मूलतः ऐसा समाज हैं जो वास्तव में धार्मिक और उदारवादी है। कहा जा सकता है कि हम एवलिन हॉल के विचारपूर्ण कथन से परे जाते हैं। हम उन धर्मों को 'बर्दाश्त' करने का ढोंग नहीं करते जिन्हें हम अंदरूनी तौर पर 'नापसंद' करते हैं; हम सक्रियतापूर्वक उन धर्मों का सम्मान करते हैं और उन्हें अपनाते हैं जो हमसे भिन्न होते हैं। *ऋग्वेद* इस दर्शन को ख़ूबसूरती से अंगीकार करता हैः *एकम् सत् विप्राः बहुधा वदन्ति*—सत्य एक है, मगर बुद्धिमान लोग इसे अनेक रूप से कहते (या जानते) हैं। राजस्थान के मुस्लिम मांगणियार *रामायण* पर आधारित धार्मिक गीत

गाते हैं और ऐसा करने में ज़रा भी कम मुसलमान सा महसूस नहीं करते। मुंबई का माउंट मेरी चर्च ईसाइयों के साथ ही खुले दिल से हिंदुओं, मुसलमानों और अन्य सभी समुदायों का स्वागत करता है, उन्हें प्रार्थना और भक्ति की अपनी धारणाओं को व्यक्त करने की आज़ादी देता है। मुस्लिम सूफ़ी संत की मज़ार अजमेर शरीफ़ को देखें, जहां हर साल भारत के हर समुदाय के लोग पहुंचते हैं। दीवाली से उत्पन्न होने वाले जीवनोल्लास के बारे में सोचें जिसे हिंदू, मुस्लिम और ईसाई प्रकाशोत्सव के रूप में मनाते हैं।

यह अनमोल है और इसे भारत में बरक़रार रखना चाहिए: अपने धर्म से जुड़े रहकर दूसरे धर्मों का न केवल सम्मान करने बल्कि उनका जश्न भी मनाने की क्षमता। हमें समझना होगा कि धार्मिक उग्रवाद को केवल धार्मिक उदारवाद से ही परास्त किया जा सकता है, हमारे उच्चवर्ग के ख़्याली महलों और धर्मनिरपेक्ष प्रवचनों से नहीं।

आज हमारे सामने अनेक सामाजिक समस्याएं हैं; उनमें से अनेक सदियों के सामाजिक पतन का नतीजा हैं। मुझे विश्वास है धार्मिक उदारवादी—ख़ासकर वे जो राजनीति से तटस्थ रहते हैं—ऐसे कई मसलों को हल करने में मदद कर सकेंगे जो हमारे रूबरू हैं। लोगों को अगर महसूस होगा कि उनका धर्म उनसे अपने दमनकारी सामाजिक बर्ताव को बदलने को कहता है तो वे आसानी से ख़ुद को बदल सकेंगे।

स्त्रियों को शक्तिशाली पदों पर नहीं होना चाहिए? वाक़ई? शक्ति मां की शानदार कहानियों को सुनें और अपनी सोच को बदलें। स्त्रियों को धार्मिक अनुष्ठान नहीं करने चाहिएं या आध्यात्मिक बातों का हिस्सा नहीं बनना चाहिए? *बृहदारण्यक उपनिषद* में महर्षि याज्ञवल्कय और महर्षिका मैत्रेयी के बीच शास्त्रार्थ पढ़ें तो आप समझ जाएंगे कि आप कितने ग़लत हैं। स्त्रियों को काम नहीं करना चाहिए? फिर आप इस तथ्य को किस तरह समझाएंगे कि पैग़ंबर मुहम्मद की पत्नी, ख़दीजा अल-कुबरा, एक व्यापारी थीं और उनसे विवाह

करने से पहले पैग़ंबर उनके मातहत थे। जन्म पर आधारित जाति प्रथा देवताओं द्वारा बनाई गई है और इसे चुनौती नहीं दी जा सकती? महर्षि सत्यकाम और महर्षि वाल्मीकि की कहानियां पढ़ें, उनसे सीखें और जाति प्रथा पर हमला करें जैसी कि वह आज है। आप ऐसे धार्मिक निर्देशों या प्राचीन परंपराओं पर सवाल नहीं उठा सकते जो बेमानी लगते हैं? यह सच नहीं है। *भगवद्गीता* के अत्यंत गूढ़ अठारहवें अध्याय को पढ़ें और निर्णय करने के लिए अपने विवेक का प्रयोग करें जैसा कि भगवान कृष्ण आपको निर्देश देते हैं। अपने से बड़ों का सम्मान करें, भले ही वे ग़लत हों? हमारे धर्मशास्त्र कुछ भिन्न बात कहते हैं। *तैत्तिरीय उपनिषद* स्पष्ट रूप से कहता हैः 'उनका सम्मान करें जो सम्मान करने के योग्य हों।'

धार्मिक उदारवादी भारत की अनेक सामाजिक समस्याओं को कम कर सकते हैं। और हमारे लिए यह आसान है क्योंकि हम अपने देश में एक विशाल बहुमत हैं। दुर्भाग्य से, हमने सार्वजनिक संवाद को धर्मनिरपेक्षों और धार्मिक कट्टरपंथियों के ऊपर छोड़ दिया है। हमें खड़े होना होगा। हमें ज़ोर से बोलना होगा। हमें अपने-अपने धर्मों की उदारवादी व्याख्याओं को सामने लाना होगा। यह हमारा राष्ट्रभक्ति का कर्तव्य है!

द *एशियन एज/डेक्कन क्रॉनिकल*, 2013 में सर्वप्रथम प्रकाशित

अंतरधार्मिक संवाद

हाल ही में विश्व धर्म संसद ने मुझे एक आयोजन में बोलने का आमंत्रण भेजा था, मुझे दिया गया विषय था: 'अंतरधार्मिक संवाद में युवाओं की भूमिका।' मैंने मन में सोचा: क्यों न युवाओं से ही पूछा जाए कि मुझे क्या बोलना चाहिए? आख़िरकार, मुझ चालीस वर्षीय की तुलना में वे बेहतर जानते होंगे कि उनकी क्या भूमिका होनी चाहिए।

तो मैं कुछ छात्रों से मिला। और यह, मुझे मानना होगा, बहुत दिलचस्प बातचीत रही। कुछ युवाओं ने लापरवाही से टिप्पणी की, 'अंतरधार्मिक संवाद अच्छा आइडिया है और आप बड़े लोग अच्छा काम करते रहिए, और हम अपनी ज़िंदगी जी रहे हैं।' एक और नौजवान ने ढीला-ढाला सा जवाब दिया और कहा, 'उपाय एक-दूसरे को दोस्तों की तरह देखना है, न कि हिंदू, मुसलमान, ईसाई या सिख की तरह...'

मेरा मानना है कि आपमें से कुछ लोग जो विचारशील हैं, इन प्रतिक्रियाओं को बहुत सीधा-सादा मानेंगे। मगर सच यह है कि बहुत से लोग धर्म को सीधे-सादे रूप में ही लेते हैं (हालांकि दूसरे विषयों की ओर उनका नज़रिया कहीं ज़्यादा विचारपूर्ण होता है)। ज़्यादातर लोग वास्तव में अपने ख़ुद के धर्मग्रंथों को नहीं पढ़ते हैं (दूसरे धर्मों की तो बात ही छोड़ें)। उन्हें बस कुछेक अनुष्ठान

पता होते हैं जो उनके धार्मिक जीवन को परिभाषित करते हैं। इस वास्तविकता को देखते हुए ये सीधे-सादे सुझाव कारगर हो सकते हैं।

मगर एक नौजवान की एक टिप्पणी ने मुझे सोच में डाल दिया। उसने कहा कि हमें इस शर्त पर अंतरधार्मिक विवाहों को प्रोत्साहित करना चाहिए कि पति या पत्नी में से कोई भी दूसरे के धर्म में परिवर्तित नहीं होगा। उसका मानना था कि इस तरह से बहुत से लोग अपने धर्म के अलावा किसी दूसरे धर्म को जान सकेंगे, शायद कुछ समानताएं और इसी प्रकार कुछ विभिन्नताएं भी देख सकें। और कि यह सही भी है कि कुछ असमानताएं हों, क्योंकि विभिन्न धर्मों के लिए एकदम एक जैसा होना तो नामुमकिन ही है। लेकिन दंपती, एक गहन भाव से, विभिन्नताओं के साथ जीना सीखेंगे। उसने कहा कि एक ही धर्म के अंदर भी, उनके समेत भी जो एक सत्य का दावा करते हैं, विभिन्न संप्रदाय और व्याख्याएं होती हैं। इस बात ने मुझे सोच में डाल दिया... उस नौजवान की विचार प्रक्रिया में कहीं कोई गहरा दार्शनिक विचार गुथा हो सकता है।

मेरा सुझाव है कि शादी की बात को तो अलग रख दें, जो कि आदर्श रूप से प्रेम पर आधारित होनी चाहिए, धार्मिक समानताओं या असमानताओं पर नहीं। लेकिन अहम विचार यह है: धर्म 'असमान' होते हैं, और यह चिंता की बात नहीं होनी चाहिए।

शायद इसी में अनेक अंतरधार्मिक संवादों की समस्या निहित है। असमानताओं से असहजता होती है। अक्सर यह साबित करने की हताशा भरी कोशिशें देखी जाती हैं कि 'हम सब समान हैं।'

मैं मानव शरीर के माध्यम से अपना नज़रिया रखने की कोशिश करता हूं। हमारी शारीरिक संरचना का प्रारंभिक स्रोत समान है। किस मायने में? हम सभी समान रसायनों से, समान अनुपात में बने कार्बन आधारित जीव रूप हैं, जिनमें जल प्राथमिक अवयवों में से एक है; तो आपने देखा, स्रोत समान है। और

जब हम मृत्यु को प्राप्त होते हैं, तो क्षय की अवधि के बाद, हमारे शरीर उन्हीं रसायनों में मिल जाते हैं जिनसे हम बने थे। तो एक तरह से, हरेक इंसानी शरीर का 'स्रोत' और 'मंज़िल' समान है। लेकिन क्या इसका अर्थ यह है कि हमारे भौतिक स्वरूप आज भी बिल्कुल समान हैं? नहीं। कुछ लंबे हैं, कुछ छोटे हैं। कुछ मोटे हैं, कुछ पतले हैं। कुछ गोरे हैं तो दूसरे श्याम हैं। हमारी उत्पत्ति समान मूल से हुई है, और अंत भी एक सा ही होगा, मगर आज हम भिन्न बने रहते हैं। हम दिखावटी समानता नहीं थोप सकते।

यही बात आत्मा के साथ है। स्रोत समान हो सकता है। अंत भी समान हो सकता है। क्योंकि आरंभ और अंत दोनों ईश्वर के साथ होता है। लेकिन जैसे हम आज हैं, हम आध्यात्मिक तौर पर भिन्न हैं। धर्म और आध्यात्मिकता का लक्ष्य आत्मा की यात्रा में सहायता करना होता है। चूंकि हम आज भिन्न हैं तो हमारी यात्राएं भी भिन्न होंगी। कुछ आत्माएं हिंदू धर्म के मार्ग को प्रेरणादायक पा सकती हैं, कुछ इस्लाम को, कुछ ईसाई धर्म को, कुछ बौद्ध धर्म को, कुछ सिख पंथ या अन्य किसी मत को। कुछ नास्तिकतावाद से भी प्रेरित हो सकती हैं। कोई हर्ज नहीं है। हमें उस मार्ग पर चलना चाहिए जो हमारी आत्मा के लिए अनुकूल हो।

हमें समझना चाहिए कि हमारे मार्ग भिन्न होंगे। सभी एक ही मार्ग पर नहीं चल सकते, न ही एक ही धर्म का या तथाकथित 'शाश्वत मूल्यों' तक का पालन कर सकते हैं। नतीजतन, हमें एक-दूसरे के मार्गों का मूल्यांकन करने से, या ज़बरदस्ती उन समानताओं को ढूंढ़ने से बचना चाहिए जो होती ही नहीं हैं। हमें भिन्नताओं का सम्मान करना सीखना होगा। यह कोई प्रतियोगिता नहीं है। हमें दूसरे धर्मों को केवल 'बर्दाश्त' ही नहीं करना चाहिए, उनका सम्मान भी करना चाहिए। मैं आपके मार्ग का सम्मान करता हूं, और आप मेरे मार्ग का सम्मान करें (मगर ज़रूरी बात यह हैः सम्मान दोनों ओर से होना चाहिए, किसी एक ओर से नहीं)।

तो फिर, अगर सभी धर्मों के बीच छलावा सी समानताएं नहीं तलाशनी हैं तो अंतरधार्मिक संवाद की तुक ही क्या है? ऐसा करें ही क्यों? मेरे ख़्याल से आपको उस मानवीय गुण को संतुष्ट करने के लिए ऐसा करना चाहिए जो कि हमारे अनूठेपन के मूल में स्थित है: बौद्धिक उत्सुकता। जिस तरह हम दूसरे जीवनों और जीव रूपों के विषय में जानने की कोशिश करते हैं उसी तरह हमें ईश्वर की ओर जाने वाले विभिन्न मार्गों को जानने की भी कोशिश करनी चाहिए। ज्ञान का कोई भी सूत्र व्यर्थ नहीं है। इस महायात्रा में यह एक भूमिका निभाता है जिस पर हमारी आत्माएं निकली हैं। इस जीवन में। या आने वाले जीवनों में।

हिंदुस्तान टाइम्स, सितम्बर 2015 में सर्वप्रथम प्रकाशित

जीवंत मिथक

मिथक उत्पन्न होते हैं। और फिर वे समाप्त हो जाते हैं। संसार में हर चीज़ के लिए यही तरीक़ा है, और ऐसा प्रतीत होता है कि देवता तक इसे नहीं रोक सकते। थॉर को स्कैंडिनेविया से बहिष्कृत कर दिया गया है, रा का सूर्य मिस्र में डूब चुका है और ज़्यूस ओलिंपस पर्वत की बर्फ़ में दफ़्न हो गए हैं। लेकिन भगवान राम के राज्य का मिथक भारत में सशक़्त है, भगवान कृष्ण अभी भी मोहते हैं और भव्य महादेव, भगवान शिव, ने हमारे दिलों में नर्तन करना बंद नहीं किया है। भारतीय घरों में अखंड रामायण पाठ इस व्यस्तता भरे दौर में भी समय की गति को धीमा कर देता है। और भारत भर में लोग *महाभारत* के पेचीदा पात्रों की चीराफाड़ी करने से कभी थकते नहीं हैं। ऐसा क्यों है? क्यों अधिकांश प्राचीन सभ्यताएं अपनी पौराणिक विरासत का आत्माविहीन ख़ोल बनकर रह गई हैं, जबकि भारत में हम इन हज़ारों साल पुरानी यादों के जीवंत सत्व से अंतहीन रूप से प्रेरित होते रहते हैं?

कोई सतही सा विश्लेषण भी बता सकता है कि हमारी पौराणिक कथाएं तुलनात्मक रूप से अधिक समृद्ध हैं। मगर मैं इस शेख़ी पर सावधानी बरतूंगा। कोई संदेह नहीं, वे आनंदपूर्ण हैं। मगर वह तो ज़्यूस, और ओलिंपस के उनके साथी की यूनानी कथा भी हैं; और अपने अर्थ में उतनी ही भव्य और गहन

भी हैं। हथौड़ाधारी थॉर नॉर्स पौराणिक कथाओं के प्रेरणादायक देवता हैं (कुछ लोगों का मानना है कि 'थर्स्डे' का मूल शब्द वास्तव में थॉर'स डे है)। फिर क्यों ये शक्तिशाली देवता गुमनामी में खो गए? वे क्यों, व्यावहारिक संदर्भों में, मृत हो गए?

मेरा मानना है ऐसा इसलिए हुआ क्योंकि उन्होंने अपने लोगों के जीवन में अपनी प्रासंगिकता खो दी थी। क्यों? क्योंकि देवता आधुनिक नहीं हुए और अपने भक्तों के साथ नहीं चल पाए। ओलिंपियन देवताओं की कथाएं प्राचीन युग में प्रासंगिक थीं। मगर ईसा के बाद के युग की पहली सहस्राब्दी में, जब सामी धर्मों का प्रभाव बढ़ा, तब भी ज़्यूस और उनके परिवार की कहानियां अपरिवर्तित रहीं, जबकि यूनानी लोग आधुनिक हो गए थे। उनके पुराने देवता अब स्वच्छंद और साहसी नहीं, बल्कि पतित और कामुक लगते थे। विकासशील यूनानी लोग अपने ओलिंपियन देवताओं से प्रेम और उनका सम्मान नहीं कर पाते थे; प्रभावी रूप से, इसी ने उन्हें 'मार डाला'।

भारत में ऐसा क्यों नहीं हुआ? मेरे ख़्याल से इसका कारण अपनी पौराणिक कथाओं का आधुनिकीकरण और स्थानिकीकरण करने की हमारी बुद्धिमता थी। अपने तर्क को मैं हमारे सबसे ज़्यादा लोकप्रिय महाकाव्य *रामायण* के माध्यम से स्पष्ट करता हूं। 1980 के दशक में प्रसारित हुए एक टेलीविज़न धारावाहिक ने भगवान राम की कहानी का हमारे युग में आधुनिकीकरण किया। यह मुख्य रूप से संत तुलसीदास द्वारा सोलहवीं सदी में लिखी *रामचरितमानस* पर आधारित था। मगर स्वयं तुलसीदास जी ने मूल *वाल्मीकि रामायण* में महत्वपूर्ण बदलाव किए थे, और भगवान राम की कहानी का उस युग के अनुरूप आधुनिकीकरण कर दिया था जिसमें वे रहते थे। दक्षिण की *कम्ब रामायणम्* ने *रामायण* का बारहवीं सदी के तमिलों की संवेदनशीलता के अनुरूप स्थानिकीकरण कर दिया था। एशिया भर में रामायण के संभवतः सैकड़ों संस्करण हैं जिनमें प्राचीन पाठ के बेहतरीन पहलू को बरक़रार रखते हुए मूल विचार तो समान रहे हैं, मगर

उनमें नएपन का आकर्षण जोड़ दिया गया है, और इस तरह हमारी पौराणिक कथाओं को प्रासंगिक, हमेशा समकालीन और जीवंत बनाए रखा है। और यह केवल हिंदुओं की विशेषता नहीं है; यह गुण भारत में माने जाने वाले सभी धर्मों द्वारा अपनाया गया है। इस्लाम और ईसाई धर्म का भी स्थानिकीकरण हुआ है, और पारसी और यहूदी धर्म का भी। यह असामान्य नहीं है कि किसी भारतीय चर्च में जाएं और मदर मेरी की मूर्ति को साड़ी में लिपटा पाएं, भारतीय स्त्रियों की तरह। महान सूफ़ी संतों ने इस्लाम का उपदेश देने के लिए स्थानीय भारतीय पौराणिक कथाओं और प्रतीकों का प्रयोग किया था।

कुल मिलाकर, हमारी पौराणिक कथाओं के जीवंत बने रहने की वजह यह है कि दूसरे ज़्यादातर देशों के विपरीत, ऐतिहासिक रूप से भारत में धर्म और उदारवाद कभी संघर्षरत नहीं रहे। नतीजतन, विभिन्न धर्मों ने सहअस्तित्व में रहना और कमोबेश खुले दिमाग़ का होना सीखा; हम अपने धर्मशास्त्र को प्रासंगिक, और इस तरह, जीवंत रखते हुए आधुनिकीकरण और स्थानिकीकरण का आनंद लेते हैं।

अतार्किक रूप से, यह मुमकिन है कि उदारवाद और धार्मिकता परस्पर एक-दूसरे को पोषित करें। और हमारा भारत, यह सुंदर देश, हमेशा तर्क के विपरीत रहा है!

द टाइम्स ऑफ़ इंडिया, वर्ष 2011 में सर्वप्रथम प्रकाशित

बेलगाम शक्ति

देवी सती ने मेरी पुस्तक, *द इमॉर्टल्स ऑफ़ मेलूहा*, में एक नूतन प्रस्तुतीकरण के माध्यम से मेरी कल्पना में आने का निर्णय लिया था। मैंने एक सशक्त स्त्री के रूप में उनकी कल्पना की थी जिसकी अपनी एक सोच है। उनके पति भगवान शिव उनसे प्रेम करते हैं और उन्हें समान दर्जा देते हैं। जब हम उन लोकप्रिय मिथकों से तुलना करते हैं जिन्हें याद किया जाता है, तब क्या मेरी संकल्पना में कुछ तत्व भिन्न प्रतीत होते हैं? मुमकिन है। मगर क्या हिंदुत्व में ऐसी कोई परंपरा है जो हमारी पौराणिक कथाओं को हैरतअंगेज़ विभिन्नताओं, और अक्सर भिन्न संदेशों के साथ देखती है? दृढ़तापूर्वक, हां। और वे आस्थावान को मिथक का ऐसा विकल्प प्रदान करते हैं जो उनकी आत्मा में गूंजता है और उन्हें शांति प्रदान करता है।

ज़रा सा पीछे हटते हैं और आज के भारत में महिलाओं के साथ हो रहे बर्ताव पर विचार करते हैं। सतही स्तर पर उनके स्तर में दिखाई दे रहे सुधारों के बावजूद, कई मायनों में, हमारे समाज का पतन हो रहा है। नई तकनीकों ने साफ़-सुथरे, ज़ाहिरी तौर पर 'अ-नृशंस' तरीक़े से जुर्मों को अंजाम देना मुमकिन कर दिया है—कन्या भ्रूण की हत्या इसका दिल दहला देने वाला उदाहरण है।

भारत में महिलाएं अभी तक अपने अधिकारों के लिए संघर्ष क्यों कर रही हैं? शिक्षा और समृद्धि में वृद्धि से भी कोई बहुत अंतर पड़ा दिखाई नहीं देता है। पंजाब, हरियाणा और गुजरात में, गसलन, कन्या भ्रूण की हत्या की दर सबसे ज़्यादा है। इस रवैये के पीछे एक अहम वजह हमारे अतीत और मिथकों को समझने के लिए पितृसत्तात्मक नज़रिए का प्रयोग करना है। अनेक लोग अपने मन में इन अपराधों को इसलिए न्यायसंगत ठहराते होंगे कि 'स्वयं हमारे देवताओं ने कहा है कि स्त्रियां परेशानियों का स्रोत हैं।'

मगर, सच तो यह है कि हमारी शानदार परंपरा सशक्त मातृसत्तात्मक समेत वैकल्पिक व्याख्याओं को भी सुदृढ़ आधार प्रदान करती है।

उदाहरण के लिए, यद्यपि तुलसीदास जी की अत्यंत लोकप्रिय *रामचरितमानस* (प्रभु राम की मूल कथा का सोलहवीं सदी का आधुनिक रूप) देवी सीता को आज्ञाकारी, अधीनस्थ के रूप में दर्शाती है, मगर महर्षि वाल्मीकि द्वारा रचित मूल *रामायण* में देवी सीता कहीं ज़्यादा सशक्त हैं, जिनके पास अपनी समझबूझ है। *अद्भुत रामायण* (*रामायण* के सैकड़ों रूपों में से एक) की सीता प्रचंड योद्धा देवी हैं। यहां तक कि मनु ने भी, जो प्रत्यक्षतः हिंदू पितृसत्ता के पथप्रदर्शक हैं, कहा है कि 'यत्र नार्यस्तु पूज्यन्ते, रमन्ते तत्र देवाः।' अर्थात जहां स्त्रियों का सम्मान होता है वहां देवता प्रसन्न होते हैं। शायद उदारवादी हिंदुओं को उन लोगों के सामने अतीत के इन वैकल्पिक नज़रियों को रखना चाहिए जो स्त्रियों को कमतर मानते हैं। एक देवबंदी फ़तवा स्त्री-पुरुषों के मिश्रित वातावरण में मुस्लिम औरतों के काम करने को नाजायज़ क़रार देता है। बहुत से ग़ैर-मुसलमानों को शायद प्रख्यात महिला हज़रत ख़दीजा के बारे में जानकारी नहीं होगी, जो प्राचीन अरब में एक बेहद कामयाब कारोबार चलाती थीं और भारी मात्रा में ख़ैरात दिया करती थीं। बाद में उन्होंने मुहम्मद बिन अब्दुल्लाह नाम के अपने एक एजेंट से विवाह कर लिया जो उनके लिए काम करता था, और आयु में उनसे पंद्रह वर्ष छोटा था! उनका शौहर उनकी इज़्ज़त करता था

और उनसे प्रेम करता था। आज हम उन्हें पैग़ंबर मुहम्मद के नाम से जानते हैं। शायद उदारवादी मुसलमानों को अपने उन सहधर्मियों को हज़रत खदीजा की मिसाल देनी चाहिए जो सोचते हैं कि औरतों को दबाकर रखना चाहिए।

हमारा अतीत हमें ठोस स्पष्टीकरण प्रदान करता है जिन्हें आज स्त्रियों के साथ हो रहे दुर्व्यवहार के लिए दिए जाने वाले ऐतिहासिक और धार्मिक औचित्यों का अंत करने के लिए सशक्त रूप से इस्तेमाल किया जा सकता है। और हममें से जिन लोगों को उनकी जानकारी है, उनका यह नैतिक कर्तव्य है कि बोलें। मनुष्यों में बदलाव लाने का बेहतरीन तरीक़ा उन विश्वासों पर चोट करने के बजाय जो उनके वजूद का केंद्र हैं, उनका लाभ उठाना है। सम्मानपूर्वक एक वैकल्पिक नज़रिया सामने लाकर कि हम कौन हैं, हम स्वाभाविक रूपांतरण का प्रवाह होने देते हैं। ये एक जैविक, अ-विनाशी विकास है जिसमें जीवन का कोमल सार निहित है।

'द स्पीकिंग ट्री' में, वर्ष 2011 में सर्वप्रथम प्रकाशित

ईश्वर का उद्देश्य

हैलो और गुड मॉर्निंग, लेडीज़ एंड जैंटलमेन। आपको यह आश्चर्यजनक लग सकता है, मगर भगवान शिव को लेकर तटस्थ और निष्पक्ष रह पाना मुझे बहुत ही मुश्किल लगता है। उन्हें लेकर मैं बहुत भावुक हूं। मैं, जैसा कि कुछ लोग कह सकते हैं, भगवान शिव का परम भक्त हूं। इसलिए जब कली पुरी (*इंडिया टुडे* कॉन्क्लेव की सीओओ एवं डाइरेक्टर) ने मेरे सामने यह सवाल रखा—क्या शिव का अस्तित्व था—तो मेरा जवाब फ़ौरी और एकदम साफ़ था: बेशक था। और भगवान शिव आज भी जीवित हैं, वे मेरे हृदय में रहते हैं और वे हर शिव उपासक के हृदय में रहते हैं। लेकिन यह भावुक, ज़्यादा से ज़्यादा भक्तिभाव भरा तर्क है! यह बौद्धिक नहीं है। और यह कॉन्क्लेव, स्पष्ट है, बुद्धिजीवियों की सभा है। तो मैं अपने दिमाग़ की वर्जिश करता हूं और एक वैकल्पिक, बौद्धिक तर्क पेश करने की कोशिश करता हूं।

शुरू में मैंने भगवान शिव के अस्तित्व के बारे में जो कहा था, वह शायद प्रेम और भक्ति की अभिव्यक्ति है! भक्ति योग का मार्ग। अब मैं बुद्धि के, ज्ञान योग के मार्ग पर चलने की कोशिश करता हूं।

यह चर्चा शुरू करने से पहले कि भगवान शिव विद्यमान हैं या नहीं, हम स्वयं धर्म के उद्देश्य पर चर्चा करते हैं। इसकी क्या भूमिका है? यह किसी न

किसी रूप में लगभग सभी संस्कृतियों में विद्यमान है। इससे भी महत्वपूर्ण, यह इतनी निरतंरता से क्यों क़ायम रहा है? नास्तिकों का मानना है कि धर्म एक ऐसा अस्त्र है जिसे संभ्रांत लोग आम लोगों को नियंत्रित करने के लिए इस्तेमाल करते हैं। मार्क्सवादी मुखरता से समर्थन करते हैं, 'धर्म आम लोगों के लिए अफ़ीम है।' सच कहूं तो मुझे यह दावा विडंबना और नादानी भरा लगता है क्योंकि मार्क्सवाद स्वयं अक्सर किसी धर्म की भांति व्यवहार करता है। इसके अनुयायी अपनी राय बनाने के लिए बौद्धिक श्रम पर सिद्धांतों को तरजीह देते हैं।

आस्तिकों के धार्मिक मत का अपना सिद्धांत है। वे आपसे कहते हैं कि एक नैतिक समाज बनाने के लिए धर्म एक संगठित प्रयास है! ऐसे अध्ययन हुए हैं (मुझे कहना होगा) जो इस दावे की पुष्टि करते हैं, मसलन, ऑस्टिन विश्वविद्यालय में किया गया व्यवहार संबंधी अध्ययन। लेकिन इस तर्क के साथ भी समस्याएं हैं। मसलन, वीभत्स अपराधों को अंजाम देने के लिए एक महान धर्म इस्लाम के नैतिक ढांचे को पाकिस्तान जैसे असुरक्षा से त्रस्त देश ने तोड़-मरोड़ दिया। और इस्लाम ही अकेला धर्म नहीं है जिसका कुछ लोगों ने नफ़रत और हिंसा फैलाने के लिए इस तरह ग़लत इस्तेमाल किया है। ऐसा हरेक धर्म में हुआ है, अगर वर्तमान में नहीं तो निश्चय ही अतीत में किसी समय, फिर चाहे वह हिंदू धर्म हो, ईसाई धर्म, बौद्ध धर्म, यहूदी धर्म या कोई और। इसके अनुभवसिद्ध प्रमाण हैं कि इतिहास में किसी न किसी वक़्त नफ़रत और भेदभाव फैलाने के लिए उनका ग़लत इस्तेमाल किया गया है।

तो यह हमें कहां लाता है? धर्म का उद्देश्य क्या है? क्या मैं एक नज़र यह देखने की राय दे सकता हूं कि प्राचीन भारतीय धर्म को किस तरह लेते थे। *कठोपनिषद्* दार्शनिक बुद्धि वाले एक बालक नचिकेत और मृत्युदेव यमराज के बीच संवाद के रूप में है। दिलचस्प ढंग से, यमराज धर्म के देवता भी हैं। वास्तव में, अनेक प्राचीन धर्मों में मृत्यु और धर्म साथ-साथ चलते थे। *कठोपनिषद्* पर वापस आते हैं, नचिकेत और यमराज के बीच संवाद इतना गूढ़ और सारगर्भित

है कि इसे समझ पाने में पूरा जीवन लग सकता है। अफ़सोस, इस मंच पर मुझे पूरी ज़िंदगी नहीं मिली है, और मैं ख़ुद को उस संवाद के एक अंश तक सीमित रखूंगा। कहा जाता है कि संवाद के अंत की ओर पहुंचने पर यमराज से गूढ़तम ज्ञान प्राप्त करने के बाद, नचिकेत अपनी इच्छाओं और 'मृत्यु' से मुक्त हो गया था। उसने ईश्वर को जान लिया था, और ऐसा उन सबके साथ होगा जो ईश्वर को जानते हैं! क्योंकि यह स्व को लक्षित करता है।

एक पल के लिए इस विचार का आकलन करें। ईश्वर स्व को लक्षित करता है। प्राचीन काल में धर्म का यही उद्देश्य था। इसे हर इंसान की चेतना को उभारना और उसे अपने भीतर के देवत्व के संपर्क में लाना था। क्या यह दार्शनिक विश्वदर्शन विलक्षण रूप से भारतीय या हिंदू था? वास्तव में नहीं! यह पूरे प्राचीन विश्व में व्याप्त था। रसातल के देवता ऑसिरिस और सत्य एवं इंसाफ़ की देवी मात की मिस्र देश की पौराणिक कथाएं गूढ़ अर्थ से भरी हैं। प्राचीन मिस्रवासी मानते थे कि जीवन के दौरान अपनी पूरी सामर्थ्य को प्राप्त करके एक अर्थपूर्ण मृत्यु को पाने की तैयारी करना जीवन का उद्देश्य है। जब यह हासिल कर लिया जाता है, तो व्यक्ति अमर होकर देवताओं के बीच वास करता है। प्राचीन भूमध्यसागरीय तट रहस्यवादी संप्रदायों से भरा पड़ा था, जिनमें से एक को उत्कृष्ट गणितज्ञ और दार्शनिक पायथागोरस ने आरंभ किया था। पायथागोरस की सबसे बड़ी देन पायथागोरस प्रमेय (वैसे यह प्रमेय पहले ही ऋषि बौद्धयान खोज चुके थे) नहीं थी! यह दरअसल उनका रहस्यवादी संप्रदाय था। वे माइक्रोकॉस्मोस, मेसोकॉस्मोस और मैक्रोकॉस्मोस की अवधारणा में विश्वास करते थे। माइक्रोकॉस्मोस मनुष्य का प्रतिनिधित्व करता था। मैक्रोकॉस्मोस संपूर्ण ब्रह्मांड और देवत्व था। मेसोकॉस्मोस समाज था, और इसका उद्देश्य माइक्रोकॉस्मोस की चेतना को उभारना और उसे मैक्रोकॉस्मोस के साथ एकीकृत करना था। साधारण शब्दों में, समाज का उद्देश्य मनुष्य को अपने देवत्व के संपर्क में लाना था। यह परिचित सा लगता है, है न?

मूल में एकता की अवधारणा है: कि परमात्मा और जीवात्मा एक हैं। प्लूटो ने संक्षेप में निर्देश दिया: स्वयं को जानो। श्री ऑरोबिंदो ने कहा था कि उपनिषदों की सबसे बड़ी सीख है *आत्मानं विद्धि*, अपने वास्तविक स्व को जानो और मुक्त हो जाओ। अगर हम इसे धर्म का वास्तविक उद्देश्य मानने पर सहमत होते हैं, तो ईश्वर का क्या उद्देश्य है? डिलन थॉमस के प्रति क्षमायाचना के साथ, क्या ईश्वर इतनी ऊंचाई पर स्थित है कि हम उस तक पहुंचने की आकांक्षा तक नहीं कर सकते? या ईश्वर एक आदर्श रूप है जो हमारे बीच रहता है और जो अपने उदाहरण से हमें शिक्षा देता है कि हम क्या बनने में सक्षम हैं। एक और डिलन था जो हैरान होता था: इंसान कितनी बार अपने सिर को घुमा सकता है और दिखावा कर सकता है कि वह नहीं देख रहा है? उत्तर हवा में व्याप्त है। ईश्वर आदर्श रूप है, वह हमारे बीच विचरण करता है, कभी जीज़स क्राइस्ट और ईसाई त्रिदेव के रूप में, तो कभी गौतम बुद्ध के, और कभी भगवान कृष्ण, भगवान राम, देवी दुर्गा और हां, मेरे प्रभु भगवान शिव के रूप में। और उनके कर्म इतने भव्य हैं कि वे अभी तक विद्यमान हैं। वे मेरे हृदय में रहते हैं और हरेक शिव पूजक के हृदय में रहते हैं। धन्यवाद।

इंडिया टुडे कॉन्क्लेव, मार्च 2013

पौराणिक कथाओं का पुनर्लेखन

प्रः मैं *नागाओं का रहस्य* के बारे में, गणेश और कार्तिक के बारे में बात करना चाहता हूं। आपने बहुत ख़ूबसूरती से उनका चित्रण भिन्न रूप से विकलांग लोगों के रूप में किया है। आपको इसकी प्रेरणा कैसे मिली, क्योंकि आधुनिक भारत में अब हममें से बहुत लोग विकलांग लोगों को कुछ विलक्षण, विशिष्ट गुणों से युक्त लोगों की तरह देखने लगे हैं? लेकिन गणेश और कार्तिक को महान योद्धा बताना भी उत्कृष्ट था। इसके पीछे क्या विचार-प्रक्रिया थी?

उः सबसे पहले, इस मुद्दे पर कि दवाइयां कभी-कभी शरीर पर ख़तरनाक तरीक़े से भी असर कर सकती हैं... शायद यह विचार मुझे किसी लेख से आया था जो बहुत समय पहले मैंने *साइंटिफ़िक अमेरिकन* जर्नल में पढ़ा था। पचास और साठ के दशकों में एक दवाई, थैलिडोमाइड, की खोज की गई थी जिसे मॉर्निंग सिकनेस के लिए चमत्कारिक उपचार माना गया था। मुझे यक़ीन है कि आप सब जानते होंगे, मॉर्निंग सिकनेस एक ऐसी समस्या है जिसका सामना गर्भावस्था के दौरान महिलाएं करती हैं। अगर यहां स्नेहशील पति मौजूद हैं तो मुझे यक़ीन है कि उन्हें मॉर्निंग सिकनेस से जुड़े प्रभाव याद होंगे। खैर, थैलिडोमाइड जल्दी ही बहुत लोकप्रिय दवा बन गई। मगर कुछ साल बाद पाया गया कि कुछ बच्चे, जिनकी मांओं ने थैलिडोमाइड ली थी, किसी स्थायी और गंभीर शारीरिक

समस्या के साथ जन्मे थे। मसलन, अनेक के अंग विरूप थे। अन्यों के दिलों में गड़बड़ी थी! कुछ नेत्रहीन यहां तक कि बधिर भी थे। बाद में थैलिडोमाइड को बैन कर दिया गया। यानी एक बहुत ही शक्तिशाली दवाई कुछ के लिए अच्छी हो सकती है और कुछ को विकलांग बनाने समेत दूसरों में गंभीर दोष भी पैदा कर सकती है। यह बात मेरे दिमाग़ में घर कर गई थी और इसने मेरी किताबों में इस विचार को रूप देने में मदद की। और जहां तक भगवान गणेश और भगवान कार्तिक के योद्धा होने की बात है, तो हमारी पारंपरिक पौराणिक कथाओं में भी वे महान योद्धा रहे हैं!

प्रः इस किताब को लिखते हुए आपने माना है कि आपने बहुत ज़्यादा रिसर्च की थी। तो अपनी रिसर्च के दौरान अनेक बार राम, रामायण और अयोध्या भी आपके सामने आए होंगे। तो क्या आप मानते हैं कि अयोध्या और रामायण का अस्तित्व था? या आप मानते हैं कि वह लोककथा थी जिसका, किसी बैस्टसेलर की तरह, बार-बार आधुनिकीकरण और संकलन किया गया है। हो सकता है आने वाले वर्षों में आपकी किताबों की ढाई करोड़ या पांच करोड़ प्रतियां बिक जाएं और लोग मानने लगें कि शिव ऐसे ही थे। तो बुनियादी तौर पर यह सच है या पौराणिक कथा?

उः मेरे विचार में इस सवाल का सबसे सही जवाब यह समझना है कि पौराणिक कथाएं क्या हैं और इतिहास क्या है। पौराणिक कथाओं के प्रति आसक्त संस्कृतियां भी हैं और इतिहास केंद्रित संस्कृतियां भी हैं। औसतन, पौराणिक कथाओं के प्रति आसक्त संस्कृतियां ज़्यादा उदार होती हैं। पौराणिक कथाओं को हम इतिहास से कैसे अलग करते हैं? इतिहासकार कहेंगे कि उनकी प्रविष्टियां 'तथ्यों' पर आधारित हैं। अगर आप उनसे असहमत होंगे, तो वे या तो आपकी हंसी उड़ाएंगे, ताने देंगे या कभी-कभी, दुखद रूप से, आपका बहिष्कार तक कर देंगे। इतिहास में ऐसे अनेक लोग—इतिहासकार

नहीं—हुए हैं जो यहां तक कहते हैं उनका सच ही 'सच' है और अगर आप सहमत नहीं होते, तो वे आपकी जान तक ले सकते हैं। लेकिन पौराणिक कथाओं के प्रति आसक्त लोग सहज भाव से भिन्न दृष्टिकोणों का सम्मान करते हैं। और वे मानते हैं कि शायद केवल एक ही सत्य नहीं है, बल्कि देखने वाले के दृष्टिकोण पर निर्भर करते हुए अनेक सत्य हैं। इसके लिए तकनीकी शब्द पर्यवेक्षक पूर्वाग्रह है। विज्ञान तक *पर्यवेक्षक पूर्वाग्रह* के सिद्धांत को स्वीकार करने लगा है, मिसाल के लिए थ्योरेटिकल फ़िज़िक्स में। गणित शायद एकमात्र ऐसा विषय है जहां एक पूर्ण सत्य संभव है। गणित में दो और दो चार होते हैं। कोई विवेचना या दूसरा सच संभव नहीं होते। अनेक प्राचीन लोगों को विश्वास था कि गणित ही वह भाषा है जिसमें ईश्वर ने ब्रह्मांड को लिखा था। लेकिन अन्य सभी विषयों में संभाव्य सच की अनेक विवेचनाएं होती हैं। नीत्शे के अनुसार, एक आपका सच है और एक मेरा सच है! जहां तक सार्वभौमिक सच की बात है तो कोई नहीं जानता कि वह क्या है। पौराणिक कथाओं के आसक्त तुरंत ही इसे मान लेते हैं क्योंकि वे एक ही कहानी की अनेक व्याख्याओं के आदी होते हैं, और वे सभी रूपों को पसंद करते हैं और स्वीकार करते हैं। तो, यह सब कहने के बाद, रामायण के प्रति मेरी नीति क्या है? मेरा विश्वास है कि हमारे देवताओं का अस्तित्व था। मेरा विश्वास है कि वे हमारे पूर्वज थे। मेरा विश्वास है कि हमारी रगों में उनका रक्त दौड़ता है। इसलिए, मैं स्पष्ट रूप से विश्वास करता हूं कि भगवान राम का अस्तित्व था। मेरा विश्वास है कि रामायण, या इसके समान कुछ घटनाएं घटी थीं। क्या मैं इसे साबित कर सकता हूं? नहीं। क्या मैं इसे आप पर थोपने की कोशिश कर रहा हूं? नहीं। अगर आप इस पर विश्वास न करना चाहें, तो विश्वास न करें। लेकिन मेरा विश्वास है कि भगवान राम का अस्तित्व था। और मेरा विश्वास है कि वे युगों से अपनी कहानी के माध्यम से हमसे बात करते हैं।

प्रः पौराणिक कथा किस चरण पर आस्था बन जाती है?

उः जब आप सवाल करना बंद कर देते हैं। आस्था में भी कोई बुराई नहीं है। आस्था तब शुरू होती है जब आपका ज्ञान अपने अंतिम स्तर पर पहुंच जाता है। ज्ञान विकास करने में आपकी मदद करता है! आस्था उन चीज़ों में तालमेल स्थापित करने में आपकी मदद करती है जिन्हें आप समझ नहीं पाते। या कम से कम इससे कुछ शांति पाते हैं। लेकिन हमारे प्राचीन शास्त्रों में हमें बार-बार प्रश्न करने के लिए प्रेरित किया जाता है। *भगवद्गीता* में भगवान कृष्ण अर्जुन से कहते हैं, 'मैंने तुम्हें गूढ़तम ज्ञान प्रदान किया है, अब यह तुम्हारा दायित्व है कि इस पर विचार करो और जो सही समझ आए, वो करो।' यह हमारे लिए भगवान कृष्ण का संदेश है। क्योंकि अपने कर्म के साथ केवल आपको जीना है। किसी और को नहीं। आपको तय करना है कि आपके कर्म आपके स्वधर्म के अनुरूप हैं या नहीं। बुनियादी तौर पर, ईश्वर ने आपको बुद्धि प्रदान की है और आपको इसका प्रयोग करना चाहिए। आपको प्रश्न करने चाहिएं। आपको सोचना चाहिए। और फिर अपना मत बनाना चाहिए।

प्रः नए युग की पौराणिक कथा सुनाने का आपका शानदार तरीक़ा है। जब आपने इसे लिखना शुरू किया था तो आपकी विचार प्रक्रिया क्या थी? जैसे एलेक्स रदरफ़ोर्ड ने इतिहास में जीवंतता लाने के लिए इसमें ढेरों मसाला जोड़ा था, आपने भी वही काम किया है। एक युवा हिंदू ने कहा था, हम बहुत जल्दी किताबों की ओर खिंच जाते हैं और, और ज़्यादा का इंतज़ार करते हैं। दूसरे लाखों लोगों ने यही किया है। तो जब आपने लिखना शुरू किया तो आपके दिमाग़ में क्या था और क्या आप इसमें भिन्न दृष्टिकोण लाना चाहते थे ताकि लाखों दूसरे हिंदू या और लोग भी पौराणिक कथाओं को समझ सकें जिन्हें लोग अक्सर सबसे जटिल कहते हैं।

उः सबसे पहले तो मैं एक स्पष्टीकरण दूंगाः आप इसे मेरे कई आयोजनों में, मेरे पाठकों के बीच देखेंगे कि हिंदुओं के अलावा और लोग भी हैं जो मेरी किताबें

पढ़ते हैं। मेरे पाठकों में आप मुसलमानों, ईसाइयों, सिखों, बौद्धों, जैनों, यहूदियों, नास्तिकों और कई दूसरे लोगों को पाएंगे। और मेरे लिए यह अधिकांश भारतीयों के जन्मजात उदारवाद का चिह्न है। मुझे सभी धर्मों के लोगों के ईमेल और ट्वीट प्राप्त होते हैं। घर पर मेरे पूजा कक्ष में बीच में भगवान शिव की प्रतिमा है, लेकिन दूसरे कई हिंदू देवताओं की प्रतिमाएं भी हैं। मेरे यहां दूसरे धर्मों के प्रतीक और चिह्न भी हैं। रोज़ सुबह मैं उन सबकी पूजा करता हूं। जहां तक मेरे लेखन की बात है, तो वास्तव में, अपनी पहली किताब द *इमॉर्टल्स ऑफ़ मेलूहा* लिखने से पहले मैंने कोई मार्केट रिसर्च नहीं की थी। मैं बस शुरू हो गया और लिखने लगा। मैंने बस वह किया जो मुझे सही लगा था। मैं यह नहीं सोच रहा था कि इस पुस्तक को ठीक से लिया जाएगा या नहीं! कि आलोचक या दर्शक इसे पसंद करेंगे या नहीं। मैंने सोचा था, सारी संभाव्यताओं में, जो लोग मेरी किताब पढ़ेंगे, वे केवल मेरे परिवारीजन होंगे, ज़बरदस्ती के पाठक! और राम चंद्र सीरीज़ की पहली पुस्तक *सायन ऑफ़ इक्ष्वाकु* को भी मैंने इसी भावना से लिखा है। पाठकों के बारे में मैं केवल मार्केटिंग चरण में ही सोचता हूं, लिखने के दौरान नहीं। और मैं बहुत स्पष्ट हूं कि अगर मेरी अगली किताब फ़्लॉप रही तो मैं बैंकिंग में वापस लौट जाऊंगा। लेकिन मैं वही लिखूंगा जो मुझे ठीक लगता है। इस मुद्दे पर मैं बहुत स्पष्ट हूं।

प्रः आपने दो महान भारतीय देवताओं, भगवान शिव और भगवान राम का चित्रण किया है। मेरे जैसे लोग भगवान राम को एक आदर्श के रूप में देखते हुए बड़े हुए हैं, और हमने कई रूपों में उनकी आराधना की है। हमारे देवताओं से सीखने के लिए बहुत कुछ है। लेकिन औपनिवेशिक काल में उनका सही चित्रण नहीं किया गया। और इसका हमारी संस्कृति पर नकारात्मक प्रभाव पड़ा। दुख की बात है कि आज़ादी के साठ साल बाद भी हमने सबक़ नहीं सीखा है। आपको लगता है कि इन पौराणिक कथाओं का उचित प्रकार से वर्णन ना करके, ताकि नई पीढ़ी समकालीन सबक पा सके, हम एक बार फिर पिछड़ रहे हैं?

उः मेरा सुझाव है कि थोड़ा धीरज रखा जाए। कोई भी देश आनन-फ़ानन में नहीं बदलता। अपने व्यक्तिगत जीवन के नज़रिए से नहीं, बल्कि एक राष्ट्र के दृष्टिकोण से आपको समय का भाव उत्पन्न करना होगा। इस बिंदु को मैं एक विचार प्रयोग से स्पष्ट करता हूं, अगर आप चाहें तोः कल्पना करें कि आप एक साधारण मक्खी हैं जिसका जीवन बस कुछ हफ़्तों का होता है, और आप भारत में मानसून के दौरान जन्म लेते हैं। आप 'जानेंगे' कि भारत में अंतहीन बारिशें होती हैं, बाक़ी कुछ ख़ास नहीं! ख़ासकर अगर आप मुंबई या चेरापूंजी में रहते हैं। लेकिन एक इंसान के रूप में, जो सत्तर-अस्सी साल जीवित रहता है, आप जानते हैं कि मक्खी तकनीकी रूप से सही है, लेकिन केवल एक सीमित नज़रिए से। समय की सीमा जितनी लंबी होगी, उतना ही 'पूर्ण' नज़रिया होगा। मेरा सुझाव है कि राष्ट्र के जीवन को भी इसी नज़र से देखें। छह या सात दशक किसी इंसान के लिए बहुत लंबा समय मालूम देते हैं, मगर एक राष्ट्र के लिए जिसका जीवनकाल 10,000 साल हो सकता है, यह बहुत लंबा समय नहीं है। राष्ट्र में होने वाले परिवर्तनों में समय लगता है। हमें बस यह देखना होगा कि हम सही दिशा में बढ़ रहे हैं। मोटे तौर पर, मैं कहूंगा, हां, हम सही दिशा में बढ़ रहे हैं। बेशक, समस्याएं हैं, और उनमें से बहुतों पर मैंने सार्वजनिक तौर पर बात भी की है। हम भारतीयों ने कुछ बहुत बुरी सदियां देखी हैं। ऐसा होता है। लेकिन हम फिर से उभर रहे हैं! हम जाग रहे हैं। ख़ासकर 1991 के बाद से। हमारे ऐतिहासिक, तार्किक आत्मविश्वास की वापसी हुई है। मैं बहुत गर्वित भारतीय हूं। और आगे बढ़ते हुए हमारा देश हमें गर्व करने के और भी बहुत सारे कारण देगा। हमें सब्र करना होगा।

टाइम्स लिटरेचर फेस्टिवल, दिल्ली, नवंबर 2015

पुरुषोचित/स्त्रियोचित तरीक़े एवं अन्य प्रश्न

प्रः अमीश ने कहा था कि वे चाहते हैं कि अधिकृत सवाल-जवाब यथासंभव छोटे हों। वे आपको (श्रोताओं को) उनसे और अधिक सवाल पूछने का मौक़ा देना चाहते थे। मेरा ख़्याल है कि वे चाहते हैं कि सत्र और ज़्यादा संवादात्मक हो। चर्चा का मूल विषय है कि क्या राम युवा पाठकों के लिए शिव से ज़्यादा सरल और सुगम हैं। मर्यादा बनाम तांडव। क्या राम युवा पाठकों के लिए शिव से अधिक स्वीकार्य आदर्श रूप हैं? मुझे इसका यही अर्थ समझ में आया है हालांकि मैं यहां मूल्य-निर्धारण कर रहा हूं और अमीश मूल्य-निर्धारणों के सख़्त विरोधी हैं। लेकिन पहली बात तो आप मर्यादा की अवधारणा को जानते हैं। आपके राम में वे बहुत सी बातें हैं जो वाल्मीकि के राम में हैं और फिर भी वे नैतिकताओं और सम्मान की निश्चित अवधारणाओं के परे चले जाते हैं। वे उन सभी को बनाए रखते हैं, मगर फिर भी बहुत मानवीय हैं। तो आपके अनुसार मर्यादा क्या है? आप इसे कैसे देखते हैं?

उः अच्छा सवाल है। देखिए, मेरी किताबों का सिद्धांत है कि दो रास्ते होते हैं, दो संतुलन बिंदु जिनके बीच समाज झूलता रहता है। एक है स्वतंत्रता, आवेग, वैयक्तिकता का प्रतिमान और दूसरा है अनुपालन, सत्य (या कम से कम सत्य

की एक विवेचना), न्याय और सम्मान का प्रतिमान। और जीवन के इन दोनों ही तरीक़ों के अपने गुण और कमज़ोरियां होती हैं। समस्याएं तब शुरू होती हैं जब आप दोनों में से किसी का आकलन करने लगते हैं। भगवान राम का तरीक़ा, मर्यादा का तरीक़ा स्पष्ट रूप से सूर्यवंशी (या पौरुषप्रधान) तरीक़ा है, सम्मान, सत्य और न्याय का मार्ग! और भगवान कृष्ण का तरीक़ा चंद्रवंशी (या स्त्रियोचित) तरीक़ा है, स्वतंत्रता, आवेग, वैयक्तिकता का मार्ग। और भगवान शिव जीवन की इन दोनों ही शैलियों के प्रति निष्पक्ष हैं। मैं स्पष्ट कर दूं कि जब मैं कहता हूं जीवन की शैली पौरुषप्रधान या स्त्रियोचित है, तो इसका पुरुषों या स्त्रियों से कोई लेना-देना नहीं है। यह जीवन के तरीक़े की बात है। ऐसे अनेक पुरुष हैं (केवल महिलाएं ही नहीं) जो स्त्रियोचित तरीक़े को अपनाते हैं, और बहुत सी महिलाएं हैं (केवल पुरुष ही नहीं) जो पौरुषप्रधान जीवनशैली अपनाती हैं। ये पारंपरिक अवधारणाएं हैं जिन्हें मैं अपनी किताबों में स्पष्ट करता हूं। मैं यह नहीं कह रहा हूं कि कोई जीवनशैली बेहतर है या बुरी। ये बस भिन्न मार्ग हैं। आकलन किसी का नहीं करना चाहिए।

प्रः आप ऐसे ही कहकर, इसे बहुत मुश्किल बना देते हैं।

उः नहीं, मैं ऐसा नहीं करता! (हंसते हैं) अच्छा, तो इसे इस तरह से देखते हैं। कोई भी व्यक्ति, समुदाय या देश कभी भी पूरी तरह सूर्यवंशी (पौरुषप्रधान) या चंद्रवंशी (स्त्रियोचित) नहीं रहा है। दोनों के शेड होते हैं, लेकिन अक्सर कोई एक हावी होता है। चीन, मेरा मानना है, उस जीवनशैली पर चलता है जो सूर्यवंशी मार्ग के ज़्यादा क़रीब है। आप जानते हैं कि चीन ने 2008 में ओलंपिक्स का आयोजन किया था, सही? बीजिंग ओलंपिक्स! जो कि, सब सहमत होंगे, क़तई भारतीय कॉमनवेल्थ गेम्स जैसे नहीं थे। मुझे बताया गया है कि चीन के स्टेडियम वास्तव में गेम शुरू होने से छह महीने से एक साल पहले बनकर तैयार हो गए थे। भारत में, मेरा मानना है, जब गेम्स का शुभारंभ हो रहा

था, तब भी स्टेडियमों में पेंट का काम चल रहा था। मगर चीन में समय पर बुनियादी ढांचों को पूरा कर लेना ही काफ़ी नहीं था। उन्होंने तय किया कि उन्हें मेहमान देशों पर प्रभाव डालना होगा, तो उन्होंने गेम्स के भवनों पर काम करने वाले स्वयंसेवियों को कुछ नियम प्रदान किएः किस तरह बात करें, कपड़े पहनें आदि। जो कि काफ़ी सही है। मगर चीन सरकार के लिए यह भी पर्याप्त नहीं था। उन्होंने बीजिंग के नागरिकों को दिशा-निर्देश दिए। मैं मज़ाक़ नहीं कर रहा हूं। विदेशियों का अभिवादन कैसे करें, संवाद करने के गुर और ऐसी ही चीज़ें। उन्होंने तो ड्रेस कोड तक निर्धारित कर दिया था। मैं फिर से मज़ाक़ नहीं कर रहा हूं। मुझे बताया गया था महिलाओं और पुरुषों के लिए विभिन्न ड्रेस प्रोटोकोल थे। उदाहरण के लिए, पुरुषों से कहा गया था कि सफ़ेद मोज़ों को काले जूतों के साथ न पहनें। भगवान जाने क्यों। तो आपको क्या लगता है कि जब ये दिशा-निर्देश जारी हुए तो बीजिंग के नागरिकों ने क्या किया होगा? मुझे बताया गया है कि दिशा-निर्देशों का पालन किया गया! अनुपालन हुआ था। तो, इस विचार प्रयोग को करके देखेंः अगर भारत सरकार ने इस तरह के दिशा-निर्देश जारी किए होते तो क्या हुआ होता?

प्रः भारत में...(हंसी)

(श्रोता भी हंसने लगते हैं)

उः आप शायद यह सुनतेः 'तुमने बोला सफ़ेद मोज़े काले जूते के साथ नहीं पहनो? मैं एक साल तक यही पहनूंगा!' भारतीय प्रतिक्रिया शायद यह होती। क्यों? क्योंकि हम, कम से कम इस स्तर पर, चंद्रवंशी देश ज़्यादा हैं। हम विद्रोही लोग हैं। हम स्वतंत्रता प्रेमी लोग हैं। लेकिन स्वाभाविक बात यह है कि हम आवेगी और रचनात्मक लोग भी हैं। यह हमारी ताक़त है। आज हम जो हैं, हमें उसके प्रति सच्चा रहना होगा। हमें चीनियों की तरह बनने की कोशिश नहीं करनी चाहिए।

प्रः तो... तांडव?

उः यह कहने के बाद भी मैं यह राय नहीं दे रहा हूं कि हम अपने विद्रोही भाव को चरम पर ले जाएं और किसी क़ानून का सम्मान न करें! जैसा कि हम आज कर रहे हैं। हम जो हैं, उसके प्रति हमें ईमानदार रहना चाहिए। लेकिन, हम भगवान राम से क़ानूनों का सम्मान करना भी सीख सकते हैं। यह एक बेहतर समाज की ओर ले जाएगा। हम भगवान राम से सीख सकते हैं कि नियमों का पालन करना कितना सही हो सकता है! कम से कम कभी-कभी। मैं बंधनहीन, बेलगाम स्वतंत्रता या क़ानून की निरंतर अवज्ञा से उपजी अराजकता की वकालत नहीं करता। संतुलन होना चाहिए। और भारतीय जीवनशैली की बुद्धिमता यही है, और हमेशा रहेगी कि उस संतुलन को पाने की कोशिश की जाए। किसी भी क़िस्म के चरमवाद को त्याग देना चाहिए।

प्रः जब *सायन ऑफ़ इक्ष्वाकु* आई थी... इक्ष्वाकु शब्द अपने आप में बहुत नहीं सुना जाता है। कुछ ही लोग जानते हैं कि राम इक्ष्वाकु वंश के थे। लेकिन इस शब्द का एक तरह से पुनर्जन्म हो गया था। बहुत से लोगों के लिए जो लिखित रचनाओं से बहुत परिचित नहीं हैं, जो *रामायण* और *महाभारत* की मोटी-मोटी बातों को ही जानते हैं (और ऐसे बहुत लोग हैं चाहे आप मानें या न मानें), इक्ष्वाकु बहुत जाना-पहचाना शब्द नहीं है। तो अपनी किताब के लिए इसे शीर्षक के रूप में चुनने का विचार आपको कैसे सूझा?

उः एक सदी पहले तक, भगवान इक्ष्वाकु एक बहुत ही जाना-पहचाना नाम थे। दुख की बात है कि हमारी शिक्षा प्रणाली ने धीरे-धीरे बहुत से भारतीयों को अपनी जड़ों से काट दिया है। यहां मौजूद सब लोग, मुझे यक़ीन है, 1980 के दशक में आए टेलीविज़न धारावाहिक *रामायण* के बारे में जानते होंगे। इसमें भगवान राम के राजसी वंश के लिए प्रयुक्त होने वाला शब्द अक्सर रघुकुल था। बेशक, भगवान रघु भी भगवान राम के एक पूर्वज थे। मगर वंश के संस्थापक

इक्ष्वाकु थे। साथ ही, मुझे यह नाम पसंद है। मुझे लगता है इसमें एक ख़ूबसूरत लयात्मकता है। इसके अलावा, इसका अर्थ भी बहुत अच्छा है। इक्ष्वाकु का अर्थ है, वह व्यक्ति जो मीठा बोलता है। इसलिए मुझे लगा कि यह अच्छा शीर्षक रहेगा।

वैसे, क्या आप जानते हैं कि रामायण शब्द का क्या अर्थ है? राम (जैसा आप जानते हैं) प्रभु का नाम है। *आयण* का क्या अर्थ है?

प्रः मैं नहीं जानता।

उः इसे यात्रा के रूप में समझा जा सकता है। रामायण, शाब्दिक रूप से, 'राम की यात्राएं' हैं। यह रामायण शब्द का एक अनुवाद है। यात्रा करना एक शैक्षिक अनुभव है, और प्राचीन लोगों के साथ ऐसा और भी अधिक था। इसलिए *रामायण*, एक तरह से, उस ईश्वर की रचना है जिसका हम सम्मान, और मैं कह सकता हूं, जिससे प्रेम करने लगे। यह इस विषय पर है कि कैसे उन्होंने शिक्षा पाई और विकास किया और अंतत वे देवता बने जिसे हम जानते हैं।

प्रः मेरा अगला सवाल है—अपने मनुष्यत्व से उठकर देवता बन पाना क्या वाक़ई संभव है?

उः लेकिन यही तो वास्तव में भारतीय अवधारणा है। जिन देवताओं की हम पूजा करते हैं, उनमें और हममें अंतर यही है कि उन्होंने अपने भीतर के देवत्व को पा लिया है, जबकि हम अभी भी वहीं हैं।

प्रः मेरे ख़्याल से यह बहुत अच्छा जवाब है। और यह हमें किसी ऐसे व्यक्ति की ओर लाता है जिसे हम पहले से ही एक देवता, एक स्थापित देवता के रूप में जानते हैं। शिव। वे हमारे त्रिदेव का अंग हैं। वे विनाशक हैं, वे विद्रोही हैं। वे राख में लिपटे, गांजा पीने वाले, एकदम औघड़ व्यक्ति हैं। युवा उनके क़रीब भी क्यों जा रहे हैं?

उः वास्तव में, आपने खुद ही अभी बता दिया कि युवा उनकी ओर क्यों जा रहे हैं।

प्रः ओह, मेरा सवाल मज़ाक़ बन गया। मैं थोड़ा व्यंग्यात्मक होना चाह रहा था।

उः मेरे एक युवा पाठक ने उन्हें 'ड्यूड ऑफ़ द गॉड्स' कहा। और मैं किसी भी दूसरे देवता के प्रति असम्मानपूर्ण नहीं हो रहा हूं।

प्रः नहीं, नहीं, बेशक नहीं। वे संपूर्ण हैं... तो ऐसा व्यक्ति आख़िर देवता बन ही कैसे गया? क्या शिव का दैवीकरण... क्या आप हमें पीछे ले जा सकते हैं क्योंकि मुझे पता है आप बहुत पढ़ते हैं? आपकी रिसर्च यहां मौजूद अधिकांश लोगों से कहीं ज़्यादा और गहन है। मैं यह किसी हद तक निश्चितता के साथ कह सकता हूं। उनके देवत्व के मूल में क्या निहित है? शिव आर्य देवकुल में देवता कैसे बन गए? हिंदू देवकुल के इतिहास में शिव ने अपना मार्ग कैसे बना लिया? क्योंकि स्पष्ट रूप से वे आर्य देवता नहीं हैं।

उः वास्तव में, इस विषय में गंभीर विवाद है कि क्या आर्य नाम की कोई जाति कभी थी भी। ऋग्वेद में, 'आर्य' शब्द केवल एक बार आया है। और वह भी जाति के संदर्भ में नहीं। जहां तक मेरी जानकारी है, 3500 साल पहले (जब आर्यों ने कथित तौर पर भारत पर आक्रमण किया था) किसी आक्रमण का कोई विश्वसनीय पुरातात्विक प्रमाण नहीं है। आधुनिक जेनेटिक रिसर्च ने इस थ्योरी में कई ख़ामियां निकाली हैं कि पैंतीस सौ साल पहले कोई नई जाति भारत में दाख़िल हुई थी। 'आर्य' केवल एक सम्मानसूचक शब्द था। इसलिए मुझे नहीं लगता कि कोई आर्य देवता या द्रविड़ देवता थे। वे सभी भारतीय देवता थे। साथ ही, मैं मानता हूं कि शैव और वैष्णव मत जीवन के दो भिन्न दृष्टिकोणों का प्रतिनिधित्व करते हैं। अगर मुझे सरल तरीक़े से दोनों शैलियों को समझाना हो तो यह इस तरह होगाः वैष्णव शैली इस मायावी संसार में रहकर काम करना और

इसमें आत्मनियंत्रण के साथ एक उद्देश्य तलाशना है। शैव शैली इस मायावी संसार के रसों (आनंदों) का न तो प्रतिरोध करना है और न उनसे आसक्त होना है। आप उनका आनंद ले सकते हैं, मगर अंततः आपको उनसे परे जाना और अनासक्ति को पाना होगा। मैं मानता हूं, दर्शनशास्त्र की दो बहुत ही गूढ़ धाराओं को देखने का यह बहुत ही सतही तरीक़ा है। बेशक, जब आप गहराई में जाएंगे, तो आप पाएंगे कि वे कहीं ज़्यादा जटिल हैं। लेकिन ये दोनों ही मान्य और उचित मार्ग हैं। आप उस मार्ग पर चलें जो व्यक्तिगत तौर पर आपको प्रेरित करता है। इसमें कुछ भी उचित और अनुचित नहीं है।

प्रः आपने शिव को किसी भी संदर्भ में कैसे रखा? आप जानते हैं जब आप उनके बारे में, अपनी रचना त्रय, लिख रहे थे, तो आपने अपने कुछ इंटरव्यू में एक कालबद्ध संदर्भ बताया था। आपने उन्हें उस स्थान और काल में कैसे रखा?

उः उनका काल सरस्वती नदी के लुप्त होने के साथ लगभग 1900 ईसा पूर्व के आसपास माना गया है। कुछ वैज्ञानिक अध्ययन संकेत देते हैं कि शायद नदी 2000 और 1800 ईसा पूर्व के बीच कहीं लुप्त हुई होगी। मोटे तौर पर लगभग चार हज़ार साल पहले। मेरी कहानी सरस्वती नदी के नष्ट होने से जुड़ी है।

प्रः सवाल स्पष्ट रूप से शेष रहता है, जब आप शिव के बारे में लिख रहे थे तो आपने उनका मानवीकरण किया। पहले आपको आंतरिक रूप से उनका मानवीकरण करना और फिर हमारे लाभ के लिए उसे समझाना पड़ा। और क्योंकि आपकी कहानियां इतनी सुगम शैली में लिखी जाती हैं, इसलिए शिव के एक बेहद मानवीय रूप के साथ तालमेल बिठाने में मुझे कोई परेशानी नहीं हुई। हालांकि सच कहूं तो, जैसा मैं कह रहा था, उनके अंदर हमारे अन्य अधिकांश देवताओं से कहीं ज़्यादा मानवीय गुण हैं। आप जानते हैं कि हमने उन्हें दृढ़ता से स्थिर रखा है।

उः हमारे धर्मग्रंथों के अनुसार हमारे त्रिदेवों में एक वही हैं जो वास्तव में पृथ्वी पर रहते हैं। वे कैलाश पर्वत पर वास करते हैं।

प्रः तो आपके विचार में उनमें ऐसा क्या है जो हमें आकर्षित करता है?

उः मुझे लगता है ये उनके विरोधाभास हैं जो हमें उनकी ओर खींचते हैं। मगर विशेषकर मुझ जैसे व्यक्ति के लिए... मैं स्वभाव से विद्रोही, थोड़ा सा कुलीनतंत्र-विरोधी व्यक्ति हूं। अपनी नौजवानी में दस-बारह साल तक मैं नास्तिक रहा था। तो मेरे जैसे व्यक्ति के लिए धर्म में लौटने के लिए, ईश्वर की ओर लौटने के लिए बेहतरीन देवता भगवान शिव हैं। क्योंकि वे स्वयं भी बहुत विद्रोही देवता हैं। वे विद्रोहियों के देवता हैं। वे बहुत सुंदर नृत्य भी करते हैं, वे संगीत के देवता हैं, वे अपनी पत्नी से अत्यधिक प्रेम करते हैं। वे आदि योगी भी हैं। हां, वे बहुत 'कूल' हैं। एक बार फिर, यह किसी अन्य देवता का अनादर नहीं है।

प्रः चूंकि आपने उनकी प्रिय पत्नी का विषय उठाया है, तो हम शिव रचना त्रय के साथ-साथ *सायन ऑफ़ इक्ष्वाकु* किताब 1 की स्त्रियों पर भी चर्चा करते हैं। आपकी प्रवृत्ति रही है कि आप बहुत शक्तिशाली नारी पात्रों की ओर झुकते हैं, उन्हें उनसे कहीं ज़्यादा गुण प्रदान करते हैं जितने मूल महाकाव्यों में उन्हें दिए गए थे! जैसे सती, सीता। इन योद्धा राजकुमारियों के प्रति यह कैसी प्रवृत्ति है जिनका आप बहुत ज़्यादा पक्ष लेते मालूम होते हैं?

उः सबसे पहली बात, शायद व्यक्तिगत अनुभव। मेरे परिवार में बहुत सशक्त महिलाएं रही हैं: मेरी मां, मेरी बहन, मेरी भाभियां, मेरी पत्नी! ये ऐसी महिलाएं नहीं हैं जो कुछ भी बर्दाश्त कर लेती हैं। यही मानक आदर्श है जिसकी मुझे आदत है। हम तीन भाई और एक बहन हैं, मेरी बहन सबसे बड़ी हैं। हमारे बचपन में मेरे पिता ने लड़के-लड़की के बीच कभी भेदभाव नहीं किया। हम सबके लिए एक समान नियम थे। दूसरी बात, अपने महाकाव्यों पर नजर डालते हैं। महाकाव्यों के बहुत से संस्करण जिनसे शहरी भारतीय परिचित हैं, कम से कम

आज के समय में, 1980 के दशक के टेलीविज़न धारावाहिकों पर आधारित हैं। और उनमें से कई हमारे महाकाव्यों की कहानी की उत्तर मध्ययुगीन प्रस्तुतियों पर आधारित थे। जी हां, हमारे महाकाव्यों की अधिकांश उत्तर मध्ययुगीन प्रस्तुतियां पितृसत्तात्मक थीं। कोई भी समाज जो बहुत ज़्यादा हिंसा देखता है पितृसत्तात्मक हो जाता है। यह एक स्वाभाविक समाजशास्त्रीय प्रक्रिया है। और मध्ययुगीन दौर में भारत ने भयानक हिंसा झेली थी। लेकिन अगर आप हमारे महाकाव्यों, हमारी पौराणिक कथाओं के पूर्ववर्ती युग के रूपों का अध्ययन करें, तो बहुत शक्तिशाली नारियों को, और ऐसे रूपों को पाना बहुत असामान्य नहीं होगा जो पितृसत्तात्मक नहीं हैं। उदाहरण के लिए, प्राचीन समय में, समाज में उच्चतम स्थान ऋषियों को दिया जाता था! यह राजाओं से भी ऊंचा होता था। आप उनकी तुलना (एक मायने में, मगर पूरी तरह नहीं) इब्राहीमी धर्मों के पैग़ंबरों और मसीहाओं से कर सकते हैं। वे दिव्य से संवाद करते थे और सामान्य लोगों के लिए ज्ञान की व्याख्या करते थे। तो, *ऋग्वेद* में अनेक ऋचाएं ऋषिकाओं द्वारा रचित हैं। *अद्भुत रामायण* नाम की एक रामायण है, उसे भी महर्षि वाल्मीकि द्वारा रचित माना जाता है। इस *रामायण* में सीता मां काली मां के अपने वास्तविक रूप में आकर वरिष्ठ रावण का वध करती हैं।

तो, अपने सशक्त नारी पात्रों के साथ मेरी कहानियां, मैं कहूंगा, हमारी प्राचीन शैली के ज़्यादा क़रीब हैं।

प्रः मैं धृष्ट या अप्रिय नहीं होना चाहता। लेकिन कभी-कभी मुझे लगता है कि हम *रामायण* को बहुत ही सतही रूप में देखते हैं। कुछ देर पहले हम इस बारे में बात कर रहे थे कि चीज़ें कितनी जटिल होती हैं। आपको नहीं लगता कि हमने या हमसे पहले आए लोगों ने रावण को दानवी और राम को दैवी रूप दिया है। सच कहूं तो मुझे तो कभी-कभी यह दो राजाओं के युद्ध जैसा प्रतीत होता है। क्या आप इस पर कुछ कहना चाहेंगे?

उः यह सवाल पूछकर आप धृष्टता नहीं कर रहे हैं। क्या आप जानते हैं कि उत्तर प्रदेश में रावण का मंदिर है? और रावण की पूजा करने वाले भगवान राम का भी आदर करते हैं। राजस्थान-मध्य प्रदेश की सीमा पर मंदसौर नाम की एक जगह है जहां लोग रावण और उसकी पत्नी मंदोदरी की पूजा करते हैं। एक बहुत ही मशहूर कहानी है जिसमें जब रावण मृत्युशैया पर होता है, तो भगवान राम अपने भाई लक्ष्मण से कहते हैं कि रावण के पास जाएं और उस महान ज्ञानी से शिक्षा पाएं। भले ही युद्ध लड़ा गया हो, मगर भगवान राम अपने दुश्मन के कुछ गुणों का सम्मान करते थे। रावण के विशुद्ध रूप से दुष्ट राक्षस होने की अवधारणा भी तुलनात्मक रूप से आधुनिक है। पारंपरिक भारतीय संदर्भ में कुछ भी पूरी तरह अच्छा या पूरी तरह बुरा नहीं होता! ऐसा कुछ था ही नहीं। प्राचीन संस्कृत में अंग्रेजी शब्द 'ईविल' का एकदम सटीक अनुवाद नहीं है। मैंने बुराई की अवधारणा को स्पष्ट करने के लिए शिव रचना त्रय लिखी थी। लेकिन अगर मैं संस्कृत में लिखता तो इसे स्पष्ट करने की जरूरत ही नहीं होती, क्योंकि उसमें बुराई की अवधारणा थी ही नहीं। कुछ भी पूरी तरह से बुरा नहीं होता। हर वस्तु के अस्तित्व का कोई उद्देश्य है। *रामायण* के प्राचीन रूपों में, रावण का चित्रण बहुत औचित्यपूर्ण है, उसके सकारात्मक गुणों को सराहा गया है। उसे सोने की लंका कहते थे, ठीक है? क्यों? क्योंकि अपनी प्रजा के लिए वह अच्छा राजा था। उसमें कमियां भी थीं, ख़ासतौर पर उसका अहं। तो हम रावण से भी कुछ सीख सकते हैं। चीज़ों को काले या सफ़ेद के संदर्भ में ही देखने की यह सरलीकृत नीति असल में काफ़ी आधुनिक है! यह हमारा प्राचीन तरीक़ा नहीं है। जीवन कभी भी सरल नहीं होता। असली जीवन जटिल होता है। हमारी प्राचीन कहानियां इस वास्तविकता को दर्शाती हैं।

प्रः लेकिन राम का दैवीकरण क्यों है?

उः मगर भारतीय शैली में तो हम सभी दैवीकृत हैं! हम सब सशक्त रूप से दिव्य हैं। वास्तविक यात्रा अपने देवताओं से यह सीखना है कि हम अपना दैवीकरण

कैसे कर सकते हैं। हम अपने भीतर के ईश्वर को कैसे खोज सकते हैं? यह वास्तव में बहुत ही शक्तिशाली धारणा है। यह किसी बाहरी ईश्वर के विषय में नहीं है जो आपका 'निर्णय' करेगा। यह ईश्वर को आदर्श रूप में देखने और सीखने के विषय में है ताकि आप ईश्वर बन सकें। यही वास्तविक यात्रा है। इस सवाल को पूछना कुछ-कुछ फ़ुटबॉल के बारे में बात करने जैसा है जबकि हम असल में क्रिकेट खेल रहे हैं। भगवान राम के दैवीकरण पर ही क्यों रुक जाएं? क्यों न भगवान राम से सीखें और जानें कि आप अपने भीतर दिव्यत्व को कैसे पा सकते हैं?

प्रः मैंने शिव रचना त्रय और राम चंद्र श्रृंखला की पहली पुस्तक भी पढ़ी है। हम राम का दैवीकरण करते हैं और उन्हें मर्यादा पुरुषोत्तम कहते हैं, लेकिन अपनी पुस्तक में आपने इसे बेहतरीन तरीक़े से दर्शाया है। इसका बयान करने के लिए मेरे पास शब्द नहीं हैं। शिव वह व्यक्ति हैं जो चंद्रवंशी और सूर्यवंशी जीवनशैलियों को क़रीब लाते हैं। वे उन्हें ऐसी जीवन संहिता में बांधते हैं जो बहुत ज़्यादा संतुलित है। तो शिव को मर्यादा पुरुषोत्तम क्यों न कहा जाए और राम को कोई और नाम दिया जाए?

उः आप यह मान रहे हैं कि मर्यादा पुरुषोत्तम उच्चतर या निम्नतर पदवी है। ऐसा नहीं है। यह बस इससे सीख पाने के लिए है। शब्द—मर्यादा और पुरुषोत्तम—नियमबद्ध जीवन को उद्धृत करते हैं। इसका यही अर्थ है। जीवन जीने के और भी तरीक़े हैं। महादेव, भगवान शिव के रूप में, उनका मिशन किसी जीवनशैली की वकालत करना नहीं है! वे इस सबसे परे हैं। महादेव का मिशन संतुलन से बुराई को हटाना है। इसीलिए भगवान शिव किसी के प्रति पूर्वाग्रह नहीं रख सकते। इसीलिए उन्हें सबका होना है। और जैसा कि हमेशा कहा गया है, भगवान शिव और भगवान विष्णु सबके कल्याण के लिए मिलजुलकर काम करते हैं। हमारे धर्मग्रंथों में इस संदर्भ की अनेक कथाएं हैं जब भगवान शिव और भगवान विष्णु एक-दूसरे का साथ देते हैं। इसके बावजूद, मुझे लगता है कि ऐसा बहुत कुछ है

जो हम मर्यादा पुरुषोत्तम भगवान राम से सीख सकते हैं। आधुनिक भारत में हम नियम तोड़ने को कुछ ज़्यादा ही दूर तक ले जाते हैं। हम शायद भगवान राम से सीख सकते हैं कि हमें नियमों का पालन करना चाहिए। अगर हम कुछ नियमों का भी पालन करने की कोशिश करें तो हमारा समाज कुछ ज़्यादा सक्षम और थोड़ा कम अव्यवस्थित हो सकता है।

प्रः मैं आपकी सभी पुस्तकों को पढ़ता रहा हूं और मैं जानना चाहूंगा कि राम की बहन की कहानी कहां आती है?

उः मैंने रामायण का ऐसा कोई संस्करण नहीं पढ़ा है जिसमें भगवान राम की बहन का उल्लेख हो। लेकिन *महाभारत* में भगवान राम की बहन का एक संदर्भ है। मुझे बताया गया है कि *रामायण* की कुछ आंचलिक कहानियों में भी एक बहन है। तो यह एक विवेचन है। *रामायण* का मेरा स्वरूप दूसरे कई स्वरूपों की, *महाभारत* की, और पुराणों की कुछ कहानियों की प्रस्तुति है, इन सबमें मेरी कल्पना का मेल है।

प्रः युवावर्ग को धर्म की अवधारणा से परिचित करवाने के लिए धन्यवाद, जो कहते हैं कि वे नास्तिक हैं और धर्म के बारे में बात नहीं करना चाहते। यह एक नया ही दृश्य है कि युवा लोग सच में आ रहे हैं और शिव और राम पर चर्चा कर रहे हैं। मेरा सवाल हैः एक बंगाली के रूप में, मेरे घर के सब लोग माइकल मधुसूदन दत्त को लेकर पागल हैं जिन्होंने *मेघनाद बोध काब्य* (मेघनाद वध काव्य) लिखा था जिसमें वे मेघनाद के नायक होने की बात करते हैं और रावण के अच्छे पक्ष को भी दर्शाते हैं। इस क़िस्म की पृष्ठभूमि में मेरी परवरिश हुई थी और हालांकि मैंने कभी राम का विरोध नहीं किया है, मगर यह एक विचारधारा के रूप में हमेशा मेरे मन में रहा है कि राम और रावण दो भिन्न पहलुओं को दर्शाते हैं, लेकिन दोनों एक-दूसरे के पूरक हैं। इस दृष्टिकोण पर आपकी टिप्पणी।

उः पहली बात तो मैं यह कहना चाहता हूं कि नास्तिकता में कुछ ग़लत नहीं है। प्राचीन भारत में दर्शनशास्त्र के विभिन्न मत थे। इन मतों में कुछ नास्तिकों के मार्ग के प्रति समर्पित थे। मिसाल के लिए चार्वाकपंथी नास्तिक थे। बुरे कर्म करने वाला कट्टर धार्मिक होने से अच्छे कर्म करने वाला अच्छा नास्तिक होना बेहतर है। इसलिए नास्तिकता का आकलन न करें। पारंपरिक भारतीय तरीक़े में नास्तिकों का दमन करने का कोई सवाल ही नहीं था। अब, मेघनाद और रावण के नज़रिए से कहानी को देखने और भगवान राम और रावण के बीच संबंध के आपके सवाल पर आते हैं। आप जानते हैं, उत्तर प्रदेश में, कम से कम उस क्षेत्र में जहां का मेरा परिवार है, एक बहुत ही लोकप्रिय कथा प्रचलित है जिसके बारे में मैं पहले भी बोल चुका हूं। जब रावण मरणासन्न था, तो भगवान राम ने लक्ष्मण को उससे मिलने और रावण से ज्ञान प्राप्त करने भेजा क्योंकि वह बहुत ज्ञानी था और कलाओं, प्रशासन, वेदों और दर्शनशास्त्र का उसका ज्ञान बेमिसाल था। लक्ष्मण रावण के पास गए जहां वह घायल पड़ा था, किंतु वे रावण के सिर के पास खड़े थे, रावण ने कुछ नहीं कहा। लक्ष्मण अपने भाई के पास गए और उन्होंने इसकी शिकायत की। तब भगवान राम रावण के पास गए मगर उसके पैरों के पास खड़े हुए। उन्होंने उसके प्रति आदर दर्शाया। और उन्होंने विद्वान रावण से ज्ञान प्राप्त किया। यह हमें उस बिंदु पर लाता है जो मैंने पहले रखा था, कि रावण की यह विशुद्ध, उन्मत्त, दुष्ट राक्षस होने की अवधारणा तुलनात्मक रूप से नई है। प्राचीन भारतीय, हमारे पूर्वज, रावण या अन्य किसी भी विषय को इस तरह से नहीं देखते थे।

प्रः आप दो प्रकार के प्रतीकों, मर्यादा पुरुषोत्तम और भगवान शिव के तांडव की चर्चा कर रहे थे। मगर *रामायण* में, राम और शिव के बीच बहुत मज़बूत कड़ी भी हैं। सबसे पहले तो दोनों ही एक-पत्नीव्रत पुरुष हैं! वे बहुविवाह में विश्वास नहीं करते। फिर, भगवान राम शिव-धनुष को उठाकर सीता को प्राप्त कर लेते हैं। तो मुझे लगता है, वे एक-दूसरे से संबद्ध भी हैं।

उः भगवान राम शिव भक्त भी हैं, हम बहुत से लोगों की तरह ही। और, वैसे, रावण भी शिव भक्त था। और भगवान शिव भी भगवान राम का बहुत अधिक सम्मान करते थे। ऋषि अगस्त्य की कहानी तो हमें पता ही है। एक और कहानी है जिसमें भगवान शिव मां पार्वती से कहते हैं कि अगर वे विष्णु सहस्त्रनाम के पूरे पाठ का उच्चारण नहीं कर सकतीं, तो वे केवल राम का नाम ही ले सकती हैं, क्योंकि उसमें भी वही शक्ति है। भगवान शिव और भगवान राम एक-दूसरे का सम्मान और आराधना करते थे। आप सही कह रहे हैं।

प्रः हमने सुना है कि अपने प्रारंभिक जीवन में रावण शिव भक्त था और प्रभु के घोर आराधकों में से था। और अंत में, वह कुछ ऐसे काम करता है जिन्हें न्यायसंगत नहीं कहा जा सकता। तो किस बिंदु पर वह अच्छे से बुरा बन गया? और अगर हम कभी ऐसे मोड़ पर आएं तो ख़ुद को किस तरह रोक सकते हैं?

उः भारतीय दर्शन में अच्छे या बुरे होने की कोई धारणा ही नहीं है। यह तो कर्म और उसके परिणाम होते हैं। आप अपने 'अच्छे' या 'बुरे' कर्मों के परिणामों का सामना करते हैं। और यह केवल मनुष्यों के साथ ही नहीं है, यह देवताओं के साथ भी होता है। अगर आप कुछ ऐसा काम करते हैं जो धर्म के अनुकूल नहीं है, तो आपके कर्म आपके पास वापस आएंगे। हमें करना यह है कि सीखें। रावण से हम शक्तिशाली अहं के संकटों को जानते हैं! अहं किस तरह आपको नष्ट कर सकता है। किसी हद तक, मेरा मानना है कि अहं शायद आपके लिए अच्छा भी होता है। उदाहरण के लिए, अगर आप किसी कमज़ोर वर्ग के हैं और ऐसे सिस्टम से लड़ रहे हैं जिसे उच्चवर्ग चला रहा है, जिससे इसके पार जाना मुश्किल हो जाता है, तो शायद अहं अच्छा है क्योंकि यह आपको आगे बढ़ते रहने का हौसला देता है। मगर निरपवाद रूप से जीवन में एक ऐसा पॉइंट आता है जब अहं नुकसानदेह और बाधक बन जाता है। आपको अपने अंदर वह संतुलन ढूंढ़ना होगा।

प्रः मैं यह जानना चाहता हूं कि जब आप शिव रचना त्रय में विज्ञान के बारे में लिखते हैं, जब आप सोमरस को ग्रहण करने के, युद्ध की योजना बनाने आदि के बारे में लिखते हैं तो किस तरह की रिसर्च करते हैं? आपको अपनी स्रोत सामग्री कहां से मिलती है?

उः मैं बस बहुत पढ़ता हूं। कम से कम महीने में चार-पांच किताबें पढ़ लेता हूं। और दसियों साल से इसी गति से पढ़ता आ रहा हूं। मेरे परिवार में सब लोग बहुत पढ़ते हैं। हम डिबेट भी बहुत करते हैं। हम सच्चे पारंपरिक मायनों में एक टिपिकल भारतीय परिवार हैं। ऐसा कुछ नहीं है जिस पर बात नहीं की जा सकती, जिस पर सवाल नहीं उठाया जा सकता। तो मेरी ज़्यादातर जानकारी पढ़ने और अपने परिवार के साथ चर्चाएं करने से आती है।

प्रः मैं यह पूछ रहा हूं, क्या आपकी पुस्तकों में आने वाले विज्ञान संबंधी अंश वास्तव में सही हैं या वे महज़ अटकलें हैं? क्या प्राचीन भारत में ऐसा विज्ञान होता था?

उः देखिए, मेरी किताबों में कुछ चीज़ें ऐसी हैं जो बेशक गढ़ी गई हैं। ऐसा कोई सुबूत नहीं है कि उन दिनों परमाणु अस्त्र मौजूद थे। वर्ल्ड साइंस कांग्रेस में हाल ही में कोई पेपर प्रस्तुत किया गया था कि हम मंगल ग्रह की यात्रा कर चुके हैं! इसका भी कोई सुबूत नहीं है। मगर समस्या यह है कि हमारी शिक्षा प्रणाली ऐसी है कि हम अपनी प्राचीन धरोहर और, विशेषकर, अपनी वैज्ञानिक उपलब्धियों के बारे में बहुत कम जानते हैं। एक बहुत उच्च स्तर के पेपर का मैंने पहले भी ज़िक्र किया था जिसे उसी कांग्रेस में प्रस्तुत किया गया था जिसमें दावा किया गया था कि एक भारतीय ऋषि बोधयान ने पायथागोरस से पहले ही पायथागोरस प्रमेय को खोज लिया था। यह वास्तव में सच है। इसका ज़िक्र *शुल्ब सूत्र* में भी है जो विश्वसनीय रूप से पायथागोरस से 200 साल पहले का है। यह एक ऐसा तथ्य है जिसे यूरोपियनों ने भी माना है। प्राचीन भारत में सर्जरी भी की जाती

थी। *सुश्रुत संहिता* में यह है (जैसा कि बॉवर डॉक्युमेंट्स में दर्ज है)। संभवतः आधुनिक काल की सबसे पहली ज्ञात राइनोप्लास्टी सर्जरी भारत में कुछ सदी पहले मराठा सेना के एक सैनिक पर की गई थी। सर्जन एक नाई था! उस समय उस सर्जरी को दो ब्रिटिश सैनिकों ने *जैंटलमेन* नाम की एक पत्रिका में दर्ज किया था। और उस नाई कम सर्जन ने ठीक वही प्रक्रिया अपनाई थी जिसे एक हज़ार वर्ष से भी पहले *सुश्रुत संहिता* में दर्ज किया गया था। और वह सर्जरी सफल रही थी। आधुनिक राइनोप्लास्टी अभी भी उस प्रक्रिया के एक रूप का अनुकरण करती है। तो हमारे वैज्ञानिक अतीत से जुड़ी कल्पनाएं, जैसे मंगल ग्रह की कथित अंतरिक्ष यात्रा, आज भी भारत में क्यों मौजूद हैं? वह इसलिए कि वास्तविक ज्ञान का अभाव है। अज्ञानता के माहौल में काल्पनिक धारणाएं फलती-फूलती हैं। स्कूलों में अपनी पिछली वैज्ञानिक उपलब्धियों के बारे में हम वास्तव में कुछ नहीं पढ़ाते हैं! हमारी मेडिकल शिक्षा यूनानी चिकित्सा से शुरू होती है! हम भारतीय चिकित्सा के बारे में नहीं पढ़ाते हैं। हमारी गणित की शिक्षा गणित के पश्चिमी विकास पर केंद्रित रहती है। भारतीय गणितज्ञों के बारे में हम कुछ भी नहीं सीखते जो इतिहास के महानतम गणितज्ञों में रहे हैं और जिन्होंने बुनियादी काम किया है। अपनी उपलब्धियों के बारे में हमें ख़ुद को सिखाना होगा। हमें उनसे प्रेरणा लेनी होगी। और आज एक उपलब्धि की संस्कृति बनानी होगी जो हमें अपने महान पूर्वजों के योग्य बनाए।

टाटा स्टील कोलकाता मीट, फरवरी 2016

शिव रचना त्रय का अंत कैसे हुआ एवं अन्य प्रश्न

प्रः क्या एक लोकप्रिय उपन्यास हमेशा क्लासिक होता है, या लोकप्रिय होना क्लासिक उपन्यास की विशेषताओं में से एक है?

उः सभी लोकप्रिय उपन्यास क्लासिक नहीं बनते, यह तो स्पष्ट है। लेकिन हां, अगर किसी उपन्यास को व्यापक स्तर पर न पढ़ा जाए, जिसका अर्थ, परिभाषा के अनुसार, लोकप्रिय होना है, तो समय के साथ उसका क्लासिक बन पाना मुश्किल होता है। किसी उपन्यास का असली मूल्य फ़ौरी लोकप्रियता या समालोचक प्रशंसा से नहीं, बल्कि समय के साथ तय होता है। अगर आपका उपन्यास सौ साल बाद भी सजीव है तो वह क्लासिक उपन्यास है, वरना नहीं है। इस धारणा को 'क्लासिक' के लिए प्रयुक्त होने वाले हिंदी शब्द 'कालजयी' से समझा जा सकता है, जिसका अर्थ है, वह जो समय को जीत ले। क्लासिक उपन्यास वह है जिसे समय भी नहीं मिटा सकता।

प्रः आप एक लेखक के गुणों का मूल्यांकन कैसे करेंगे?

उः इसे तो पाठकों पर छोड़ देना बेहतर है। लेखक का लक्ष्य तो प्रमाणिक होना, अपने प्रति ईमानदार रहना होना चाहिए। लिखते वक़्त, उसे आलोचकों,

प्रकाशकों या पाठकों की चिंता नहीं करनी चाहिए। उसे अपने प्रति सच्चा रहना और ईमानदारी से लिखना होगा।

प्रः भारत में प्राचीन इतिहास के साथ जिस तरह का व्यवहार किया जा रहा है, उसके बारे में आपका क्या मत है?

उः मैं यह पहले भी कह चुका हूं और बार-बार कहूंगा। यह बहुत दुख की बात है कि हमारी शिक्षा प्रणाली अधिकांश भारतीयों को हमारे प्राचीन अतीत के बारे में बहुत कम जानकारी प्रदान करती है। और मैं कुछेक सम्राटों की नहीं, बल्कि हमारे प्राचीन विज्ञानों, कलाओं और दर्शनों की बात कर रहा हूं। ये हमें पढ़ाए ही नहीं जाते हैं। अपने अतीत के बारे में अज्ञान के इस माहौल में दो तरह के चरमवादी हावी हैंः एक गुट जो भारतीयों द्वारा मंगल की अंतर्ग्रहीय यात्रा किए जाने जैसी काल्पनिक कहानियों पर विश्वास करता है जिनका कोई प्रमाण ही नहीं है। और फिर एक और गुट है जो यह मानने को ही तैयार नहीं होता कि प्राचीन भारतीयों ने कुछ भी हासिल किया था। वे प्राचीन भारत का मज़ाक़ उड़ाते हैं और मानते हैं कि तब कोई उल्लेखनीय उत्कृष्टता थी ही नहीं, और यह भी सच नहीं है। हमने उत्कृष्ट वैज्ञानिक, गणितीय, चिकित्सकीय, वास्तुशिल्पीय, कृषि संबंधी और अन्य उपलब्धियां हासिल की थीं। प्राचीन साहित्य, संगीत और कलाओं का भी खुले और निष्पक्ष तरीक़े से अध्ययन करना होगा। बहुत दुर्लभ है ऐसा देश होना, इतनी महान विरासत का उत्तराधिकारी होना, और फिर भी हम इससे अनजान हैं। हमारी वर्तमान शिक्षा प्रणाली को आमूलचूल सुधार की ज़रूरत है।

प्रः 'उपन्यास एक प्रभाव होता है, तर्क नहीं।' शिव के पात्र की अपनी स्वीकृति में क्या हमें थॉमस हार्डी के इस कथन से मार्गदर्शन लेना चाहिए? शिव में भारतीय मानसिकता और भारतीय जीवन के विविध पहलू झलकते हैं। आपकी इस संदर्भ में क्या राय है?

उः पारंपरिक भारतीय शैली विभिन्न दृष्टिकोणों को प्रेरित करने, और उनका सम्मान करने की थी। प्राचीन भारत में चार्वाक नास्तिक थे! आधुनिक नज़रिए से तो सांख्य और मीमांसा भी नास्तिक थे क्योंकि वे वेदों में विश्वास करते थे, लेकिन ईश्वर में नहीं। मतभेदों के बावजूद उन पर हमला नहीं हुआ। कोई हिंसा नहीं हुई। हां, शास्त्रार्थ होते थे। वे अपने अंतर्भेदों के साथ सहज थे। इसलिए, एक उपन्यास एक नज़रिए की प्रस्तुति होता है और आप इसके विषय में सोच सकते हैं। अगर आप सहमत हैं तो अच्छा है, अगर नहीं हैं तो अपना दृष्टिकोण रखिए।

प्रः शिव या महादेव, जो शिव त्रय में केंद्रीय भूमिका निभाते हैं, असंख्य और असीमित (सकारात्मक-नकारात्मक) संभावनाओं को प्रतिबिंबित करते हुए एक महान प्राचीन पात्र का प्रतिनिधित्व करते हैं। क्या शिव के चारित्रिक गुण, जैसा कि हम उनकी शुरुआती उपस्थिति में देखते हैं, अंत तक जारी रहते हैं? उपन्यास के अंतिम चरण में शिव ने 'पशुपति-अस्त्र' छोड़ने का निर्णय क्यों लिया? पुस्तक के अंत में लिया गया यह फ़ैसला पूरी रचना त्रय में बरक़रार रही पात्र की गरिमा और सौंदर्य को छिन्न-भिन्न कर देता है। आप इसे किस तरह समझाएंगे?

उः यह सवाल बहुत से पाठकों ने मेरे सामने रखा है। और शिव रचना त्रय के विशिष्ट संदर्भ में इसका जवाब देने से पहले मैं आग्रह करूंगा कि हम ज़रा पीछे हटें और कहानी-वाचन की प्राचीन भारतीय शैली को देखें। प्राचीन कहानियों में बहुत कम ही ऐसा अंत होता था जो समाप्ति या अंतिम नतीजे का भाव प्रदान करता था। आजकल की बॉलीवुड फ़िल्मों की तरह नहीं जो अक्सर आपको एक अंत प्रदान करती हैं! चाहे वह सुखद हो या कभी-कभी दुखद भी। कुछ लोग कहते हैं, कहानी कहने की यह शैली मध्ययुग के भक्ति आंदोलन के साथ उभरी थी। कहानी कहने की इस शैली में आपके पास एक अंत होता है जो आपको समाप्ति का अहसास देता है! फिर आप कहानी के गिर्द ख़ूबसूरती से रिबन लपेटते हैं और उसे यादों की अलमारी में रख देते हैं, और शायद ही कभी

फिर उसकी ओर वापस जाते हैं। प्राचीन भारतीय कहानी-वाचन प्रायः भिन्न होता था। अंत आपको समाप्ति का अहसास देने के लिए नहीं बुना जाता था! वास्तव में इसका मक़सद आपको विचलित कर देना और अशांत छोड़ देना होता था। अंत में आपके पास उससे ज़्यादा सवाल रह जाएं जितने कि शुरू में थे। यह दृष्टिकोण हमारे दो महान महाकाव्यों *रामायण* और *महाभारत* के अंत पर रोशनी डालता है। उन्होंने अंत में हमें इतने गंभीर सवालों के साथ छोड़ दिया कि हम हज़ारों साल बाद भी उनसे जूझ रहे हैं। भगवान राम ने देवी सीता को क्यों त्यागा, और उन्हें एवं स्वयं को ज़िंदगी भर के दुख और त्रासदी में डाल दिया? *महाभारत* के अंत में कौरव स्वर्ग में क्या कर रहे थे, जबकि पांडव नर्क में गए, भले ही अस्थायी तौर पर? युधिष्ठिर के सिवा सभी! तो उन्हें ही क्यों पतन से बख़्श दिया गया? धर्मयुद्ध का तर्क क्या था? ये अंत ऐसे हैं जो आपको बहुत सारे सवालों के साथ छोड़ देते हैं।

प्राचीन भारत में कथा-वाचन का लक्ष्य दर्शनशास्त्र को बताना था, न कि अंत में आपको एक अच्छे, गुनगुने, ख़ुशनुमा से अहसास के साथ छोड़ना। दार्शनिक विचारों की गहराई में जाने का बेहतरीन तरीक़ा अंत में सवालों को उकसाना है, जैसे हम सबके पास *महाभारत* या *रामायण* को लेकर सवाल हैं। और फिर, उन सवालों के जवाब तलाशने में हम दार्शनिक सिद्धांतों को खोजते हैं और वे शिक्षाएं पाते हैं जिन्हें हमें पाना होता है। तो आपके जवाब मेरे जवाबों से भिन्न हो सकते हैं! यहां तक कि आपके सवाल भी मेरे सवालों से भिन्न हो सकते हैं, जो कि ठीक है क्योंकि आप मुझसे भिन्न हैं। इस वर्तमान जीवन में आपके सीखने के लिए कुछ सबक़ हैं और मेरे सीखने के लिए कुछ और।

अगर आप इसे इस दृष्टिकोण से देखते हैं, तो वे सवाल क्या हैं जो शिव रचना त्रय के अंत में उभरते हैं? अगर आप मुझे कुछ सवाल सुझाने की छूट दें... क्या क्रोध न्याय का हेतु सिद्ध करता है? अगर हां, तो क्यों? अगर नहीं, तो क्यों नहीं?

अगर आप इस विचार को थोड़ा खंगालना चाहें तो प्लूटो की कृतियां, महर्षि वेद व्यास की *महाभारत*, और अनेक शैव पुराणों में लिखी भगवान शिव के रुद्र रूप की कहानियां पढ़ें। एक और कहीं ज़्यादा बुनियादी सवाल हैः न्याय क्या है? एक मानवकेंद्रित न्याय होता है और एक प्रकृति मां की न्याय की अवधारणा है। न्याय की मानव की धारणा अक्सर विरोधात्मक होती है, लेकिन प्रकृति मां का न्याय संतुलन पुनर्स्थापित करने के लिए होता है। एक और सवालः कौन सा गुण अच्छा लीडर बनाता है? और आप यह कैसे जांचेंगे कि कोई लीडर प्रभावशाली है या नहीं? यह निकट वर्तमान में या अनेक सालों या दशकों में किए उसके कार्यों के प्रभाव पर आधारित होता है। देवी सती के बारे में सोचें! सब लोग सहमत होंगे कि शिव रचना त्रय के अंत में वे नैतिक रूप से सही थीं। मगर अपनी नैतिक निश्चितता में उन्होंने अपने वफ़ादार लोगों को उनकी निर्मम हत्या की ओर धकेल दिया। क्या आप इसे अच्छा नेतृत्व कहेंगे? अगर नहीं, तो क्यों नहीं? अगर हां, तो क्यों? मैं जवाब प्रदान नहीं कर रहा हूं! मैं बस सोचने के लिए कुछ विचार उछाल रहा हूं। भगवान शिव के बारे में सोचें। उन्होंने जो किया, वह क्यों किया? और उनके कार्यों से हमें क्या सीखना चाहिए? यह अनिवार्यतः सवालों के बारे में है। हर चीज़ का लगातार मूल्यांकन करते रहना और उन पर निर्णय देते रहना तुलनात्मक रूप से नया शग़ल है। पुराने समय में लोग आकलन करने से ज़्यादा सीखने में, और फिर उन सबक़ों को अपनी ज़िंदगी में उतारने में दिलचस्पी रखते थे।

मैं यहां एक बात स्वीकारना चाहता हूं—मैं भी अंत से विचलित हूं। लिखते समय मेरे दिमाग़ में एक दूसरा अंत था जो शायद मेरी किताब के पाठकों को समाप्ति का भाव देता। पता नहीं कैसे, मगर मैं स्पष्ट था कि वह अंत नहीं हो सकता। इसे वह होना था जिसे मैंने आख़िर में लिखा था। शायद भविष्य में कभी मैं वह दूसरा अंत भी पेश करूं... मगर इसे समझें, कथा-वाचन की प्राचीन भारतीय शैली का मक़सद आपको अंत में बुरी तरह से विचलित छोड़ना है

क्योंकि तभी आप खोज में निकलते हैं, सवाल पूछते हैं, जवाब पाते हैं और अपने जीवन के लिए दर्शन को समझते हैं।

प्रः शिव रचना त्रय एक ऐसे काल में स्थापित है जिसे मानव संस्कृति का प्रजनन काल कहा जा सकता है। उस प्रागैतिहासिक काल में मेलूहा की भूमि, लोग, समाज, सभ्यता और संस्कृति, जैसी आपकी भव्य कथा में झलकती है, एक मानदंड बनाए रखते हैं जो हमारे आधुनिक काल के अनुरूप है। लेकिन सभ्यता के उस प्रारंभिक दौर में क्या इस तरह की प्रगति संभव है? क्या यह केवल आपकी कल्पना की मनमोहक रचना मात्र नहीं है?

उः हालांकि मेरी किताबों के कुछ अंश प्रमाण्य ऐतिहासिक तथ्यों पर आधारित होते हैं, लेकिन अपने लेखन में आने वाली अन्य चीज़ों के बारे में मैं यही बात नहीं कह सकता। इसलिए मैं यह दावा नहीं कर रहा हूं कि यह सच है! केवल भगवान शिव ही सच जानते हैं। लेकिन मैं बस यह कहना चाहूंगा कि हमारे लिए यही अच्छी सलाह होगी कि यह सोचने का घमंड न करें कि हम मानव सभ्यता के उच्च बिंदु पर हैं। इस बात के काफ़ी साक्ष्य हैं कि अनेक सभ्यताएं उतार-चढ़ाव देख चुकी हैं। शायद हम अपने पूर्वजों से भी सीख ले सकते हैं। कुछ क्षेत्रों में उन्होंने भी महान उपलब्धियां हासिल की थीं! कुछ ज्ञान प्रणालियां ऐसी भी हो सकती हैं जिनमें वे हमसे आगे रहे थे। और अगर हमारे अंदर कुछ विनम्रता होगी, तो शायद हम उनसे कुछ सीख सकते हैं।

प्रः कोई भी ख़ुद को ईश्वर या महादेव की ऊंचाई तक ले जा सकता है... क्या इस संबंध में आनुवंशिकता या पारिवारिक परंपरा उत्प्रेरक की भूमिका निभाती है?

उः यह बहुत घिसीपिटी बहस हैः प्रकृति या परवरिश? मैं यह नहीं कह रहा हूं कि आनुवंशिकता कोई भूमिका निभाती ही नहीं है, मगर मेरा मानना है कि वह बहुत छोटी सी होती है। आप ज़िंदगी में जो भी हासिल करते हैं, उसका एक बड़ा हिस्सा आपके अपने चुनावों और परिस्थितियों से, और इस बात से निर्धारित होता है कि ज़िंदगी आपके सामने जो कुछ भी परोसती है उस पर आप

कैसी प्रतिक्रिया करते हैं। कुछ लोगों को बेहतरीन परवरिश मिलती है मगर वे बहुत कम हासिल कर पाते हैं, अगर कुछ कर पाते हैं तो। और कुछ दूसरे लोग बाधाओं का सामना करते हैं, जबकि दुनिया उनके लिए हालात को आसान नहीं बना रही होती है, लेकिन फिर भी वे बहुत कुछ पा लेते हैं। मैं इसे जिस तरह देखता हूं, वह यह है कि आपके साथ जो होता है उसमें से बहुत कुछ वास्तव में आपके अपने हाथ में होता है! आप अपनी ज़िंदगी का दायित्व ले सकते हैं। इसलिए अंततः आप खुद ही अपनी ज़िंदगी निर्धारित करते हैं।

प्रः 'उद्देश्य मंज़िल नहीं, बल्कि स्वयं यात्रा है। जो लोग इस सीधे-सरल सच को समझते हैं, वही वास्तविक आनंद का अनुभव कर सकते हैं।' ऐसे समय में जब बड़े पैमाने पर फैले उपभोक्तावाद ने हमारे वर्तमान समाज के लगभग सभी कोनों को अपनी गिरफ़्त में ले लिया है, आप *गीता* की इस शाश्वत पंक्ति के गूढ़ महत्व को किस प्रकार से रेखांकित करेंगे?

उः यह एक ऐसी चीज़ है जिसे हमें सीखना है। अपने उपभोक्तावादी प्राचुर्य से हम पृथ्वी को नष्ट कर रहे हैं। हम मां प्रकृति को नोच-खसोट दे रहे हैं। अगर यह सारा उपभोक्तावाद किसी आनंद की ओर ले जा रहा होता, तब भी यह किसी हद तक लाभप्रद हो पाता। लेकिन डेटा बताते हैं कि अति उपभोक्तावाद किसी आनंद की ओर नहीं ले जा रहा है। वास्तव में, अमेरिका या यूरोप जैसे बेहद उपभोक्तावादी समाजों में आप इतना ज़्यादा अकेलापन और नाख़ुशी पाएंगे कि यह हृदयविदारक है। हम दुनिया को तार-तार किए दे रहे हैं, मगर इससे ख़ुशी भी नहीं पा रहे हैं। हम जो कर रहे हैं उसे देखना बहुत विडंबनापूर्ण और दुखद है। हमें एक संतुलन पाना होगा। ख़ुशी भीतर से मिलती है। यह बाहरी जीवन या उन चीज़ों से नहीं मिलती जो आपने हासिल की हैं।

दैनिक जन्मभूमि, 2016 में सर्वप्रथम प्रकाशित

विश्वास पत्थर में ढले हो सकते हैं

मेरी पत्नी और मैंने आख़िरकार बहुचर्चित फ़िल्म *पीके* देख ही ली। एक बात पहले ही साफ़ कर दूं: मैं फ़िल्म पर प्रतिबंध लगाने या इसके ख़िलाफ़ हिंसक प्रदर्शनों (अहिंसक प्रदर्शन, बेशक, जायज़ हैं) का विरोध करता हूं। अगर कभी मैंने द *सैटेनिक वर्सेज़* और द *दा विंची कोड* (भारत के कुछ भागों में प्रतिबंधित) पर बैन लगाने का विरोध किया है, तो *पीके* के लिए भी मुझे उसी पैमाने का पालन करना चाहिए।

अभिव्यक्ति की स्वतंत्रता के उसी पैमाने का उपयोग करते हुए अब *पीके* के फ़िल्म निर्माताओं के सामने कुछ सवाल उठाते हैं। साफ़तौर पर, *पीके* हमें यह विश्वास दिलाने की अच्छी कोशिश है कि नग्न, मानव-सदृश परग्रही नियमित रूप से भारत आते रहते हैं और वे हमें भगवान के साथ हमारे संबंधों के बारे में ज्ञान दे सकते हैं। वैज्ञानिक तरीक़े से जांच-पड़ताल करने की इसी रौ में *पीके* धर्म पर कुछ गंभीर सवाल उठाती है। दरअसल, सारे धर्मों पर नहीं; कुछ को महज़ सतही तौर पर छुआ गया है। प्रमुख विद्वतापूर्ण विश्लेषण उन धर्मों का है जिनमें मूर्ति-पूजा होती है (ध्यान रखें, धर्मशास्त्र के दृष्टिकोण से, व्यावहारिक रूप से सभी मूर्ति-पूजक प्रकृति-पूजक भी होते हैं, क्योंकि उनका दार्शनिक आधार एक जैसा होता है)।

पीके स्पष्ट रूप से उन लोगों के ख़िलाफ़ 'तर्कसंगत' तर्क रखती है जो मिथकों को पसंद करते हैं, जीवित आध्यात्मिक गुरुओं का अनुसरण करते हैं (उन पैग़ंबरों/मसीहाओं के विपरीत जो सदियों पहले आए थे) और मूर्ति-पूजा करते हैं। आप सोचेंगे कि केवल हिंदू धर्म ही इस विवरण पर पूरा उतरता है। आप ग़लत हैं। प्राचीन काल में मूर्ति-पूजक संस्कृतियां विश्व भर में फैली हुई थीं; और अधिकांश प्रश्न करने को प्रोत्साहित करती थीं। कोई भी वस्तु आलोचनात्मक विश्लेषण के दायरे से बाहर नहीं थी क्योंकि वे संस्कृतियां केवल एक सत्य में विश्वास नहीं करती थीं। निश्चय ही, हिंदू धर्म में ऐसी बातें हैं जिन पर सवाल उठाए जा सकते हैं और उठाए जाने चाहिएं। मगर, दिलचस्प ढंग से, *पीके* के निर्माताओं ने इसके बजाय मूर्ति-पूजन की कुछ विशिष्टताओं पर निर्णय सुनाने को उचित समझा।

सामान्यतया, जीवित आध्यात्मिक गुरुओं के होने के कारण मूर्ति-पूजक संस्कृतियों को तेज़ी से बदलते समय के साथ आसानी से तालमेल बिठाने में मदद मिलती है। ऐसी संस्कृतियों में आमतौर पर सुधार लाना आसान होता है और आप पाएंगे कि उनमें समय के साथ दार्शनिक सिद्धांतों और मूल विचारों को कहीं अधिक सहजता से आत्मसात कर लिया जाता है। यह सही है कि आज के दौर के आध्यात्मिक गुरुओं में कुछ अनुचित तत्व भी शामिल हो गए हैं। मगर 'मुसलमान आतंकवादी,' 'बाल-शोषणकर्ता ईसाई पादरी' और 'कपटी मूर्ति-पूजक धर्मगुरु' में एक समान कड़ी है—ये सभी अतिसामान्यीकरण का शिकार हैं। हो सकता है यह मेरी सरलमति हो, मगर बुद्धिमान फ़िल्म निर्माताओं से हम इतनी समझदारी बरतने की अपेक्षा तो करते हैं कि वे सभी धर्मगुरुओं का अतिसामान्यीकरण न करें। ख़ासकर जब ख़ुद उनकी फ़िल्म पाकिस्तानी लोगों का आतंकवादियों के रूप में सामान्यीकरण करने के ख़िलाफ़ तर्क कर रही हो।

फ़िल्म के एक 'घोर-आलोचनात्मक' दृश्य को देखें। मुख्य पात्र एक पत्थर उठाता है, उस पर पान मसाला लगाता है और कहता है कि जल्दी ही यह

भगवान बन जाएगा जिसकी सब पूजा करेंगे। अंतर्निहित भाव साफ़ है: मूर्ति पूजा करने वाले इन मूर्खों को देखो जो किसी भी चीज़ की पूजा करने लगते हैं। क्या उन्हें यह समझ नहीं आता कि यह वास्तविक ईश्वर नहीं है, जो कि स्पष्ट रूप से एक 'बाहरी', 'अलौकिक' इकाई है?

यह विश्वास एक लंबे समय से चला आ रहा है कि मूर्ति-पूजा किसी प्रकार से ग़लत है, या कम से कम आदिम और जनजातीय है। मगर, कोई भी इसका कोई ठोस, धर्मशास्त्रीय उत्तर नहीं दे पाया है कि यह ग़लत क्यों है, अलावा इसके जिससे आप बहस नहीं कर सकते कि: 'मेरे ईश्वर ने ऐसा कहा है!' पिछली दो सहस्त्राब्दियों से अधिक समय से कुछ समुदाय, यूरोपीय ईसाई और तुर्की मुसलमान, बलपूर्वक मूर्ति-पूजा की 'शैतानी' प्रथा को समाप्त करने के अपने जोश में इस नापसंद को चरम स्तर तक ले गए थे। संसार भर में मूर्ति-पूजा को मिटाने के लिए भारी हिंसा हुई। अनेक पूजास्थलों को नष्ट कर दिया गया, कुछ पर क़ब्ज़ा कर लिया गया, और लाखों लोगों का महज़ इसलिए नरसंहार कर दिया गया कि वे मूर्ति पूजा करते थे। प्राचीन संसार मूर्ति-पूजक संस्कृतियों से भरा था। मगर आज, उनमें से अनेक—हैलेनिक, खेमित, मेसोपोटेमियाई—लगभग पूरी तरह मिट चुकी हैं; वे प्राचीन देवी-देवता, अपने पुरातात्विक और मिथकीय अवशेषों के साथ, आज पर्यटन उद्योग और अकादमिक जगत द्वारा शोध का केंद्र बिंदु बनकर उपयोगितावादी भूमिका निभा रहे हैं। हिंदू धर्म एक असाधारण मूर्ति-पूजक संस्कृति है जो एक जीवंत अनुभव के रूप में बची रही है। दिलचस्प रूप से मेरी जानकारी में ऐसी कोई ऐतिहासिक घटना नहीं है जिसमें मूर्ति-पूजक संस्कृतियों ने दुनिया भर में जा-जाकर 'दूसरों' को मारा हो, केवल इसलिए कि वे मूर्तियों को नहीं पूजती थीं।

मैं यह नहीं कह रहा हूं कि मूर्ति-पूजन विरोधी संस्कृतियां 'बुरी' हैं; उनके अपने गुण, अपनी शक्तियां हैं, साथ ही दोष भी हैं। इसी तरह, मूर्ति-पूजक जीवनशैली में भी कुछ अवगुण, और कुछ गुण हैं। लेकिन मूर्ति-पूजक संस्कृतियों

में एक अथाह रूप से अनमोल गुण है; जो कि उनके अंतर्निहित उदारवाद का रहस्य है। आश्चर्यजनक रूप से, इसी को *पीके* में एक दोष की तरह दर्शाया गया है: कि मूर्ति-पूजक किसी भी वस्तु की, एक पत्थर तक की पूजा करने में सक्षम हैं।

इस व्यवहार के पीछे क्या दार्शनिक विचार है? हम क्यों किसी भी चीज़ की पूजा करने के इच्छुक रहते हैं? क्योंकि यह हमें सभी वस्तुओं में दिव्यता का दर्शन करने की ओर ले जाता है। इस दुनिया में कोई भी चीज़ ऐसी नहीं है जो दिव्य या ईश्वरीय न हो। यह मेरे जैसे किसी व्यक्ति को सभी धर्मों के भगवानों/प्रतीकों को पूजने का दार्शनिक आधार प्रदान करता है। यह हमें एक सैद्धांतिक रूपरेखा देता है जिसके आधार पर हम सभी से प्रेम करने, उनका सम्मान करने में सक्षम होते हैं, उन मूर्ति-पूजक विरोधियों का भी जो हमसे महज़ इसलिए द्वेष रखते हैं कि हम मूर्ति-पूजा करते हैं। क्योंकि हम उनमें भी ईश्वर को देखते हैं। यह हमें धार्मिक उत्साह के साथ प्रकृति और पर्यावरण का आदर करने की अथाह क्षमता प्रदान करता है, क्योंकि हम यह नहीं मानते हैं कि प्रकृति को हमारे उपयोग के लिए रचा गया है, बल्कि यह मानते हैं कि वह ईश्वर है!

एक पत्थर को ईश्वर में क्या रूपांतरित करता है? हमारा विश्वास। क्या इस विश्वास का शोषण किया जा सकता है? शायद। लेकिन वास्तव में ऐसा कौन सा मानवीय विश्वास है जो मानवीय शोषण की संभावना से पूरी तरह मुक्त है? जो भी हो, अगर जैसा इस फ़िल्म में दर्शाया गया है, कि कुछ लोग किसी पत्थर की पूजा करते हैं, और अगर यह उन्हें आशा प्रदान करता है, तो समस्या क्या है? आशा इंसान की सबसे बड़ी ताक़तों में से है, ऐसी ताक़त जो पैंडोरा के मशहूर पिटारे को छोड़ने के लिए भी तैयार नहीं थी! और किसी पत्थर को पूजना किसी भी रूप में किसी के अधिकृत रूप से मान्यताप्राप्त मूर्ति वाले मंदिर, या किसी मस्जिद, या किसी चर्च में जाने से कैसे भिन्न है? आप इसे केवल तभी भिन्न

मानेंगे जब आप यह मानते होंगे कि ईश्वर सब जगह और सब चीज़ों में मौजूद नहीं है। अगर, मेरी तरह, आप प्रकृति और मूर्ति-पूजक हैं, तो आप हर कहीं ईश्वर को पाएंगे। अपने आप में, मुझमें, पशुओं में, पेड़ों में और हां, *पीके* फ़िल्म वाले उस पत्थर में भी।

हिंदुस्तान टाइम्स, जनवरी 2015 में सर्वप्रथम प्रकाशित

विभिन्न रामायण। विभिन्न सीताएं।

हाल ही में मैं कंबोडिया गया था, सिएम रीप के मंदिर घूमे। मुख्य आकर्षण तो, बेशक, अंगकोर वाट ही था। मंदिर की दीवारों पर विशाल भित्ति-चित्र उकेरे हुए हैं, जो हिंदू धार्मिक परंपराओं की अनेक कहानियां कहते हैं। इनमें से एक साठ मीटर लंबी, ख़ूबसूरती से तराशी हुई गैलरी है जिसमें *रामायण* की कहानियां दर्शाई गई हैं। अगर आपका वहां जाना हो, तो ध्यान से देखिएगा कि पात्रों को किस तरह से दर्शाया गया है। प्रभु राम महागाथा के हमारे संस्करण में वर्णित श्याम वर्ण के भारतीय नहीं हैं। वास्तव में, वे कंबोडियाई दिखते हैं।

कई सदियों पहले जब *रामायण* की कहानी कंबोडिया पहुंची तो उन्होंने उसे अपना बना लिया—हर मायने में। जब कोई काल और स्थान के परे यात्रा करे, तो परिवर्तन आना तो स्वाभाविक है, है ना?

स्वयं रामायण शब्द का अर्थ 'राम की यात्रा' है। बेशक 'यात्रा' शब्द का एक प्रतीकात्मक और गहन अर्थ है। मगर *रामायण* की कहानी भी, एक तरह से, प्रभु राम की दैहिक यात्रा है—अयोध्या से वनवास, लंका, और फिर वापस अयोध्या। प्रभु राम की यात्राओं की तरह ही, उनकी कहानी *रामायण* ने भी अनेक स्थानों की यात्रा की है। केवल भारत में ही नहीं, बल्कि इसकी सीमाओं के पार भी।

और, जैसा कि स्वाभाविक है, कहानी ने जैसे-जैसे यात्रा की, वैसे-वैसे अपना कलेवर भी बदला।

भारतीय उपमहाद्वीप में प्रचलित अनेक स्वरूपों को देखें। जिस संस्करण को ज़्यादातर शहरी भारतीय मूल *रामायण* मानते हैं, वह 1980 के दशक का एक टीवी धारावाहिक है। श्री रामानंद सागर द्वारा निर्मित इस धारावाहिक ने अपनी स्रोत सामग्री के तौर पर अधिकांशतः *रामचरितमानस* को आधार बनाया था। क्या मूल वाल्मीकि *रामायण* से इसमें भिन्नताएं हैं? बेशक हैं।

और धार्मिक रीति की यही सुंदरता है। चाहे इसका पालन यहां भारत में किया जाए, या विदेशों में (दक्षिणपूर्व एशिया जैसे स्थानों पर), हम सबको अपने तरीक़े से धर्म पर चलने का अधिकार है। हम सबको अधिकार है कि हम प्रभु राम और देवी सीता को उस रूप में देखें जो हमें प्रेरित करता है।

रामायण के एक बौद्ध संस्करण *दशरथ जातक* में देवी सीता का अपहरण होता ही नहीं है। प्रभु राम, देवी सीता और प्रभु लक्ष्मण को बस बारह वर्ष के लिए हिमालय के एक आश्रम में भेज दिया जाता है। दूसरी ओर, जैन संस्करण में प्रभु राम पूरी तरह से अहिंसक हैं, और प्रभु लक्ष्मण रावण का वध करते हैं। महाकाव्य के मलय संस्करण *हिकायत सेरी रामा* में प्रभु लक्ष्मण की कहीं बड़ी भूमिका है, लगभग समानांतर नायक की सी। रामायण के थाई संस्करण *रामाकीन* में प्रभु हनुमान को बहुत अधिक महत्ता दी गई है। वास्तव में अनेक मलेशियाइयों के लिए कथा में सबसे लोकप्रिय पात्र महान वानरदेव हैं। मुझे बताया गया है कि म्यांमार में, उनका *यामा ज़ैतदॉ* नामक संस्करण अनौपचारिक राष्ट्रीय महाकाव्य के समान है। और इंडोनेशियाई संस्करणों में कहानी में त्वलेन जैसे देसी देवताओं को भी शामिल कर दिया गया है।

तो इतने सारे महाकाव्यों में देवी सीता को किस तरह देखा गया है? चूंकि हममें से ज़्यादातर लोग 1980 के दशक के टीवी धारावाहिक पर विश्वास करते हैं, इसलिए हम देवी सीता की एक विशिष्ट छवि पर आस्था रखते हैं। अक्सर उनका वर्णन करने के लिए 'विनम्र' और 'आज्ञाकारी' जैसे शब्द प्रयोग किए जाते हैं। लेकिन हमें यह याद रखना होगा कि *रामायण* के दूसरे बहुत से संस्करणों में वे पूरी तरह से भिन्न हैं।

वाल्मीकि *रामायण* (जो कि *रामायण* का मूल रूप है) में वे कहीं अधिक शक्तिशाली पात्र हैं। वे एक ऐसी स्त्री हैं जो अपने मन-मस्तिष्क को जानती हैं और जिसे वे उचित समझती हैं, उसके लिए लड़ती हैं। गोंड *रामायणी* और *अद्भुत रामायण* जैसे संस्करणों में देवी सीता अपने योद्धा पक्ष को भी दर्शाती हैं। वास्तव में, *अद्भुत रामायण* में सहस्त्र रावण (जो मुख्य शत्रु है) का वध देवी सीता करती हैं, राम नहीं; यही वह समय था जब देवी सीता मां काली का रूप धारण करती हैं।

इनमें से अधिकांश संस्करण हमें स्पष्ट रूप से यह सिखाते हैं कि देवी सीता का आदर करने और उन्हें पूजने के लिए हमें प्रभु राम का अनादर नहीं करना है। वास्तव में, हम दोनों की पूजा कर सकते हैं, और करनी चाहिए। यह ऐसा भेद है जो आज के दौर में अक्सर छूट जाता है।

ये प्राचीन संस्करण, जो देवी सीता के सुदृढ़ पक्ष को दर्शाते हैं, इतिहास में भी बहुत लोकप्रिय रहे हैं। मगर पिछली कुछ शताब्दियों में इनकी लोकप्रियता कम हो गई थी, ख़ासकर उस काल में जब भारत विदेशी आक्रमणकारियों के भयानक और हिंसक हमलों का सामना कर रहा था।

मुझे लगता है अब समय आ गया है कि हम देवी सीता को एक बार फिर उनके प्राचीन अवतार में देखें—शक्तिशाली स्त्री के अवतार में; एक गोद ली हुई बच्ची जो बड़ी होकर एक योद्धा प्रधानमंत्री और फिर एक देवी बनी। धर्म और मर्यादा का सम्मान करना चाहिए। लेकिन ऐसा करने के लिए शक्ति की बलि देने की आवश्यकता नहीं है।

आइये अपनी प्राचीन भारतीय पद्धति को फिर से पुनर्जीवित करें। नारी शक्ति का पर्व मनाएं। हमें अभी इसी की ज़रूरत है। पहले से भी कहीं ज़्यादा। जैसा कि हमारे प्राचीन ग्रंथों में भी कहा गया है, देवता भी उस भूमि का त्याग कर देते हैं, जहां नारी का सम्मान नहीं किया जाता।

मुंबई मिरर, मई 2017 में सर्वप्रथम प्रकाशित

महाकालेश्वरजी: काल के महादेव

11 अक्टूबर 2022 को प्रधानमंत्री नरेंद्र मोदी हमारे सबसे प्राचीन शहरों में से एक उज्जैन में महाकालेश्वर मंदिर परियोजना का उद्घाटन करेंगे। एक सभ्यतागत राज्य के रूप में भारत की यात्रा में यह एक अहम पड़ाव है। आप सोच रहे होंगे, भला क्यों? हम आपको दो कारण बताएंगे:

पहला तो आस्था पर आधारित और भक्तिपूर्ण है। महाकालेश्वरजी भगवान शिव की पूजा को समर्पित महान ज्योतिर्लिंगों में से एक हैं। हज़ारों, और अनुष्ठानों के दिनों पर, लाखों भक्त महादेव की पूजा-अर्चना करने के लिए मंदिर में जमा होते हैं। अतीत में मंदिर को मूर्तिभंजक हमलों का सामना करना पड़ा था, तो आज के समय में अपने परिसर में अवैध अतिक्रमणों का। *स्कंद पुराण* में मंदिर के निकट रुद्रसागर झील का वर्णन आता है, जो कि दुखद रूप से एक गंदा नाला बनकर रह गई थी।

लेकिन अब इस महान मंदिर का पुनरुद्धार हो गया है। मध्य प्रदेश सरकार ने निवासियों से बातचीत करने और उचित मुआवज़ा देने के बाद शांतिपूर्वक अतिक्रमण को हटा दिया था। इस बात से भी मदद मिली कि नागरिक यह समझ रहे थे कि प्रस्तावित नवीकरण के परिणामस्वरूप स्थानीय अर्थव्यवस्था को बल मिलेगा। शहर के केंद्र में ट्रैफ़िक में कमी, परिसर के विस्तार और विकेंद्रीकृत

पार्किंग, सुरक्षा संबंधी हार्डवेयर और सॉफ़्टवेयर, पैदल यात्रियों के बुद्धिमत्तापूर्ण संचालन और भीड़-प्रबंधन के प्रोटोकॉल के साथ ही कलात्मक अभिरुचि ने सौंदर्य को सक्षमता के साथ जोड़ दिया है। हरित उपायों में पर्याप्त चार्जिंग सुविधाओं के साथ ई-रिक्शा हैं जो शोर और प्रदूषण-मुक्त तीव्र परिवहन मुहैया करवाते हैं जबकि सौर पैनल बिजली की मांग को पूरा करते हैं।

अंदर भी, जैसा कि एक पखवाड़े पहले दर्शन के लिए जाने पर मैंने देखा था, मनमोहक रूपांतरण हुआ है। हर कहीं भगवान शिव की कहानियों को दर्शाने के लिए पारंपरिक तरीक़ों का इस्तेमाल करते हुए सुंदर पैनल बनाए गए हैं। अपनी संतानों भगवान गणेश और भगवान कार्तिकेय के साथ भगवान शिव और देवी पार्वती की अद्भुत मानवाकार प्रतिमाएं दिल को छू लेती हैं। शिव-पार्वती विवाह, त्रिपुरासुर वध, तांडव स्वरूप और सप्तर्षियों की प्रतिमाएं और उत्कीर्ण छवियां आपको आध्यात्मिक लोक में ले जाती हैं। रुद्रसागर झील को भी समीपवर्ती पवित्र क्षिप्रा नदी के जल से भरकर इसके मूल रूप में वापस लाया गया है। भक्तों के रेले के लिए अत्याधुनिक सुविधाएं उपलब्ध करवाई गई हैं। यह भक्ति का पुनर्जागरण है।

आज उज्जैन में एक दूसरा पहलू भी मौजूद है, एक होलोग्राफ़िक रीपैटर्निंग जो कि इस महान मंदिर के नाम में ही अंतर्निहित है: महाकालेश्वर क्योंकि भगवान शिव काल के महादेव हैं। उज्जैन—पुराने दौर में अवन्ती—वैज्ञानिक शोध का एक प्राचीन केंद्र था। वराहमिहिर, ब्रह्मगुप्त और भास्कराचार्य जैसे प्रतिष्ठित गणितज्ञ एवं अर्थशास्त्रियों ने भारत के सुदूर क्षेत्रों से आकर उज्जैन को अपना निवास बनाया था। इसका कारण यह था कि यह शहर प्रमुख या शून्य मध्याह्न रेखा—प्राचीन भारतीय गणितज्ञों और वैज्ञानिकों द्वारा काल की गणना का संदर्भ बिंदु—का गढ़ माना जाता था। आज यूके के ग्रीनविच की रॉयल ऑब्ज़र्वेटरी में रखी एक पीतल की पट्टी शून्य मध्याह्न रेखा का प्रतिनिधित्व करती है।

उज्जैन को प्राचीन खगोलशास्त्रियों ने वह स्थान भी माना है जहां कर्क रेखा शून्य मध्याह्न रेखा को काटती है। ग्रीष्म संक्रांति पर—जो कि साल का सबसे लंबा दिन होता है—मध्याह्न में सूरज एकदम सिर के ऊपर होता है। यह दक्षिणायण काल की शुरुआत होती है जब सूर्य देव अपनी दक्षिण की यात्रा शुरू करते हैं। इसलिए काल की गणना स्थापित करने के लिए यह विवेकसम्मत जगह थी। कोई हैरानी नहीं कि इस शहर को संसार की नाभि कहा जाता था। हिंदू चंद्र-सौर पंचांग आज भी उज्जैन को शून्य मध्याह्न रेखा मानता है। अधिकांश हिंदू घरों में पंचांग को काल निर्णय के नाम से भी जाना जाता है जो हमारे त्योहारों और आनुष्ठानिक दिनों का हिसाब रखता है।

उज्जैन महाकाल का निवास है। और यह कोई आकस्मिक घटना नहीं है। प्राचीन काल में ग्रीष्म संक्रांति पर सिर के ऊपर मौजूद सूरज की किरणें सीधे भव्य महाकालेश्वर मंदिर के शिखर पर पड़ती थीं। यह शायद अब तक समीप स्थित मंगल मंदिर की ओर घूम गई होंगी। ऐसा पृथ्वी की धुरी के प्रक्रमण के कारण हुआ होगा। स्कूल में पढ़ा भूगोल का वह दिलचस्प पाठ याद है कि पृथ्वी अपनी धुरी पर घूमती है? मगर, मोटे तौर पर कहें तो यह वही स्थान है जिसका वर्णन चौथी शताब्दी के प्राचीन खगोलशास्त्रीय ग्रंथ *सूर्य सिद्धांत* में हुआ है।

उम्मीद है कि मंदिर के प्रांगण में ऊर्जा का यह पुनर्संचरण हमारे विज्ञानों के पुनरुत्थान और अवन्ती के आसपास रचे गए हमारे प्राचीन ग्रंथों की खोज को बढ़ावा देगा। *जूलियस सीज़र* नाटक में ब्रूटस कैसियस से कहता है कि 'हर व्यक्ति की ज़िंदगी में ज्वार' आता है जिसका लाभ उसके 'चरम पर उठा लेना' चाहिए। यह 'सुख-समृद्धि की ओर ले जाता है।' शेक्सपीयर ने इन शब्दों के साथ कितनी ख़ूबसूरती से समय के सार को बांधा है। समय एक ऊर्जा है जिसे अगर इस्तेमाल न किया जाए, तो यह व्यर्थ ही नष्ट हो जाता है और फिर कभी लौटकर नहीं आता। हमें अपनी निरंतर गतिशीलता में उलझाकर समय अनवरत

बढ़ता रहता है। लेकिन फिर भी, अगर हम समय को पकड़ सकें और इसे वर्तमान क्षण की लंबवत दिशा में खींच सकें, तो हम उस ज़िम्मेदारी को थाम सकते हैं जो हमारे पूर्वजों ने हमारे आगे बढ़े हाथ में थमाई थी। और अपने प्यारे देश को एक शानदार भविष्य की ओर ले जा सकते हैं।

(भावना रॉय के साथ सह-लिखित; द *टाइम्स ऑफ़ इंडिया*,
अक्टूबर 2022 में सर्वप्रथम प्रकाशित)

राम जन्मभूमि मंदिर

राम जन्मभूमि मंदिर का पुनर्निर्माण होगा। यह भव्य और आलीशान होगा, हमारे महाप्रभु राम की महिमा का साक्षी होगा। हम वहां पूजा-अर्चना करेंगे। हम वहां उनका सम्मान करेंगे। हम वहां अपनी संस्कृति का उत्सव मनाएंगे। लेकिन क्या हमें बस इतना ही करना चाहिए? भगवान राम के प्रति, जो इस धरती पर आने वाले महानतम लोगों में से हैं, हमारा बस इतना ही देय है? इस बारे में ज़रा सोचते हैं।

दिलचस्प बात है कि हमारे अद्भुत महाकाव्य *रामायण* के सभी संस्करणों में उस विषय पर न के बराबर लिखा गया है जिसके लिए भगवान राम सबसे अधिक प्रसिद्ध हैं, राम राज्य। कहानी आमतौर पर भगवान राम के संघर्षों के आसपास, और उस समय तक केंद्रित रहती है जब वे रावण को हराकर और देवी सीता को मुक्त कराकर वापस आते हैं। उन कुछ विचारधाराओं पर, जिन्हें संभवतः प्रभु राम मान्यता देते थे (और इसलिए उन्हें अपने राज्य में स्थापित करते), *योग वशिष्ठ* जैसे ग्रंथों में चर्चा की गई है। मगर *रामायण* के मुख्य ग्रंथ में अधिकांशतः उनकी उस समय तक की ही कहानी है जब वे वापस आते हैं और राजा बनते हैं, और शायद उसके बाद की घटनाओं को झटपट *उत्तर कांड* में समेटा गया है। राम राज्य पर बहुत विस्तार से चर्चा नहीं की गई है।

रामायण का शाब्दिक अर्थ भी राम की यात्रा है। लेकिन आज तक भी लगभग सभी भारतीयों के मन-मस्तिष्क में राम राज्य नाम सशक्त यादों को उभार देता है; हमारी आत्माओं पर बंधे किसी गंडे-तावीज़ की तरह। यह प्रभु राम के प्रति हमारे प्रेम और सम्मान का आधार है। अगर आप देश भर में पता करें कि किसी राज्य पर शासन करने का सबसे अच्छा तरीक़ा क्या है, तो सवाल किए जाने वाले भारतीयों के धर्म, जाति या भाषाई पृष्ठभूमि के बावजूद वे सब व्यवहारिक रूप से यही कहेंगे, राम राज्य।

इस मुद्दे को लेकर कई थ्योरी हो सकती हैं कि भगवान राम के युग को इतनी सदियां बीतने के बाद भी अधिकांश भारतीय राम राज्य शब्द से इतनी गहराई से क्यों जुड़े हैं, लेकिन फिर भी *रामायण* में इस पर कोई चर्चा नहीं की गई है। शायद प्रशासन की चर्चाएं नीरस होती हैं, मगर युद्ध और प्रेम-कहानियां महाकाव्यों का विषय होते हैं! *महाभारत* के बहुत कम ही पाठक *शांति पर्व* में प्रशासन पर दी गई शिक्षाओं को अपने पसंदीदा खंडों में शामिल करेंगे। या हो सकता है कि उस युग के भारतीय पहले से ही राम राज्य के रूपाकार से परिचित थे और वे बस उस महाप्रभु की यात्रा के बारे में सुनने में रुचि रखते थे जिसने उसे स्थापित किया था। मगर मुझे एक दूसरी संभावित व्याख्या भाती है। हो सकता है हरेक युग का अपना राम राज्य हो। प्रभु राम के काल में मौजूद भारतीयों ने राम राज्य की अपनी अवधारणा का अनुभव हासिल किया था। और हमारे पूर्वजों ने तय किया होगा कि उनके वंशज ख़ुद अपनी अवधारणा बनाएं कि राम राज्य कैसा होना चाहिए। इसलिए, हमारी परंपरा कहती है कि हम सबको सोच-विचार और चर्चा करनी चाहिए कि आज के दौर में राम राज्य का क्या अर्थ हो सकता है।

इस नज़रिए से देखने पर *रामायण* के विभिन्न संस्करण इस बात की प्रेरणा हैं कि हम क्या हो सकते हैं; एक लीडर को कैसा होना या नहीं होना चाहिए; जनता को कैसा होना या नहीं होना चाहिए। और सबसे अहम, वह केंद्र बिंदु

क्या है जिसे हम सामूहिक रूप से, एक समाज के रूप में हासिल करने की उम्मीद करते हैं।

मगर राम राज्य पर कोई भी बहस तभी हो सकती है जब हम इस बारे में स्पष्ट हों कि हम क्या हैं। और यह बहस अक्सर, उचित या अनुचित ढंग से, सत्तारूढ़ अभिजात्य वर्ग ही करता है; वह वर्ग जिसमें शीर्ष नेता, अधिकारी, न्यायतंत्र, शिक्षाविद, मीडिया, कॉरपोरेट, कलाकार आदि होते हैं। भारत में यह सत्तारूढ़ अभिजात्य वर्ग, कम से कम सांस्कृतिक तौर पर, पिछले डेढ़ सौ साल से कमोबेश समान रहा है। उन्हें मैकालेपुत्र कहा जाता है, ब्रिटिश नीतियों के पीछे मौजूद विचारक के ये सांस्कृतिक वंशज एक ऐसा वर्ग बनाते हैं जो जन्म से तो भारतीय है, मगर अपने खानपान, भाषा और संस्कृति में ब्रिटिश है। यह वर्ग जिन विचारों का प्रयोग करता है, जिस सांस्कृतिक विचारधारा पर चलता है, और जो भाषा वह बोलता है, सब, ज़्यादातर, ब्रिटिश राज की विरासत है। इसका यह मतलब नहीं है कि वे भारत से प्रेम नहीं करते। बेशक करते हैं। इसका मतलब बस यह है कि उस प्रेम को जताने का उनका तरीक़ा भिन्न है; वे ख़ुद को एक ऐसे देश के सुधारक के तौर पर देखते हैं जो पूर्व-आधुनिक है (उनमें से कुछ तो 'असभ्य' शब्द का इस्तेमाल भी करते हैं)। जब आप यह समझ जाते हैं, तो आप यह भी समझ जाते हैं कि यह वर्ग हर भारतीय चीज़ के प्रति क्या रवैया अपनाता है। और हमारे प्राचीन देवताओं में जिस देवता से यह वर्ग सबसे अधिक खार खाता है, वे हैं प्रभु राम; उनकी आलोचना करना उनके लिए लगभग फ़ैशनेबल सा है।

लेकिन जैसा फ़्रांसिस फ़ुकुयामा अपनी पुस्तक *आइडेंटिटी* में कहते हैं कि हम सब अपनी जनजातीय पहचानों से प्रेरित होते हैं। और सत्तारूढ़ अभिजात्य वर्ग के रूप में जगह लेने के लिए आज एक और जनजाति ऊपर उठ रही है। बेहतर शब्द के अभाव में हम उसे धरतीपुत्र कहेंगे। चूंकि धरतीपुत्र स्पष्ट रूप से भविष्य हैं, इसलिए आज भारत में इस वर्ग के बीच संवाद सबसे महत्वपूर्ण है।

मैकालेपुत्रों की तरह ही यह वर्ग भी भारत से प्रेम करता है। बेशक वे आधुनिक युग के प्रमुख प्रतिमान से प्रभावित हैं: यानी पश्चिमी संस्कृति से। मगर इस सबके केंद्र में यह वर्ग जिन विचारों का प्रयोग करता है, जो खाना यह खाता है, और जिस सांस्कृतिक विचारधाराओं का पालन करता है, वे आमतौर पर प्राचीन भारतीय परंपराओं पर आधारित होती हैं। और यह कोई हैरानी की बात नहीं है कि यह वर्ग भगवान राम को आदर्श मानता है। यहां कोई प्रश्नहीन आज्ञाकारिता नहीं है, मगर, पारंपरिक भारतीय तरीक़े में ईशनिंदा की कोई अवधारणा नहीं है। तो यह वर्ग जब आवश्यक समझता है, तब भगवान राम से प्रश्न करता है, उदाहरण के लिए, देवी सीता के साथ उनके व्यवहार पर। दिलचस्प ढंग से, इस श्रद्धा और उपासना के बावजूद क्या यह वर्ग प्रभु राम से कुछ सीखता है? इस बिंदु पर हम थोड़ी देर में आएंगे।

अभी धरतीपुत्र पूरी तरह से अभिजात्य स्थान हासिल नहीं कर पाए हैं। उनकी यात्रा बस शुरू ही हुई है। और विचारधारा के स्तर पर भी वे अभी निर्माणाधीन हैं। सब कुछ भली-भांति नहीं सोचा गया है। उनमें से कुछ, आज भी, मैकालेपुत्रों को बेहद नापसंद करते हैं और उन्हें 'दुश्मन' की तरह देखते हैं। वे उनसे लड़ने में बहुत अधिक ऊर्जा गंवाते हैं। यह अर्थहीन है। उन्हें उस तरीक़े से सीखना चाहिए जैसे प्रभु राम दूसरों के साथ व्यवहार करते थे, उनसे भी जो 'उनके शत्रु' थे। और उन्हें प्रभु राम से जो चीज़ और भी ज़्यादा सीखनी चाहिए, वह यह है कि महत्वपूर्ण संवाद वह नही है जो आप अपने शत्रुओं के साथ करते हैं; बल्कि वह है जो आप अपने लोगों के साथ करते हैं।

इस वर्ग को अपने लोगों, यानी हम, आम भारतीयों, के लिए क्या करना चाहिए? हम किस तरह का समाज चाहते हैं? हमें किन ग्रंथों का संदर्भ देना चाहिए? भारतीय सपना क्या है? विज्ञान के प्रति हमारी नीति क्या है? महिलाओं के अधिकारों के प्रति हमारी नीति क्या है? लैंगिक और धार्मिक अल्पसंख्यकों के प्रति हमारी नीति क्या है? क्या हम समूह अधिकारों पर

आधारित अनेक क़ानूनों पर विश्वास करते हैं (मैकालेपुत्रों की तरह) या हम वैयक्तिक अधिकारों और समानता की नींव पर बने सबके लिए एक क़ानून पर विश्वास करते हैं? आर्थिक विकास और पर्यावरणवाद के बीच क्या संतुलन है? शांतिवाद और उन देशों का प्रतिरोध करने के बीच क्या संतुलन है जो हमारा कल्याण नहीं चाहते हैं? व्यवस्था और स्वतंत्रता के बीच क्या संतुलन है? क्या हम ऐतिहासिक अपराधों के लिए अपराधबोध की अवधारणा में विश्वास करते हैं? क्या हम सामुदायिक अपराधबोध की अवधारणा में विश्वास करते हैं? शिक्षा के प्रति हमारी नीति क्या है? इतिहास के प्रति? कलाओं के प्रति? साहित्य के प्रति?

बहस-चर्चा करने के लिए बहुत कुछ है। वाद-विवाद करने के लिए कितना कुछ है। और यह सब कुछ सार्वजनिक मंच पर होना चाहिए। मैंने *रामायण* की अपनी व्याख्या, पांच पुस्तकों की राम चंद्र श्रृंखला, में ऐसे कुछ सवालों पर चर्चा करने की कोशिश की है। मैं चाहूंगा और ज़्यादा बहस हो। शायद वे बहसें जांच-पड़ताल की, परस्पर सम्मान और परिपक्वता की भावना के साथ भावी राम जन्मभूमि मंदिर में हो सकती हैं। लेकिन उससे भी अहम यह है कि ये चर्चाएं महज़ ज़बानी जमा-ख़र्च न हों। उन्हें कर्म में बदलना होगा। हमें उन विचारों को क्रियान्वित करना होगा; हो सकता है धरतीपुत्र मैकालेपुत्रों के साथ मिलकर आम लोगों के कल्याण के लिए काम कर सकें। शायद कभी असहमति के साथ, मगर बेहतर होगा कि असहमत हुए बिना। क्योंकि प्रभु राम भी हमसे यही करने की अपेक्षा रखते। क्योंकि उनके प्रति सम्मान व्यक्त करने का यही सबसे अच्छा तरीक़ा है।

रामराज्यवासी त्वम्, प्रोच्छ्रयस्व ते शिरम्,
न्यायार्थ युद्धस्व, सर्वेषु सम चर।
परिपालय दुर्बलम्, विद्धि धर्मं वरम्
प्रोच्छ्रयस्व ते शिरम्, रामराज्यवासी त्वम्॥

तुम राम के राज्य में रहते हो, अपना मस्तक ऊंचा रखो।
न्याय के लिए लड़ो। सबके साथ समानता का व्यवहार करो।
निर्बलों की रक्षा करो। यह जान लो कि धर्म सर्वोच्च है।
अपना मस्तक ऊंचा रखो, तुम राम के राज्य में रहते हो।

ऑब्ज़र्वर रिसर्च फ़ाउंडेशन, नवंबर 2019 में सर्वप्रथम प्रकाशित

सामाजिक मुद्दे

एलजीबीटी अधिकार एवं धारा 377

बदलाव तब आता है जब व्यक्ति उसके लिए तैयार होता है—चाहे वह व्यक्तिगत स्तर पर हो या सामाजिक स्तर पर। और व्यक्ति इसके लिए तैयार होता है चर्चाओं और बहसों के माध्यम से। इसलिए विभिन्न राजनीतिक दलों के कुछ नेताओं को एलजीबीटी अधिकारों पर उदारवादी रवैया अपनाते देखना उत्साहवर्धक था। मेरा मानना है कि अब वक़्त आ गया है कि हम भारतीय दंड संहिता की धारा 377 पर बहस करें जो एलजीबीटी (लैस्बियन, गे, बाइसैक्सुअल और ट्रांसजेंडर्स) समुदाय की यौन गतिविधियों को जुर्म मानती है। यह बेहद ख़राब और अनुदारवादी धारा है जिसे ख़त्म कर दिया जाना चाहिए। कुछ लोग सांस्कृतिक एवं धार्मिक आधार पर इसे सही ठहराते हैं। हम उन्हीं पर चर्चा करते हैं।

ईसाई और इस्लामिक धर्मग्रंथों से मैं उतनी अच्छी तरह परिचित नहीं हूं जितनी अच्छी तरह हिंदू धर्मग्रंथों को जानता हूं, लेकिन हम यह जानते हैं कि विशेष रूप से सामी पंथ समलैंगिक संबंधों को प्रतिबंधित करते हैं, जिन्हें घृणा और गंभीर जुर्म की तरह देखा जाता है। लेकिन कोई एक समान व्याख्या या नीति नहीं है। मुस्लिम देश, सऊदी अरब समलैंगिकता के लिए मृत्युदंड समेत कड़े दंड देता है, जबकि क़ुवैत लैस्बियनिज़्म को अपराध नहीं मानता (मगर पुरुष

समलैंगिकता अभी भी अपराध है)। ईसाई आयरलैंड में, ऐसा देश जो उन गर्भावस्था के मामलों में भी गर्भपात पर प्रतिबंध लगाता है जो बलात्कार या कौटुम्बिक व्यभिचार के कारण ठहर जाते हैं, मगर समलैंगिकता को अपराध नहीं मानता। मुझे यक़ीन है कि एलजीबीटी मुद्दे पर उदारवादी व्याख्याएं संभव हैं और मैं इसे भारतीय ईसाइयों और मुस्लिम उदारवदियों पर छोड़ता हूं कि वे उन्हें तलाशें और उन पर बात करें। मैं इस मुद्दे को हिंदू नज़रिए से संबोधित करूंगा।

हिंदू ग्रंथों में अनेक कहानियां अ-नकारात्मक रूप में एलजीबीटी का संदर्भ देती हैं। *महाभारत* में शिखंडी का मशहूर उदाहरण है, जो स्वयं भीष्म के लिए अभिशाप सिद्ध होते हैं। राजा भांगश्वान एक पुरुष थे जो बाद में चयन करने की अपनी स्वतंत्रता का उपयोग करके स्त्री बन गए थे। महान चंद्रवंशी वंश के संस्थापक इला नामक एक लड़की के रूप में जन्मे थे। एक वक़्त पर, वह इल नामक पुरुष में परिवर्तित हो गई और उसने संतानों को जन्म दिया। लैस्बियनिज़्म का ज़िक्र वात्स्यायन के *कामसूत्र* में मिलता है। मैं प्राचीन भारत की किसी कहानी या ग्रंथ के बारे में नहीं जानता जिसमें किसी स्त्री या पुरुष को अपने यौन झुकाव के कारण कठोर दंड दिया गया हो। मानता हूं, कभी-कभी आपको ग्रंथों में इसके लिए अनुमोदन नहीं मिलता, लेकिन इसे कभी भी घोर नापसंदीदगी नहीं माना गया न ही गंभीर अपराध की तरह देखा गया था।

निस्संदेह, कुछ लोग तर्क कर सकते हैं: हिंदू समुदाय के नियमों का क्या? *मनुस्मृति* का क्या? सबसे पहले तो हमें यह जान लेना चाहिए कि स्मृतियां (या नियमों की पुस्तकें) मानवनिर्मित थीं और उन्हें अस्थायी माना जाता था, श्रुतियों (जैसे वेद) के विपरीत जिन्हें दिव्य मूल होने के कारण सम्मान दिया जाता है। समय-समय पर समाज को नियंत्रित करने के लिए संग्रहीत अनेक स्मृतियां हैं। रूढ़िवादी *मनुस्मृति* का अंग्रेज़ों ने अन्य स्मृतियों से ज़्यादा प्रचार किया, और उसे इस तरह प्रस्तुत किया मानो यही एकमात्र स्मृति हो। लेकिन ऐसा नहीं है; अन्य भी कई हैं। स्मृतियां अनिवार्यतः उन कालों की सामूहिक़ मानसिकता को

प्रतिबिंबित करती थीं जिनमें वे लिखी गई थीं। कुछ स्मृतियां बेहद उदार हैं और कुछ रूढ़िवादी हैं। समय के किसी भी बिंदु पर हम अपनी ख़ुद की स्मृति भी लिख सकते हैं, वास्तव में हमने ऐसा किया भी है, हाल ही में। और नवीनतम स्मृति को भारतीय संविधान कहते हैं।

यह कहने के बावजूद देखते हैं कि रूढ़िवादी *मनुस्मृति* समलैंगिकता के बारे में क्या कहती है। इसे तुलनात्मक रूप से छोटे दुराचार के रूप में दर्ज किया गया था; और इसके लिए एकमात्र दंड वस्त्रों के साथ किया एक आनुष्ठानिक स्नान था। दिलचस्प यह है कि अगर कोई पुरुष अपनी पत्नी को धोखा देता था तो इसे गंभीर अपराध माना जाता था, जिसके लिए मृत्युदंड निर्धारित था। तो रूढ़िवादी *मनुस्मृति* भी समलैंगिकता को घृणित चीज़ की तरह नहीं देखती थी, ग़ैर-मुख्य धारा की यौन क्रियाओं के प्रति प्राचीन भारत का उदारवादी रवैया रहा था। शायद इसकी वजह यह थी कि स्वयं सैक्स जटिल अपराधबोध में उलझा हुआ नहीं था। यह कोई जुनून भी नहीं था। यह तो जीवन के इस ख़ूबसूरत चक्र का एक और ख़ूबसूरत पहलू भर था।

धारा 377 सैक्स के प्रति पारंपरिक भारतीय रवैये को प्रतिबिंबित नहीं करती है। यह तो, वास्तव में, अंग्रेज़ों की औपनिवेशिक मानसिकता का प्रतिबिंब है जो ईसाइयत की मध्ययुगीन व्याख्याओं से प्रभावित थी। सदियों में धीरे-धीरे यह रवैया उपनिवेशवासियों के दिमाग़ में घर करता गया।

इसके बावजूद, यह सांस्कृतिक बहस, जैसा कि होना भी चाहिए, समाज में एक सतत जारी प्रक्रिया है। दूसरी ओर, क़ानून यह नहीं हो सकते, और होने भी नहीं चाहिएं। इस तरीक़े से कोई बहुधर्मी समाज एक सक्षम और स्थायी राज्य निर्मित नहीं कर सकता है।

एक उदारवादी समाज स्वतंत्रता और व्यक्तिगत अधिकारों के लिए सम्मान की नींव पर निर्मित होता है: क़ानून द्वारा किसी के साथ भेदभाव न हो, और प्रत्येक को अपना जीवन उस तरह से जीने का अधिकार हो जैसे वे जीना चाहते

हैं, जब तक कि अपनी पसंद वे दूसरों पर न थोपें। मगर, स्वतंत्रता प्राप्ति के बाद भारतीय उदारवाद का स्वरूप अनोखा ही रहा है; व्यक्तिगत अधिकारों की अपेक्षा यह सामूहिक अधिकारों के प्रति ज़्यादा सम्मानपूर्ण है। लिहाजा अपनी क़ानून की किताबों में हमने अनेक संप्रदायवादी क़ानूनों को शामिल कर लिया है। जैसा कि इसी पुस्तक में कहीं और कहा गया है, हिंदुओं को हिंदू अविभाजित परिवार क़ानून के ज़रिए ऐसे कर-लाभ मिलते हैं जो ग़ैर-हिंदू भारतीयों को प्राप्त नहीं हैं (देखें *आधुनिक भारत में 'फूट डालो और शासन करो'* क़ानून, पृष्ठ 164)। मुस्लिम महिलाएं ऐसे अन्याय सहती हैं (जैसे बहुविवाह और ट्रिपल तलाक़) जो उनकी दूसरी भारतीय बहनों को नहीं सहने पड़ते। 93वें संशोधन के साथ शिक्षा का अधिकार अधिनियम में विशेष रूप से ऐसे उपनियम हैं जो मुस्लिम और ईसाई शैक्षिक संस्थानों पर लागू नहीं होते। ऐसे अनेक उदाहरण हैं। अधिकांश आधुनिक भारतीय उदारवादियों को ऐसे संप्रदायवादी क़ानून अजीब नहीं लगते क्योंकि, मैं कहूंगा, उन्होंने वास्तविक उदारवाद और वैयक्तिक अधिकारों की भावना को आत्मसात नहीं किया है। एक आधुनिक राज्य को वैयक्तिक अधिकारों के आधार पर ही परिकल्पित किया जा सकता है, जिसमें किसी समूह या समुदाय के अधिकारों के आधार पर क़ानून के तहत कोई भेदभाव न हो। अतएव, वास्तविक उदारवाद के सिद्धांत को अपनाते हुए, अगर विपरीतलिंगी जोड़ों को एक-दूसरे से प्यार करने की अनुमति है तो एलजीबीटी जोड़ों को भी यह हक़ है।

हम सच्चे अर्थों में भारतीय बनें। हम सच्चे उदारवादी बनें।

हिन्दुस्तान टाइम्स, जनवरी 2016 में सर्वप्रथम प्रकाशित

धर्मांतरण

कुछ समय से धर्मांतरण का मुद्दा केंद्र में आ गया है, और भावनाएं उबाल खा रही हैं। ईसाई तर्क देते हैं कि अगर धर्म परिवर्तन के ज़रिए आत्माओं की प्राप्ति के उनके प्रयास सशक्त और व्यापक रहे होते तो वे जनसंख्या का मात्र 2.3 प्रतिशत ही न होते। मुसलमान दावा करते हैं कि वे संगठित धर्मांतरण में लिप्त नहीं होते हैं और भारत की जनसंख्या में उनकी वृद्धि, 1951 के 10 प्रतिशत से भी कम से अब क़रीब 14 प्रतिशत, को ग़रीबी और उच्च जन्मदर से जोड़ा जा सकता है। 1951 में 84 प्रतिशत रही जनसंख्या से 80 प्रतिशत पर आ गए हिंदू कहते हैं कि धर्म परिवर्तन को प्रोत्साहित न करने की उनकी संस्कृति उन्हें नुकसान पहुंचा रही है, इसलिए उन्हें घर वापसी कार्यक्रम आयोजित करने का पूरा अधिकार है।

शायद अब समय है कि हम भावनाओं को परे रखकर इस मुद्दे को तर्कसम्मत नज़रिए से देखें।

पूरी ईमानदारी से देखें तो, यद्यपि धर्मांतरण के भौतिक लाभ हो सकते हैं, मगर आध्यात्मिक रूप से ये लगभग हमेशा ही नकारात्मक होते हैं। क्यों? क्योंकि आध्यात्मिक विकास अंदरूनी फ़ोकस के साथ होता है, जब आप अपने अंदर सच तलाशने की कोशिश करते हैं! तब नहीं जब आप 'दूसरे धर्मों' को झूठा

साबित करने की कोशिश करते हैं। लेकिन यह एक जटिल विषय है, जिस पर हज़ारों साल से आध्यात्मिक विशेषज्ञ खोजबीन करते रहे हैं। यह ऐसा विषय नहीं है जिसे छोटे से अख़बारी लेख में समझाया जा सके।

तो धर्मांतरणों के आध्यात्मिक पक्ष से हटकर इसके भौतिक लाभों की ओर चलते हैं। निस्संदेह, इस नज़रिए से सकारात्मक और नकारात्मक दोनों परिणाम हो सकते हैं।

शिक्षा और स्वास्थ्य में धर्म आधारित संगठनों की प्रत्यक्ष कोशिशों के अलावा दूसरे भौतिक लाभ क्या हो सकते हैं? आपके ख़्याल से तब क्या होगा जब हम किसी भी ऐसे ग्रुप को प्रतियोगिता में उतारें जिसके लोग दूसरे संगठनों में जा रहे हों? ज़ाहिर है, सुधार! स्वयं को अपने अनुयायियों के लिए, शायद दूसरों के लिए भी, ज़्यादा आकर्षक बनाने की दिशा में प्रयास किए जाएंगे। तीनों धार्मिक समुदायों में आज की सबसे बड़ी सामाजिक समस्याओं के ज़रिए इसे स्पष्ट करते हैं: हिंदुओं में जाति प्रथा, ईसाइयों में बाल-यौन शोषण कांड, और मुसलमानों के बीच घोर हिंसा। इन सामाजिक समस्याओं के शिकार प्राथमिक रूप से उनके अपने सदस्य होते हैं। हिंदू धर्म की जाति प्रथा—प्राचीन वैदिक विचार का भयंकर रूप—के आतंक से सताए जा रहे लोग भी हिंदू हैं। पश्चिमी देशों के वे दसियों हज़ार (संभवतः लाखों, जैसा कि कुछ रिपोर्ट कहती हैं) बच्चे भी ईसाई हैं जिनका कैथोलिक पादरियों ने बलात्कार किया। अध्ययनों से बिना किसी शुबहे के यह साबित हुआ है कि अरब दुनिया में चरमपंथी इस्लामवादियों और जिहादियों द्वारा की जा रही हिंसा में तकलीफ़ पा रहे और मारे जा रहे लोगों का विशाल बहुमत मुस्लिम आबादी है।

आनुवंशिक रिसर्च बताती है कि कठोर, जन्म पर आधारित जाति प्रथा 2000 से भी कम वर्ष पहले वजूद में आई थी, और इससे छुटकारा पाना बहुत कठिन जान पड़ता है। लेकिन पिछले सत्तर सालों में हिंदू इस क्षेत्र में नाटकीय सुधार लाए हैं, हालांकि मैं मानता हूं अभी भी बहुत लंबा सफ़र बाक़ी है।

इसकी क्या वजह है? बहुत हो सकती हैं, मगर इससे इंकार नहीं किया जा सकता कि वर्तमान सुधार लाए जाने के मुख्य कारकों में से एक हाशिए पर मौजूद हिंदुओं को दूसरे धर्मों में गंवा देने का डर भी है। यानी प्रतियोगिता सकारात्मक बदलाव लाई है।

रोमन कैथोलिक चर्च अनेक दशकों तक यौन-शोषण की महामारी को नकारता रहा। लेकिन जब चर्च ने यूरोप और यूएस में भारी तादाद में अपने अनुयायी गंवाने शुरू किए (मुख्य रूप से नास्तिकों और अनीश्वरवादियों में, मगर अन्य धर्मों में भी) तो उन्हें इस समस्या से रूबरू होने पर मजबूर होना पड़ा। और कोई नहीं बल्कि पोप फ्रांसिस को मानना पड़ा कि ईसाई पादरियों के बीच अनेक बाल-यौन शोषक मौजूद हैं। किसी भी समस्या को सुलझाने की दिशा में पहला क़दम यह मानना होता है कि वह समस्या है। मुझे यक़ीन है कि चर्च इस ज्वलंत मुद्दे को सुलझाने की दिशा में काम करेगा।

अरब दुनिया के ज़्यादातर हिस्सों में इस्लाम से बाहर धर्म परिवर्तन ग़ैरक़ानूनी है और इसकी सज़ा मौत है। तो अन्य धर्मों के लिए चुनौती दे पाना मुमकिन नहीं है। लेकिन अगर अरब अपना दिल और दिमाग़ भारत और इंडोनेशिया के उदारवादी मुसलमानों की इस्लामिक व्याख्याओं की ओर खोलें, तो मुझे यक़ीन है कि वे भयानक हिंसा की अपनी समस्या को उल्लेखनीय ढंग से नियंत्रित कर लेंगे।

तो भौतिक रूप से, ऐसा प्रतीत होता है जैसे धर्मांतरण कुछ लाभ प्रदान कर सकता है। लेकिन अक्सर ये कोशिशें अपनी अलग समस्याओं का पुलिंदा लिए होती हैं। धर्मांतरण से नाराज़गी, अशांति, सामाजिक अव्यवस्था और कभी-कभी हिंसा तक फैल सकती है। उदाहरण के लिए, मध्ययुग में यूरोपवासियों, अरबों, मंगोलों और तुर्कों ने अपने धर्मों के नाम पर लाखों की जान ली। हम इसे कैसे नियंत्रित करेंगे?

किसी भी उद्योग (सच कहें तो धर्म परिवर्तन अब एक उद्योग ही है) की तरह इसमें भी नियम होने चाहिएं। पहला, धर्मांतरणों के लिए आने वाले फ़ंड

की क़ानूनी मापदंडों के अनुसार जांच होनी चाहिए, और भारत में कार्यरत हरेक संस्था को देश में खाते दर्ज करने चाहिए। दूसरा, समतुल्यता होनी चाहिए, अर्थात, या तो हरेक धार्मिक संगठन को राज्य/मीडिया/कुलीन वर्ग के किसी भी विरोध के बिना धर्मप्रचार की अनुमति दी जाए, या किसी को न दी जाए। तीसरा, फ़ंड प्राप्ति के कुछ चिंताजनक स्रोतों और गतिविधियों को भारत में प्रतिबंधित किया जाना चाहिए। उदाहरण के लिए, कोई भी शांति-प्रेमी व्यक्ति नहीं चाहेगा कि सऊदी अरब इस्लाम के अपने रूप को फैलाए! अधिकांश ख़ुफ़िया रिपोर्ट बताती हैं कि सऊदी धार्मिक हिंसा के लिए पैसा देते हैं और उसे भड़काते हैं, जिसमें से अधिकांश उन लोगों के ख़िलाफ़ होती है जिन्हें शुद्धतावादी सऊदी 'अशुद्ध मुसलमान' मानते हैं। मेरा मानना है भारतीय मुसलमानों को, जो कहीं के भी मुसलमानों से ज़्यादा बहुलतावादी हैं, दुनिया भर में अपनी समन्वयात्मक व्याख्याओं को फैलाने के लिए प्रेरित किया जाना चाहिए। अमेरिकन इवेंजेलिस्ट्स जैसे संगठनों को भी भारत में प्रतिबंधित किया जाना चाहिए। भारतीय ईसाई मत के शांतिपूर्ण नज़रिए के विपरीत जिससे हम परिचित हैं, उनका ईसाई धर्म का नज़रिया नफ़रत से भरा और नस्लवादी है। इन अमेरिकन इवेंजेलिस्ट्स के ऐसे विनाशकारी विश्वासों को देखने के लिए www.joshuaproject.net पर जाएं कि 10/40 विंडो देशों (10° एन और 40° एन के बीच! भारत समेत) को 'शैतान का गढ़' कहा जाता है। मैं कल्पना नहीं कर सकता कि भारतीय ईसाई भारत के इस वर्णन से सहमत हो सकते हैं। अंत में, स्पष्ट रूप से, किसी भी हिंसा या हिंसा के आह्वान को सख़्ती से प्रतिबंधित किया जाना चाहिए।

जब हम ये नियंत्रण लगा दें, तो हमें सभी धर्मों को खुले दिमाग़ से धर्मांतरण के लिए प्रेरित करना चाहिए। इससे हम ही लाभान्वित होंगे, कम से कम भौतिक स्तर पर।

यह कहने के बावजूद, अपने दिल में, मुझे अभी भी लगता है कि आध्यात्मिक रूप से यही उचित है कि हम अपने धर्म का पालन करें और उसमें जो भी बुराई चली आई हैं, उन्हें अंदरूनी स्तर पर सुधारें; न कि अपना समय और अपनी ज़िंदगी दूसरे धर्मों को ग़लत ठहराने की कोशिशों में ज़ाया करें। क्योंकि केवल यही बात हमें आध्यात्मिक विकास से दूर ले जाएगी।

द *टाइम्स ऑफ़ इंडिया*, मार्च 2015 में सर्वप्रथम प्रकाशित

भारत में धार्मिक हिंसा

एक फ़ेलोशिप प्रोग्राम के सिलसिले में यूएस में काफ़ी समय रुकने के बाद मैं हाल ही में वापस आया हूं, और शुरू में ही मैं बता दूं कि अमेरिकी, कमोबेश, बहुत स्नेहशील और मिलनसार होते हैं। जिनसे मैं मिला, वे भी काफ़ी व्यावहारिक लोग थे। इसलिए जब एक चिंतित अमेरिकी ने मुझसे एक सवाल किया तो उसे सुनकर मुझे हैरानी हुईः 'आप इसे "एक श्वेत व्यक्ति का दायित्व" कह सकते हैं, लेकिन क्या आपने विचार किया है कि भारत में यूरोपीय औपनिवेशिक शासन के कुछ सकारात्मक परिणाम रहे हो सकते हैं, जैसे हिंदुओं और मुसलमानों को एक-दूसरे को मिटाने से रोकना?' मेरे चेहरे के उलझन भरे भावों को देखकर उस व्यक्ति ने पूछाः 'लेकिन क्या आज़ादी के बाद भारत में धार्मिक नरसंहार बहुत आम नहीं हैं?'

इसने मुझे सोच में डाल दिया। उसकी ऐसी धारणा क्योंकर बनी कि भारत सीरिया या इराक़ की तरह है? ध्यान से देखने पर, उसे इल्ज़ाम नहीं दिया जा सकता। वह भारत के बारे में पश्चिमी प्रेस की रिपार्ट पढ़ता है, जिन्हें बेपरवाह पश्चिमी पत्रकार लिखते हैं—बेपरवाह इसलिए कि उनमें से अधिकांश ने न तो कोई भारतीय भाषा सीखी है, न ही वे उस बुलबुले से बाहर जीते हैं जो भारत में अंग्रेज़ीदां कुलीन दायरे ने बना रखा है। वे अक्सर भारत को सांप्रदायिक पलीते

की तरह दर्शाते हैं। ये पश्चिमी पत्रकार हमारे कुलीन अंग्रेज़ीभाषी मीडिया की मदद से अपनी राय बनाते हैं, जो एक ऐसी दुनिया है जिसमें धर्मनिरपेक्षों के साथ ही धार्मिक कट्टरपंथियों ने भी पारंपरिक तौर पर बेढंगेपन से मज़बूत जगह बना रखी हैः पहले वालों ने इसलिए कि वे इस ग्रुप के अंदरूनी लोग हैं और बाद वालों ने इसलिए कि हमारे अंग्रेज़ीभाषी मीडिया को विवादास्पद बातें पसंद आती है। इन धर्मनिरपेक्ष-कट्टरपंथी पत्रकारों में से अनेक भारत में 'बड़े पैमाने पर' धार्मिक हिंसा होने के बारे में सुलगते लेख लिखते हैं। 'जेनोसाइड', 'हॉलोकॉस्ट' और 'पोग्रोम' जैसे शब्दों का खुले हाथ से प्रयोग होता है। दूसरी ओर धार्मिक-कट्टरपंथी ऐतिहासिक या सांप्रदायिक ठेस (यह लक्षित समूह के धर्म पर निर्भर करता है) के भाव को भुनाते हैं और बेरहमी से बदला लेने की हुंकार भरते हैं। क्या डर के इन सौदागरों का कोई मुद्दा है?

कॉरपोरेट दुनिया की एक कहावत हैः ईश्वर में हमें विश्वास है! बाकी चीज़ों के लिए, मुझे आंकड़े दिखाएं।

तो मैंने कुछ रिसर्च की। भारत में धार्मिक हिंसा के बारे में आंकड़े क्या कहते हैं? याद रखें, यह डेटा विभिन्न धार्मिक समूहों के बीच आय की असमानता, या ग़रीबी की ओर ले जाने वाले धार्मिक भेदभाव के बारे में नहीं है। यह डेटा पिछले पचास साल में हुई धार्मिक हिंसा पर है।

हां, हमारे यहां सांप्रदायिक दंगे होते रहे हैं। वे मानव त्रासदी रहे हैं, इसमें कोई शक नहीं है। इन त्रासदियों को रोकने के लिए, और जब वे होते हैं तो शीघ्रता से न्याय दिलवाने के लिए हमें अपने प्रशासनिक सिस्टम को चुस्त करना होगा। 1960 के दशक के मध्य से भारत में सांप्रदायिक हिंसा (वे घटनाएं जिनमें पांच से अधिक जानें गई हों) की लगभग साठ घटनाएं हुई हैं, जिनमें कुल 13,000* से अधिक जानें गई हैं। मैं फिर कहता हूं कि वे भयानक हादसे थे। किसी भी मायने में मैं धार्मिक हत्याओं के पीड़ितों की तकलीफ़ को कम नहीं आंकूंगा। लेकिन क्या उनमें से कोई हॉलोकॉस्ट था, जिसमें हज़ारों, बल्कि लाखों लोग मारे गए

हों? नहीं। हॉलोकॉस्ट वह है जो हिटलर ने जर्मनी में किया था (1940 के दशक में साठ लाख मौतें), जो चर्चिल ने जानबूझकर आज़ादी से पहले के पूर्वी भारत में करवाया था (1940 के दशक में पंद्रह से चालीस लाख मौतें), भारत-विभाजन के दंगे (दस लाख मौतें), या पूर्वी पाकिस्तान, जिसे आज हम बांग्लादेश के नाम से जानते हैं, में पाकिस्तान के ज़ुल्म (1970 के दशक में दस से तीस लाख मौतें)। यह उसका सटीक ब्योरा है जो हाल-फ़िलहाल सीरिया में हो रहा है (160,000 से 400,000 मौतें, और अभी भी जारी)। अरे, जब कोलंबस ने उत्तरी अमेरिका में क़दम रखा था तब वहां के देसी अमेरीकियों की आबादी लगभग एक करोड़ थी। जेनोसाइड के खत्म होने तक वह घटकर दस लाख से भी कम रह गई।

एक बार फिर, भारत में होने वाली सांप्रदायिक हिंसा के शिकारों के दुख-तकलीफ़ को कमतर किए बिना, हमें अपने द्वारा प्रयोग किए जाने वाले शब्दों को लेकर सावधान रहना होगा। यह मानते हुए कि यह असंबद्ध मुद्दा है, यूएस सीडीसी के अनुसार, केवल 2010 में, यूनाइटेड स्टेट्स में बंदूक़ों से जुड़ी मृत्यु संख्या 30,000 से ज़्यादा थी। यूएस में उस एक साल में बंदूक़ से होने वाली मृत्युओं की संख्या भारत में पिछले पचास साल में हुई धार्मिक हिंसाओं की कुल मृत्यु संख्या से दोगुनी से ज़्यादा है।

मैं यह नहीं कह रहा हूं कि भारत में सब कुछ ठीक है। मुझे अपने देश पर गर्व है, लेकिन गर्व को अपनी समस्याओं के प्रति हमें अंधा नहीं बनाना चाहिए। आजकल भारत में विवेकहीन हत्याएं हो रही हैं। लेकिन इसकी वजह सांप्रदायिक तनाव नहीं है। भारत में हर साल पांच लाख कन्या भ्रूण नाजायज़ तरीक़े से गिरा दिए जाते हैं, यानी पांच लाख लड़कियों की हर साल गर्भ में ही हत्या कर दी जाती है। यह हर साल सांप्रदायिक हिंसा में होने वाली मृत्यु दर से 185,000% अधिक है। एक बड़ी संख्या में लड़कियां सुनियोजित कुपोषण के कारण मर रही हैं जिसका उन्हें शिकार बनाया जाता है। यहां तक कि जब वे बड़ी हो जाती हैं, तो भारतीय महिलाएं सुनियोजित उत्पीड़न और हिंसा झेलती हैं।

और केवल सरकार ही नहीं, बल्कि हमारा सारा समाज उनका दमन करता है। अगर हम भारतीय ज़िंदगियों को बचाना चाहते हैं, अगर हम किसी हॉलोकॉस्ट और घोर अन्याय को रोकना चाहते हैं तो हमें इस दिशा में ध्यान देना चाहिए। सभी धार्मिक/भाषायी/जातीय/सामाजिक खंडों में भारत में अब तक का सबसे ज़्यादा दमित समूह औरतें हैं।

ऐसा प्रतीत होता है कि धर्म को लेकर भय पैदा करना हमारे 'धर्मनिरपेक्ष' और 'धार्मिक' चरमपंथियों का हित साधता है। मैं मानता हूं कि धार्मिक संघर्ष एक समस्या है! मैं जोड़ना चाहूंगा, यह एक वैश्विक समस्या है जिससे सारी मानवजाति जूझ रही है। लेकिन मुझे वाक़ई नहीं लगता कि भारत धार्मिक हिंसा की दलदल में धंस जाएगा। भले ही हमारे कुछ समुदाय एक-दूसरे के साथ पूरे तालमेल के साथ न रह पाते हों, फिर भी हमने, कमोबेश, व्यापक हिंसा में लिप्त हुए बिना साथ जीना सीख लिया है।

उन सभी भयानक शब्दों के बावजूद जो भारत में धार्मिक लोगों का वर्णन करने के लिए इस्तेमाल किए जाते हैं, भारतीयों का एक विशाल बहुमत आप और मेरे जैसे लोग हैं: बेहद धार्मिक, घोर उदारवादी और अपने धर्म के लिए मरने या मारने के लिए अनिच्छुक। आंकड़े इसका स्पष्ट सुबूत हैं। दुख की बात है कि बात जब हमारी लड़कियों और स्त्रियों की आती है तो हम इतने अ-हिंसक नहीं होते। अगर हम वाक़ई भारत की अवधारणा को प्यार करते हैं तो अपने उदारवाद पर बल देने के लिए धर्म पर हमला करने की बजाय हमें स्त्रियों के दमन के मुद्दे पर ध्यान देना चाहिए।

कभी-कभी, आंकड़ों को बोलने देना, और शानदार जुमलों को सुर्ख़ियां बटोरने देने से बचना ही बेहतर होता है। आप नहीं जानते कि उन जुमलों के पीछे क्या एजेंडा छिपा है।

हिंदुस्तान टाइम्स, सितम्बर 2014 में सर्वप्रथम प्रकाशित

मैत्रीपूर्ण बहस

2014 में सात सप्ताह के अमेरिका प्रवास के दौरान, मैं उनकी सार्वजनिक बहसों की कड़वाहट को देखकर दंग रह गया। तथाकथित 'वामपंथी' और 'दक्षिणपंथी' टीकाकारों के ज़्यादातर मुद्दों पर विचार पूर्वनिर्धारित थे। उनका काम था: अपने पक्ष के लिए समर्थन जुटाना, क्योंकि वे विश्वस्त थे कि उनके पास 'परम सत्य' है जबकि दूसरा पक्ष 'पूर्णतया कुटिल' (जी हां, मैंने वाक़ई ऐसे शब्द सुने) है। उनका उद्देश्य एकमत बनाना नहीं होता। बहस करने की उनकी इस शैली ने पिछले कुछ समय में बड़ी तेज़ी से भारतीय मीडिया में प्रवेश कर लिया है। बीते समय में सार्वजनिक कटुता देखने को नहीं मिलती थी, क्योंकि शैक्षणिक और संचार मंचों पर वामपंथ का बोलबाला था। एकाधिकार अक्सर प्रतिस्पर्धा के साथ-साथ कड़वाहट को भी दबा देता है! दक्षिणपंथ के उदय ने वादविवाद को ऊर्जा प्रदान कर दी है; यह अच्छी ख़बर है। विचारों के इस मंथन से उस सूक्ष्म भेद को प्रोत्साहन मिलेगा जिसकी सख़्त ज़रूरत थी। लेकिन अमेरिका के कटुतापूर्ण तरीक़े की नक़ल करने से मतैक्य की संभावना प्रभावित होगी।

मैं (हमारी सहित) कई प्राचीन संस्कृतियों से लिए गए वादविवाद के सिद्धांतों को फिर से अपनाने का सुझाव देता हूं, जिनका मूल तर्क था: परम सत्य को कोई नहीं जान सकता। आधुनिक विज्ञान ने इस गूढ़ विचार को एक अच्छी शब्दावली

दीः प्रेक्षक-पूर्वाग्रह, जिसका दावा है कि आपके मूल्य और अपेक्षाएं 'तथ्यों' के बारे में आपकी अनुभूतियों को प्रभावित करते हैं। सैद्धांतिक भौतिकशास्त्री तक अपने निष्कर्षों में इसकी गुंजाइश रखते हैं। इसे स्वीकार करने से मन में विनम्रता आती है, जिससे वैकल्पिक दृष्टिकोणों को सुनने की संभावना खुल जाती है। अगर हम राजनीतिक घटनाओं को भी इसी पारदर्शिता पैदा करने वाली रोशनी में देखें, तो इससे दिलचस्प अंतर्दर्शिता प्राप्त होगी। मसलन, जिन पत्रकारों से मेरा सामना हुआ है उनके विचारों से अनुमान लगाएं, तो पश्चिमी मीडिया (*द न्यूयॉर्क टाइम्स, द इकॉनोमिस्ट* इत्यादि) अक्सर ख़ुद को नैतिकता का रखवाला मानता है, फ़ैसले सुनाता है और दुनिया को नैतिकता के पाठ पढ़ाता है। लेकिन इराक़, लीबिया और सीरिया के बदनसीब अरब उन्हें भिन्न नज़रिए से देखते हैं। पश्चिमी मीडिया के एक बड़े भाग ने इन बदक़िस्मत देशों पर आक्रमणों/बमबारियों पर वाहवाही की जिनके नतीजे में दस लाख से ज़्यादा अरबों की मौत हो चुकी है। जी हां, मैं फिर से दोहराता हूं, दस लाख से ज़्यादा मौतें। एक अरब मित्र ने पश्चिमी मीडिया की भूमिका को 'या तो विराट रूप से मूर्खतापूर्ण या पूर्णतया पैशाचिक' कहा। लेकिन इससे इंकार नहीं किया जा सकता कि पश्चिमी मीडिया ने कुछ अच्छे काम भी किए हैं, कम से कम अपने समाजों में। यदि आप प्रेक्षक-पक्षपात की वास्तविकता को स्वीकार करते हैं, तो शायद आपको अहसास होगा कि सूक्ष्म सत्य, चाहे यह सत्य जो भी हो, कहीं उस मध्य में मौजूद है जिसे बुरी तरह नज़रअंदाज़ किया गया है। ग़ैर-पश्चिमी देशों में पश्चिमी मीडियाकर्मियों के 'छानबीन कौशल' से सावधान रहना भी शायद समझदारी ही होगी।

दूसरा सुझाव भी प्राचीन विश्वदर्शन पर ही आधारित है। परम सत्य सभी क्षेत्रों में दुष्प्राप्य था, अलावा एक क्षेत्र केः गणित, जिसे 'सृष्टि की भाषा' कहा जाता था। तर्कों को ज़्यादा 'सत्यपूर्ण' बनाने के लिए अपनी बात के समर्थन में संख्याओं का प्रयोग करें। दूसरे शब्दों में, डेटा का इस्तेमाल करें। पिछले कुछ समय में, कुछ भयानक घटनाओं और अनर्गल शब्दों के आधार पर, भारत में

बढ़ती असहिष्णुता पर एक तीव्र बहस जारी है। हिंसा में, या किसी भी अन्य अप्राकृतिक रूप से एक भी जान का जाना त्रासदीपूर्ण है; लेकिन क्या डेटा इस बात का समर्थन करता है कि हाल ही में या पिछले पचास साल में भारत में अन्य अप्राकृतिक मौतों की तुलना में धार्मिक हिंसा ज़्यादा रही है? नहीं। पिछले पचास वर्षों में हुई धार्मिक हिंसाओं में मारे गए लोगों की संख्या से ज़्यादा स्त्रियां हर पखवाड़े गर्भ में मारी जाती हैं। ज़रा सोचिएः अगर हम सिर्फ़ एक पखवाड़े के लिए कन्या भ्रूण हत्या को रोक दें, तो हम उससे ज़्यादा मानव जानें बचा सकेंगे जितनी कि पिछले पचास साल में होनेवाले धार्मिक दंगों/हिंसक घटनाओं को रोककर बचा पाते। अब कुछ और डेटा, पिछले पचास वर्षों में हुई धार्मिक हिंसाओं में मारे गए लोगों की संख्या से ज़्यादा भारतीय बच्चे हर पैंतालीस दिनों में डायरिया से और हर महीने भारतीय सड़क हादसों में मारे जाते हैं। आंकड़े यह भी बताते हैं कि धार्मिक हिंसा अपने शिखर (आज़ादी के बाद 1960 के दशक से 1990 के दशक की शुरुआत तक की धार्मिक हिंसा) के समय की तुलना में काफ़ी कम हुई है। तो अब हम जानते हैं कि हमारी कोशिशों और हमारे शोर का रुख़ किधर होना चाहिए। डेटा हमें दृष्टिकोण प्रदान करता है।

आख़िर में, मेरा सुझाव है कि हमें गंभीर मुद्दों पर शांत दिमाग़ से काम लेना चाहिए। फ़ैसले करने और मीडिया ट्रायल करने से पहले हमें जांच के पूरा होने का इंतज़ार कर लेना चाहिए। 2015 की शुरुआत में 'चर्च पर हुए हमलों की घटनाओं' के मामले में, बाद में सामने आया कि उनमें से कई मामलों में धार्मिक कोण था ही नहीं। कुछ तो सीधे-सीधे लूट के मामले थे, और एक घटना बेवफ़ाई के शिकार एक ग़ैर-हिंदू प्रेमी के ग़ुस्से का नतीजा थी। साथ ही, जब दिल्ली के चार चर्चों में तोड़फोड़ हुई, उसी दौरान 200 मंदिरों, तीस गुरुद्वारों और पंद्रह मस्जिदों में भी तोड़फोड़ हुई थी। इससे धार्मिक उत्पीड़न के बजाय सामान्य तौर पर अराजकता की स्थिति का पता चलता है। यहां तक कि पश्चिमी बंगाल में ईसाई नन का बलात्कार (मीडिया में कुछ लोगों ने इसके लिए तुरंत

हिंदू दक्षिणपंथियों को ज़िम्मेदार ठहरा दिया था) बंगलादेशी मुस्लिम अवैध आप्रवासियों द्वारा किया गया था। इससे पहले कि कोई इसे क्रूसेड या जिहाद से जोड़े, मैं यह भी स्पष्ट कर दूं कि तफ़्तीश में पैसे से संबंधित झगड़े का कोण सामने आया है। मैं यह नहीं कह रहा हूं कि भारत में धार्मिक कट्टरपंथी या धार्मिक हिंसा है ही नहीं। लेकिन, सौभाग्य से, आंकड़े बताते हैं कि हमारी आबादी के आकार को देखते हुए तुलनात्मक रूप से इनकी संख्या कम ही है। भारत को सांप्रदायिक नहीं कहा जा सकता। लेकिन इसे नारीद्वेषी निश्चित रूप से कहा जा सकता है। बल्कि स्वच्छता और सड़क के नियमों के प्रति लापरवाह भी कहा जा सकता है।

अगर सार्वजनिक चौराहों पर बहस करने वाले भारतीय प्रेक्षक-पक्षपात की हकीकत को स्वीकार करने लगें, सुनने की योग्यता विकसित कर लें, आंकड़ों का इस्तेमाल करें और, सबसे महत्वपूर्ण, शांत रहें, तो हम उस अमेरिकी तमाशे से बच सकते हैं जहां बहसें कई बार एक सुविज्ञ, परिष्कृत और उत्पादक सामूहिक विचार विकसित करने वाला प्रयास बनने के बजाय बिगड़कर कुश्ती का अखाड़ा बन गई हैं।

द टाइम्स ऑफ़ इंडिया, नवंबर 2015 में सर्वप्रथम प्रकाशित

जातिवाद का अभिशाप

रोहित वेमूला की दुखद मौत ने भारतीय समाज में जातिगत भेदभाव की कटु वास्तविकता को एक बार फिर सामने ला दिया है। राजनीति के लिए कितना भी ज़ोरदार शोर मचाया गया हो, साक्ष्य से स्पष्ट संकेत मिलता है कि भारत में एक समूह के रूप में अनुसूचित जातियों को भयंकर पक्षपात का सामना करना पड़ता है।

ज़ाहिर है, अनेक ग़ैर-पश्चिमी मानसिकता वाले लोग पश्चिमी मानसिकता वाले भारतीय शिक्षाविदों/एनजीओ द्वारा छापे जा रहे 'क्रूरता साहित्य' को स्वीकार नहीं करना चाहेंगे। क्योंकि, सभ्य संसार में सबसे ज़्यादा पीड़ित अल्पसंख्यक अफ्रीकी-अमेरिकी और यूरोपीय रोमा लोग हैं, जैसा कि कई विश्वस्त अध्ययनों में सामने आ चुका है। लेकिन पश्चिमी शिक्षाविदों/मीडिया/एनजीओ का पाखंड भारतीयों के लिए अपनी नाकामियों को स्वीकार न करने का बहाना नहीं हो सकता।

वर्तमान जन्म-आधारित जाति प्रथा और इससे जुड़ा सामाजिक भेदभाव भारत पर एक कलंक है और हमारी प्राचीन संस्कृति की संकल्पनाओं के एकदम विपरीत है। कुछ लोगों का दावा है कि मौजूदा जाति प्रथा प्राचीन ग्रंथों से प्रमाणित है। यह सच नहीं है।

अपनी विद्वतापूर्ण किताब *हू वर द शूद्राज़* में, डॉ बी.आर. अंबेडकर ने भारतीय ग्रंथों और पुस्तकों द्वारा सिद्ध किया है कि प्राचीन भारत में शक्तिशाली शूद्र शासक भी हुआ करते थे, भेदभाव व जाति पर आधारित जाति प्रथा को उचित ठहराने वाले दमनकारी छंद बहुत बाद में जोड़े गए थे। भगवद्गीता में, भगवान कृष्ण स्पष्ट रूप से कहते हैं कि उन्होंने चार वर्ण गुण और कर्म के आधार पर बनाए हैं; जन्म का उल्लेख ही नहीं है। प्राचीन भारत में ऋषि-मुनियों को सबसे ऊंचा स्थान दिया जाता था, और हमारे सबसे महान दो महाकाव्य, *रामायण* और *महाभारत*, ऐसे ऋषियों द्वारा लिखे गए थे जो ब्राह्मण माता-पिता से उत्पन्न नहीं हुए थे। वाल्मीकि एक शूद्र के बेटे थे और कृष्ण द्वैपायन (जो वेद व्यास के नाम से भी जाने जाते हैं) को एक मछुआरन ने जन्म दिया था। सत्यकाम जाबाली, जिन्हें *जाबाली उपनिषद* का रचयिता माना जाता है, एक अविवाहित शूद्र मां से पैदा हुए थे और उनके पिता का नाम अज्ञात है। वाल्मीकि रामायण के अनुसार, जाबाली भगवान राम के समय में एक कार्यकारी पुजारी और अयोध्या के राजकीय परिवार के सलाहक़ार थे। अपने कर्म के द्वारा ही इन्होंने ब्राह्मणत्व की प्राप्ति की।

मैकगिल यूनिवर्सिटी में तुलनात्मक धर्म के प्रोफेसर अरविंद शर्मा कहते हैं कि जातिवादी कट्टरपन और भेदभाव ने स्मृति युग (जीज़स क्राइस्ट के जन्म के बाद से लेकर लगभग सन् 1200 तक) में सिर उठाया और इसे मध्यकाल में कई ग़ैर-उच्च जाति के संतों ने भक्ति आंदोलन द्वारा चुनौती दी। शूद्र शासकों, मसलन काकतीयों, के नेतृत्व में शक्तिशाली साम्राज्यों का उत्थान हुआ। बाद में, ब्रिटिश औपनिवेशिक दौर के आसपास जन्म-आधारित जाति प्रथा फिर से बलवान होने लगी। और तब से यह उसी तरह है।

आनुवंशिक शोध द्वारा प्रदत्त वैज्ञानिक साक्ष्य प्राचीन ग्रंथों में जन्म-आधारित जाति प्रथा की अनुपस्थिति की पुष्टि करते हैं। 'जातीय शुद्धता' बनाए

रखने की ख़ातिर अंतरविवाह पर पाबंदी इस जन्म आधारित जाति प्रथा का मूलभूत चिह्न है। *अमेरिकन जर्नल ऑफ़ ह्यूमन जेनेटिक्स, नेचर* और *नेशनल अकेडमी ऑफ़ साइंसेज़ जर्नल* जैसी पत्रिकाओं में प्रकाशित विभिन्न वैज्ञानिक लेखों ने सिद्ध किया है कि भारत में हज़ारों साल तक विभिन्न आनुवंशिक समूहों में अंतर-प्रजनन एक अत्यंत सामान्य प्रथा थी जिसका अंत सन् 0 और सन् 400 के बीच कहीं हुआ (मज़ेदार बात यह है कि यह अरविंद शर्मा द्वारा बताए गए उस काल से मेल खाता है जब ज्ञात इतिहास में पहली बार जातीय भेदभाव ने सिर उठाया था)। इसका अर्थ स्पष्ट समझा जा सकता है। जन्म आधारित जाति प्रथा—जो कि जाति (जन्म समुदाय) और वर्ण (गुण और कर्म पर आधारित व्यक्तित्व और स्वभाव) का एक विकृत मेल है—का वर्तमान स्वरूप लगभग 1600-2000 साल पहले सामने आया। उससे पहले इसका वजूद नहीं था। ध्यान दें कि 'कास्ट' शब्द एक पुर्तगाली उत्पत्ति है जो पुर्तगाली/स्पेनी 'कास्टा' से लिया गया है जिसके मायने वंश या नस्ल के हैं।

शुक्र है कि भारतीय गणतंत्र के संस्थापक भारतीय समाज पर जन्म-आधारित जाति प्रथा के दुष्प्रभावों से परिचित थे। भारतीय संविधान के बड़े साहसिक उद्देश्य थे। लेकिन, जैसा कि आज स्पष्ट है, आरक्षण जैसी सरकारी नीतियों ने अंतर तो पैदा किया है, पर यह उतना अच्छा नहीं रहा। दलित विद्वान चंद्रभान प्रसाद के लेख दर्शाते हैं कि 1991 के आर्थिक सुधारों से इस क्षेत्र में काफ़ी लाभ हुआ। 2006-07 की अखिल भारतीय एमएसएमई जनगणना के अनुसार, देश के कुल उद्यमों में से लगभग 14% के मालिक अनुसूचित जाति/जनजातियों के उद्यमी हैं, और वे लगभग अस्सी लाख नौकरियां पैदा करते हैं! यह आंकड़े आज शायद इससे कहीं अधिक होंगे।

बहुत से लोगों का मानना है कि आरक्षण नीति ने उच्च जाति के ग़रीबों और भूमिहीन ग्रामीणों को नज़रअंदाज़ किया है। इसमें किसी हद तक सच्चाई है। लेकिन इसका एक बड़ा कारण पर्याप्त शिक्षा सुविधाओं और रोज़गार का

अभाव भी है जिसके नतीजे में उन कुछ अवसरों की राशनिंग करनी ही पड़ती है जो कि मौजूद हैं। बेशक 1991 के बाद के सुधारों के बाद इस कमी में गिरावट आई है, लेकिन बहुत ज़्यादा नहीं। अनेक लोगों का तर्क है कि सुधारवादी नीतियां न केवल दलितों की, बल्कि ग्रामीण व शहरी उच्चजातीय ग़रीबों की भी मदद करेंगी।

तो, जैसा कि चंद्रभान प्रसाद ने बार-बार कहा है, सरकार की अन्य नीतियों की तुलना में और अधिक आर्थिक सुधार व शहरीकरण जातीय भेदभाव और ग़रीबी को और ज़्यादा कम करेंगे। लेकिन आर्थिक सुधारों का चाहे जो भी प्रभाव हो, सभी भारतीयों को जातीय भेदभाव का सक्रिय रूप से विरोध करना चाहिए और इसके विरुद्ध लड़ना चाहिए; यह हमारे राष्ट्र की आत्मा के लिए आवश्यक है।

जन्म आधारित जाति प्रथा को कुचलना एक ऐसी लड़ाई है जो हम सबको सामाजिक स्तर पर लड़नी ही चाहिए। ऐसा करके हम अपनी प्राचीन संस्कृति का सम्मान करेंगे। इससे भी बढ़कर यह कि हम एक ऐसी चीज़ का अंत करेंगे जो स्पष्ट रूप से ग़लत है।

द टाइम्स ऑफ इंडिया, फ़रवरी 2016 में सर्वप्रथम प्रकाशित

भ्रष्टाचार दोष रेखाएं

शहरी भारत हमारे देश के राजतंत्र और शासन की भ्रष्ट प्रकृति पर गहरी नज़र बनाए रखने लगा है। भ्रष्टाचार के ख़िलाफ़ अन्ना हज़ारे के आंदोलन ने हमारे शहरों को झिंझोड़कर उनमें एक ज़बरदस्त जोश भर दिया है। टीम अन्ना के कुछ उत्साही अनुयायी कहते हैं कि हमारे देश की संस्कृति ही भ्रष्ट है। क्या हम शराब की बोतलों की ख़ातिर अपने वोट उस व्यक्ति को नहीं बेचते, जो हमारे ही 'समुदाय' से हो तो बेहतर हो? क्या भाई-भतीजावाद अपवाद होने के बजाय सामान्य नहीं हो गया है? हम तो आशीर्वाद के बदले चढ़ावे देकर ईश्वर तक को रिश्वत देने की कोशिश करते हैं! बज़ाहिर, फ़ैसला साफ़ हैः हम अंतर्निहित रूप से भ्रष्ट लोग हैं जिनमें किसी विशाल क्रांति के अतिरिक्त किसी और चीज़ से बदलाव आने की उम्मीद नहीं है।

पर ज़रा रुकें। क्या हम वाक़ई एक भ्रष्ट देश हैं? क्या अनैतिक होना एक भारतीय नागरिक की वास्तविक प्रकृति है?

भारत, जैसा कि व्यापक रूप से माना जाता है, एक प्राचीन सभ्यता लेकिन नया राष्ट्र है। अपने सभ्य जीवन के बड़े भाग में, और निश्चित रूप से पिछली सहस्राब्दी में, हम एक कृषक समाज रहे हैं जिसमें कहीं-कहीं कभी-कभी शहरी प्रस्फुटन होता रहा। स्वतंत्रता के बाद भी भारत की वास्तविकता मूल रूप से

ग्रामीण रही है। दूसरी ओर, पश्चिमी दुनिया हमसे कई शताब्दियों पहले शहरीकृत हो गई थी।

एक कृषक समाज की नैतिक संस्कृति शहरी समाज से भिन्न होती है। यह नातेदारी, वफ़ादारी और सम्मान पर आधारित नियमों पर चलती है जो मूल रूप से समुदाय का क़ानून होते हैं। न्याय का अर्थ आपकी उस बिरादरी का सामूहिक़ सम्मान और इज़्ज़त होता है जो परिवार, जाति, क़बीले से मिलकर बनता है। आप अपनों के साथ खड़े होंगे। आप अपने लोगों की ख़ातिर अमूर्त संस्थाओं के हितों के साथ समझौता करेंगे।

आप अदालत में अपने रिश्तेदारों की ख़ातिर झूठ बोलेंगे; लेकिन आप पंचायत में ऐसा करने से बाज़ रहेंगे, जहां हर कोई हर किसी को जानता है और झूठ बोलने का कोई फ़ायदा नहीं है। झूठ का बोलबाला हमारी निचली अदालतों में है। इसलिए नहीं कि हम अनैतिक हैं, बल्कि इसलिए कि अदालतों में झूठ बोलने वालों को ऐसा लगता ही नहीं है कि वे कुछ ग़लत कर रहे हैं। इसके विपरीत, वे वास्तव में अपने वंश के प्रति वफ़ादारी के उच्च नैतिक क़ानून के प्रति सच्चे हो रहे होते हैं। शहरों में भी बहुत से लोग अपनी सामाजिक स्थिति, संपर्कों और संसाधनों के ज़रिए अपने संबंधियों और सहयोगियों के हितों में पुलिस और अदालतों को धोखा देने, उन पर दबाव डालने, अपने प्रभाव का प्रयोग करने और उन्हें रिश्वत देने का प्रयत्न करते हैं। वे ख़ुद को समझाते हैं कि ऐसा करना सही है; और वास्तव में, ऐसा करना ही सही है, क्योंकि यह एक वैकल्पिक आचार संहिता है।

बहुत से लोगों ने विभिन्न संस्थाओं में 'अपनों' को नौकरियां दिलाने में मदद की है, भले ही उनके ये प्रियजन इसके हक़दार नहीं थे और इसलिए संस्था के लिए उपयुक्त भी नहीं थे। कम वेतन पाने वाला नौकरशाह रिश्वत स्वीकार करेगा ताकि वह एक अच्छे बेटे, भाई या पिता की भूमिका को निभा सके। अपनों के साथ वफ़ादारी की प्राचीन नैतिकता उन क़ानूनों पर भारी पड़ जाती है जो अभी स्वरूप ले रहे एक अमूर्त समाज द्वारा बनाए गए हैं।

कृषिप्रधान समाजों में न्याय सुधारात्मक होता है। मुजरिमों को जेल भेजना शहरी प्रथा है। क़बायली न्याय समझौते, हर्जाने और मोलभाव पर भरोसा करता है। यह केवल चरम परिस्थितियों में ही दंडात्मक होता है।

आजकल हमारे राजनीतिज्ञों को बदनाम करना और उन्हें घृणित ठहरा देना काफ़ी लोकप्रिय हो गया है। लेकिन ध्यान रखें कि भारत शायद दुनिया का पहला देश है जिसका शहरीकरण/आधुनिकीकरण से पहले लोकतंत्रीकरण हुआ। वास्तविकता यह है कि हम अभी भी मूल रूप से एक ग्रामीण देश में हैं; हमारे शहरों के भी बहुत से 'नागरिकों' में क़बायली समाज वाली ही सोच और नैतिक संहिता है।

हमारे कुशाग्र नेता इसी परितंत्र से उठते हैं और बने रहते हैं। उनका चुनाव 'नागरिकों' का कोई अमूर्त समुदाय नहीं बल्कि 'उनके अपने' करते हैं—और 'उनके अपने' लोग उम्मीद करते हैं कि उनका ख़्याल रखा जाएगा जो कि जायज़ है। मैं एक नेता को जानता हूं जिनके जन्मदिन पर उनका पूरा गांव मुंबई में उनके साफ़-सुथरे लॉन पर इकट्ठा हो गया था; दस हज़ार लोग। उन्हें उम्मीद थी कि उनकी अच्छी ख़ातिर-तवाजो होगी। ऐसा करने के लिए नेता कहां से फ़ंड जुटाएं? संरक्षण जारी है क्योंकि जनसाधारण इसे उचित मानते हैं। एक ओर प्रजातंत्र चाहना और दूसरी ओर नेताओं से यह उम्मीद करना कि वे उस जनता की आशाओं के प्रति आंखें मूंदें रहें जिसने वोट देकर उन्हें सत्ता दिलाई, यह बुद्धिजीवी अभिजात वर्ग का पाखंड है; स्वयंभू सामाजिक पंडित चाहते हैं कि नेता बस उनसे मार्गदर्शन लें। बेशक कुछ नेता सिर्फ़ और सिर्फ़ निजी फ़ायदे की कोशिश में लगे रहते हैं; ऐसा सारे मानव समाजों में होता है; इसे मानव प्रकृति कहा जा सकता है। लेकिन बहुत से दूसरे नेता हैं जो ऐसे नहीं हैं। धन के प्रवाह को मूल रूप से जीतने, बने रहने और समर्थकों को पुरस्कृत करने, और संबंधी समूहों को मदद देने में इस्तेमाल किया जाता है। राजनीतिक पार्टियों और नेताओं के लिए वैध फ़ंड जुटाने के कोई यथार्थ और व्यावहारिक तरीक़े न होने के कारण स्थिति विकट हो जाती है।

दूसरी ओर, शहरी समाज धारणात्मक रूप से अमूर्त क़ानूनों और औपचारिक संस्थाओं पर आधारित होता है। इसका उद्देश्य क़रीबी लोगों की प्रतिबद्धताओं से परे नैतिक संहिता वाली वैकल्पिक निष्ठाएं पैदा करना होता है। इसलिए नहीं कि यह कोई श्रेष्ठ तरीक़ा है। यह महज़ एक भिन्न तरीक़ा है जिससे समाज स्वयं को ऐसे समय में संगठित कर सकता है जब प्राचीन क़बायली रिश्ते शहरी जीवन की गुमनामी में खो जाते हैं। आत्महित को अधिकतम स्तर तक ले जाना किसी भी मानव संगठन के पीछे अंतर्निहित उद्देश्य होता है। जब लोगों को लगने लगता है कि पुराने सामाजिक ढांचे अपने स्वार्थ अधिक दक्षता से सिद्ध करने लगे हैं, तो नए सामाजिक ढांचे विकसित होते हैं और पुरानों की जगह ले लेते हैं।

यह आवश्यकता ख़ुद को पहले छोटे आप्रवासी समूहों में अभिव्यक्त करती है। वे चाहे-अनचाहे अपनी पारंपरिक आचार संहिताओं से दूर हो जाते हैं, और कुछ समय में वे राज्यों के बनाए प्रशासनिक ढांचों को सही समझने, बल्कि मान्यता तक देने लगते हैं। हम एक प्रजातंत्र के रूप में अपने विकास के उसी चरण में हैं। हमारा एक पैर मज़बूती से संबंधी संस्कृति में जमा हुआ है, जिसका वारिस होने पर हमें गर्व है, और हमारा गर्व सही है। लेकिन दूसरा पैर आधुनिक संसार की ओर बढ़ रहा है। हम उग्र पुनर्व्याख्याओं के दौर में जी रहे हैं—निष्ठा को भी पुनर्परिभाषित किया जा रहा है। क्या हम अतीत में आनुवंशिक रूप से भ्रष्ट थे? नहीं। क्या हम आज आनुवंशिक रूप से भ्रष्ट हैं? नहीं। हम बस बदलाव के दौर में अपने उद्देश्यों में बदलाव कर रहे हैं। अपने चरित्र के प्रति सच्चे रहते हुए, महात्मा के इस देश में यह कार्य कोमलता से और अहिंसापूर्वक होना चाहिए।

इसलिए इस नववर्ष में, मैं एक बार फिर से कहूंगाः मेरे देश में कई कमियां हैं। और हमें बहुत दूर जाना है। लेकिन फिर भी मुझे भारतीय होने पर अत्यंत गर्व है!

एशियन एज/डैक्कन क्रॉनिकल, 2011 में सर्वप्रथम प्रकाशित

प्रतिनिधि सरकार और जनेच्छा

अपने स्तंभों और साक्षात्कारों में मैं एक सुनहरे नियम का पालन करने की कोशिश करता हूं: राजनीति पर बोलने या लिखने से बचना। इसकी कई वजहें हैं। उनमें से एक है कि जिन विषयों पर लिखना होता है, मैं पहले उन पर विचार करना पसंद करता हूं। इसलिए, आमतौर पर, जब तक किसी राजनीतिक घटना पर मैं कोई राय बना पाता हूं, वह सामयिक नहीं रह जाती। जून 2014 में, जब एक अख़बार ने यह लेख लिखने को कहा, वह मुद्दा जो हमारे देश के सियासी थिएटर में उभरा था और इसके बारे में मैं पहले भी सोच चुका था, इसलिए, मैंने इस विषय पर अपने विचार व्यक्त करने का फ़ैसला किया।

कुछ संस्थापित बुद्धिजीवी इस प्रकार के विचार रख रहे थे: तब के आम चुनावों में चूंकि नेशनल डेमोक्रेटिक एलायंस या एनडीए को कुल वोटों का 38.5% (और भाजपा को 31%) ही मिला था, इसलिए उनकी जीत एक प्रकार से अधूरी/अवैध है। हमें बताया गया कि 61.5% भारतीयों ने एनडीए को नकार दिया था (और भाजपा को 69% ने नकारा था) और इसलिए यह एक वास्तविक प्रतिनिधि सरकार नहीं है। क्या यह निष्पक्ष आलोचना है? मैंने बड़े परिदृश्य में इस मुद्दे की जांच की।

ज़रा सा पीछे हटते हैं। एक सरकार का वजूद क्यों होता है? क्या यह मुख्य रूप से देश की विभिन्न संस्कृतियों, लोगों और दृष्टिकोणों के लघु-रूप के तौर पर देश का प्रतिनिधित्व करना है? या इसका अस्तित्व प्रशासन करने के लिए होता है?

ग्रीक दार्शनिक प्लूटो का स्पष्ट रूप से मानना था कि सरकार का प्राथमिक उद्देश्य समाज का दायित्व लेना और प्रशासन करना है। वास्तव में, लोकतंत्र को तो वे हिक़ारत से देखते थे। उनके अनुसार, सरकार का बेहतरीन रूप धर्मतंत्र—दिव्य शासन—था जिसे वे व्यावहारिक संदर्भ में असंभव मानते थे। प्लूटो की दूसरी प्राथमिकता कुलीनतंत्र थाः दार्शनिक-राजाओं, या जैसा कि वे उन्हें कहते थे, रजत पुरुषों का शासन। इनकी कल्पना उन पुरुषों के रूप में की गई थी जिन्हें सुनियोजित ढंग से उन लोगों से बेहतर बनने के लिए प्रशिक्षित किया जाता था जिनका वे नेतृत्व करते थे, ताकि वे अपने देश के आध्यात्मिक और भौतिक विकास का मार्गदर्शन कर सकें।

प्राचीन भारतीय भी मानते थे कि सरकार का प्राथमिक कार्य शासन करना है, देश के विभिन्न दृष्टिकोणों का प्रतिनिधित्व करना नहीं। लेकिन उनका विश्वास था कि राजाओं को पूर्ण शक्ति का उपयोग करने की अनुमति नहीं दी जानी चाहिए! इसीलिए प्राचीन भारत में राजगुरु और राजसभा होते थे ताकि शासकों पर किसी सीमा तक नियंत्रण रख सकें। मगर, ये नियंत्रण भी इस मंशा से नहीं बनाए गए थे कि राजाओं को 'प्रजा के दृष्टिकोणों का प्रतिनिधित्व' करने के लिए मजबूर किया जाए। उन्हें यह सुनिश्चित करने के लिए बनाया गया था कि राजा राजधर्म का पालन करे।

प्राचीन दुनिया में 'एक प्रकार के लोकतंत्र' भी थे जो शासकों के अतिरिक्त कुछ अन्य लोगों के दृष्टिकोण को स्थान प्रदान करते थे, उदाहरण के लिए भारत का मशहूर वज्जी संघ[1] या प्राचीन एथेंस की सरकारें। मगर इन उदाहरणों में भी

---

1 वज्जी संघ अनेक जनपदों, ग्रामों, और गोष्ठों से मिलकर बनता था। प्रत्येक खंड से महत्वपूर्ण लोगों को वज्जी गण परिषद में प्रतिनिधि के तौर पर शामिल किया जाता

तथाकथित 'प्रतिनिधित्व' आम लोगों का नहीं, बल्कि कुलीनों का था। प्राचीन एथेंस में, उदाहरण के लिए, ग़ुलामों और औरतों को मताधिकार नहीं था।

प्रजातंत्र का सुनहरा समय आधुनिक युग रहा है। आज के प्रजातंत्रों मे, सर्वव्यापी वयस्क मताधिकार सर्वव्यापी है। इसके अलावा, लगभग सभी मताधिकार प्रणालियां इस प्रकार बनाई गई हैं कि देश के सभी लोगों के विभिन्न दृष्टिकोणों पर प्रशासन को प्राथमिकता दी जाए। और चूंकि प्रशासन को प्राथमिकता दी जाती है, इसलिए लगभग सभी चुनाव प्रणालियां इस प्रकार बनाई जाती हैं कि उच्चतर वोटिंग पैटर्न देश के विधानमंडल या चयनित कार्यकारिणी में विषम ढंग से उच्चतर शेयर की ओर ले जाता है। क्यों? क्योंकि स्थायित्व प्रशासन की पूर्व शर्त है। अगर कोई ऐसी सरकार बनाने की कोशिश करे जिसमें हरेक दृष्टिकोण का प्रतिनिधित्व हो, तो वह अंतहीन जड़ता और अंततः अव्यवस्था की योजना बना रहा होगा।

इसलिए, यूएस में राष्ट्रपति के चुनावों के लिए निर्वाचक मंडल हैं, जिनमें मतों के बहुमत को बढ़ाकर एक बहुत बड़ा निर्वाचक मंडल बहुमत बना दिया जाता है (अमेरिकी राष्ट्रपति को तकनीकी रूप से निर्वाचक मंडल द्वारा चुना जाता है, सीधे जनता के द्वारा नहीं! जनता केवल निर्वाचक मंडल का चयन करती है)। इसके कारण, चार मामलों में, प्रत्यक्ष मत प्रतिशत में अल्पमत में होने के बावजूद राष्ट्रपति चुने गए। और उनमें से कुछ राष्ट्रपति तो सक्षम, बल्कि उल्लेखनीय भी सिद्ध हुए।

आनुपातिक मतदान में, जो हाल में भारतीय संस्थानिक बुद्धिजीवियों के बीच मनभावन रहा है, सामान्यतया एक कट-ऑफ़ निचला स्तर होता है जिसके

था। इन प्रतिनिधियों को गण मुख्य कहा जाता था। परिषद के प्रमुख को गणप्रमुख कहा जाता था लेकिन अक्सर उसे राजा कहकर संबोधित किया जाता था, हालांकि उसका पद न तो वंशानुगत था न राजवंशीय। यह, संभवतः विश्व के सबसे पुराने प्रजातंत्रों में से है! हालांकि यह सभी नागरिकों का प्रतिनिधित्व नहीं करता था।

नीचे किसी पार्टी को विधानमंडल में कोई सीट नहीं मिलती। मसलन, जर्मनी में, कट-ऑफ़ 5% हुआ करता था (जर्मनी में कुछ सीटों के लिए प्रत्यक्ष निर्वाचन प्रणाली है! एक कोर्ट ने आनुपातिक प्रतिनिधित्व में कुछ और बदलावों का निर्णय दिया था, लेकिन सरलता के हित में मैं अभी उसे नज़रअंदाज़ कर रहा हूं।) अगर हमने भारत में कट-ऑफ़ के साथ आनुपातिक मतदान प्रणाली अपनाई होती, तो सारी क्षेत्रीय पार्टियों और स्वतंत्र उम्मीदवारों को 2014 में कोई सीट नहीं मिलती, क्योंकि उनका राष्ट्रीय मतदान प्रतिशत 5% से कम था। लोकसभा में केवल भाजपा और कांग्रेस को सीट मिली होतीं। चुनाव परिणाम, कट-ऑफ़ के साथ आनुपातिक प्रतिनिधित्व के तहत, अगर बेहतर नहीं तो कमोबेश वही होता जो भाजपा/एनडीए का रहा है। मगर, क्षेत्रीय पार्टियां सिरे से मिट जातीं और उनकी सीटें कांग्रेस के खाते में चली जातीं।

कुल निष्कर्ष यह है कि हरेक चयन प्रणाली (चाहे वह अमेरिका का निर्वाचक मंडल, आनुपातिक प्रतिनिधित्व हो या हमारा अपना सबसे ज़्यादा वोट पाना) को जानबूझकर स्थायित्व और प्रशासन को प्रोत्साहन देने, और साथ ही यथोचित मात्रा में लोगों के दृष्टिकोण को प्रतिनिधित्व प्रदान करने के लिए बनाया गया है।

तो उन सभी लोगों के लिए जो शिकायत कर रहे थे कि 2014 के आम चुनावों में मत प्रतिशत में अल्पमत की बढ़त को विसंगत ढंग से संसदीय सीटों के बहुमत में बदल दिया गयाः हां, प्रणाली को इसी तरह से विकसित किया गया है। इसी तरीक़े से दुनिया भर की सभी निर्वाचन प्रणालियों को बनाया गया है। क्योंकि किसी भी निर्वाचन प्रणाली का उद्देश्य देश के हरेक व्यक्ति के दृष्टिकोण का लघु रूप बनाना नहीं होता। चुनाव का उद्देश्य ऐसी सरकार चुनना होता है जो शासन करने में सक्षम हो।

बेशक, मेरे दृष्टिकोण को किसी राजनीतिक संरचना के पक्ष या विपक्ष के तौर पर नहीं देखा जाना चाहिए। इसका उद्देश्य तो उन व्यक्तियों की चिंताओं

को संबोधित करना है जो किसी बड़े चुनाव के परिणाम को एक ख़ास संकुचित तरीक़े से देखते हैं और हमारी चुनाव प्रणाली पर ही सवालिया निशान लगाते हैं। मैं तो बस प्रणाली का बचाव कर रहा हूं, किसी राजनीतिक दल का नहीं। और उन लोगों से जो 2014 के चुनाव परिणामों से नाख़ुश हैं और उसे लगातार नकार रहे हैं, मैं कहूंगाः परिपक्व बनिए, जननिर्णय का सम्मान कीजिए। और अगर आपको चुनाव परिणाम पसंद नहीं आए थे, तो अगले चुनावों में वापस आएं और ज़्यादा सरगर्मी से चुनाव प्रचार करें। यही प्रजातंत्र का सार है।

एक और बिंदु

मेरे ख़्याल से यूके के हालिया ब्रेक्सिट परिणाम निश्चय ही उन लोगों के विचारों पर विराम लगा देंगे जो मई 2014 के चुनाव परिणामों की वैधता के ख़िलाफ़ आक्रामक हैं। प्रजातंत्र नेताओं के लिए बहाना नहीं बन सकता कि जटिल निर्णय लेने का दायित्व लोगों पर छोड़ दें और उन्हें भावात्मक और वैयक्तिक अनुभवों के आधार पर किसी एक विकल्प को चुनने के लिए विवश करें। प्रजातंत्र एक प्रणाली है जो आम लोगों को एक आवाज़, जिसे नज़रअंदाज़ नहीं किया जा सकता, और अपनी सरकार होने का अहसास देती है। लेकिन निर्णय तो सरकार द्वारा ही लिए जाने चाहिएं, जिन्हें अगले चुनावों में उसके कुल प्रदर्शन के आधार पर आंका जाएगा। जटिल निर्णयों को जनमत के ज़रिए लोगों के ऊपर नहीं छोड़ना चाहिए! जैसा क्लेमेंट एटली ने कहा था, जनमत 'तानाशाहों और भड़काऊ नेताओं का यंत्र' हैं। दिलचस्प यह है कि 2014 में चुनी गई भारत सरकार की वैधता पर, यह देखते हुए कि मतदाताओं के बहुमत ने सरकार को मत नहीं दिया था, सवाल उठाने वाले लोगों में से अनेक अब ब्रेक्सिट के परिणाम पर सवाल उठा रहे हैं बावजूद इसके कि यूके की जनता के बहुमत ने इसके पक्ष में मत दिया था। स्पष्ट रूप से, अनेक प्रजातंत्रों

के संस्थापकों ने ज़्यादातर निर्वाचन प्रणालियों को प्रशासन में सक्षम सरकार चुनने के मक़सद से संतुलनों के साथ बनाया था! और वे हमारे आज के दौर के संस्थापित बुद्धिजीवियों से कहीं ज़्यादा बुद्धिमान थे। एक बार फिर, मैं भारत की किसी भी राजनीतिक संरचना की तरफ़दारी या मुख़ालफ़त नहीं कर रहा हूं। मैं तो बस ऐसी प्रणाली की बुद्धिमता की सराहना कर रहा हूं जो प्रशासन में जनता को एक आवाज़ देती है, मगर स्थायित्व और प्रशासन की आवश्यकताओं के साथ इसे संतुलित करती है। जैसा हमारे राष्ट्रपति ने कहा था, प्रजातंत्र और भीड़तंत्र में फर्क होता है।

हिंदुस्तान टाइम्स, जून 2014 में सर्वप्रथम प्रकाशित

एक बार में एक चीज़

कॉरपोरेट जगत की अंधी दौड़ में मेहनती प्रतियोगी के अपने दिनों में मुझे एक कहावत बहुत पसंद थी। जहां भी मैंने काम किया, मेरे क्यूबिकिल दिनों से लेकर उस समय तक जब मैं एक बेहतर केबिन में गया, वह हर जगह प्रमुखता से सामने लगी रहती थी: 'ज़िंदगी छोटी है, और राह लंबी। शीघ्र चलें...'

वह कथन मुझे पसंद था। यह कैरियर के प्रति मेरे रवैये को, वास्तव में मेरी ज़िंदगी को दर्शाता था। कहना न होगा, मैं उम्मीद करता था कि मेरी टीम के सब लोग इस रवैये को शेयर करेंगे; मैं तो इसे अपने बॉस लोगों पर भी लागू करने की कोशिश करता था, गुस्ताख़ी देखें! मेरी सतत धुन थी: इस एक ज़िंदगी में हमारे पास बहुत कम वक़्त है। हमें उन सब चुनौतियों को स्वीकार करना चाहिए जो हमारे रास्ते में आती हैं; अपने दिन को जितना संभव हो सके, भर लें, उसे सार्थक बनाएं। *कार्पे दिएम!* दिन को हथिया लें! क्या ग़ज़ब का रवैया है, है न? आप पढ़ते वक़्त भी लगभग कल्पना कर सकते हैं जैसे कि कोई अमेरिकी प्रेरणादायी वक्ता आप पर ये शब्द चिल्ला रहा है।

पीछे देखता हूं तो हैरानी होती है कि मैं कितना अपरिपक्व और सीधा था। वास्तव में मैंने अपनी ज़िंदगी को अनर्थक उद्यमों, लक्ष्यों से भर दिया था जो

मेरी ज़िंदगी में कोई सार्थकता नहीं लाते थे और न ही मैं बदले में उनमें कोई सार्थकता ला पाता था। आज, मैंने उस ज्ञान को फिर से सीख लिया है जिसे मुझे बचपन में सिखाया गया था; जिसका सिरा मैंने जुझारू कॉरपोरेट योद्धा बनने के अपने प्रयासों के दौरान गुम कर दिया था। हम भारतीय हैं। हमारी सांस्कृतिक विरासत में अनेक जीवनों की अवधारणा है; तो क्या वाक़ई वक़्त की कमी जैसी कोई चीज़ हो सकती है? जब आपको अहसास होता है कि आपको सब चीज़ों का अनुभव इस एक जीवन में ही करने की ज़रूरत नहीं है, तो आप प्राथमिकताएं तय कर सकते हैं। अब मैं उससे कहीं ज़्यादा मेहनत कर रहा हूं जितनी अपने कॉरपोरेट अवतार में कर रहा था। लेकिन मैं यक़ीनन उस तरह से हर वक़्त थका हुआ नहीं रहता हूं जितना रहा करता था; क्योंकि मैं प्राथमिकताएं तय करता हूं। मैं केवल वही काम करता हूं जो समय के उस पल मुझे अहम जान पड़ते हैं। मैं उन कामों को नहीं लेता जिन्हें मैं नहीं करना चाहता, सिर्फ़ इसलिए कि अब मुझे स्वयं को कुछ साबित करने की ज़रूरत महसूस नहीं होती। उदाहरण के लिए, मैं पहले बेतहाशा पार्टियों में जाया करता था क्योंकि मैं संबंधों के तनाव को महसूस करता था। अब मैं केवल तभी सामाजिक उत्सवों में शरीक होता हूं जब मैं चाहता हूं। अतीत में, अगर मैं काम के बोझ से दबा होता था तो भी अतिरिक्त प्रोजेक्ट ले लेता था—यह हमेशा अनिवार्य सा लगता था। आज, अगर मेरे पास टाइम नहीं है, तो मैं सीधे मना कर देता हूं; क्योंकि मैं जानता हूं कि अवसर दोबारा आएंगे, इसी ज़िंदगी में या अगली में!

यह विचार कि हम अनेक जीवन जीते हैं, हमें बहुत ज़्यादा स्पष्टता प्रदान करता है! यह दबाव दूर कर देता है और हमें केंद्रीकृत और ज़मीन से जुड़े रहने में मदद करता है। तब हम उन चीज़ों पर फ़ोकस कर सकते हैं जो वाक़ई महत्व रखती हैं। तो मेरा फ़ोकस किस पर है? अपनी किताबें लिखने, हमारी संस्कृति/ दर्शनशास्त्रों के प्रचार, अपने परिवार के साथ वक़्त बिताने, यात्राएं करने, संगीत

सुनने और पढ़ने पर। बस। बाक़ी सभी चीज़ों पर केवल तभी ध्यान दिया जाता है जब मेरे पास ख़ाली समय होता है। याद रखें, बात जब महत्वहीन प्रोजेक्टों की आती है, तो आप आराम से कह सकते हैं, मैं इसे अपनी अगली ज़िंदगी के लिए छोड़ रहा हूं!

इंडिया टुडे, 2015 में सर्वप्रथम प्रकाशित

पैसे का युग

कल्पना करें कि आप इतिहास की सबसे ख़तरनाक सेनाओं में से किसी के गर्वोन्मत्त सैनिक, मध्ययुग के ख़ूंख़ार मंगोल/तुर्क योद्धा हैं। आपकी विजयी सेना ने चीन, अरब, यूरोप और भारत में मौत और तबाही मचा दी है। आप ख़ुद को बेहतरीन योद्धा के तौर पर देखते हैं। अब हम कल्पना करते हैं कि, विज्ञान के चमत्कार के ज़रिए, आप समय-चक्र को पार करके इक्कीसवीं सदी में आ जाते हैं। अब सामाजिक संरचना के संदर्भ में आपने जो देखा, उससे क्या हैरान रह जाएंगे? निश्चय ही!

आज की बेहतरीन जीवनशैली राज्य-प्रमुखों (सैनिक के युग के राजा के समकक्ष) या सेना-प्रमुखों तक के लिए उपलब्ध नहीं है। इसके बजाय यह कामयाब बिज़नेसमैन का विशेषाधिकार है। सेना के जनरल की आय किसी मल्टीनेशनल कॉरपोरेशन में मध्य स्तर के कर्मचारी से भी कम है। समय-चक्र पार करके आए सैनिक के युग के विपरीत जब अपने निम्नतर स्तर की ओर से बाख़बर व्यापारी अधीनस्थों की तरह राजाओं के पास जाते थे, आज बिज़नेसमैन वास्तव में अपने नेताओं के सामने मांगें रखता है। आज के युवा कंपनियों में जाने या कारोबार शुरू करने का प्रशिक्षण लेते हैं, मध्ययुग के

विपरीत जब प्रतिभाशाली नौजवान सेना में जाने की हसरत रखते थे। समय के पार आए सैनिक को यह हैरान कर सकता है, मगर हमें नहीं। क्यों?

क्योंकि हम पैसे के युग, या जैसा कि हमारे शास्त्र कहते हैं वैश्य युग में रहते हैं। इसका संबंध किसी जाति से नहीं, बल्कि जातिगत व्यवसाय से है। इस तरह से ब्राह्मण युग ज्ञान का युग है; क्षत्रिय युग योद्धा प्रतिभाओं और सैन्यवाद का युग है और शूद्र युग व्यक्तिवाद का युग है। काल के अनंत चक्र में ये युग बार-बार आते रहते हैं। क्षत्रिय युग में जो लोग युद्धकला और हिंसा में पारंगत थे, वही शक्तिशाली और सम्मानित थे; जो लोग कारोबार और व्यापार के ज़रिए धन-संपत्ति जमा करते हैं, वे वैश्य युग में शक्तिशाली और समृद्ध होंगे। महत्वपूर्ण रूप से, सामाजिक बदलाव लागू करने का सबसे सक्षम साधन उस युग का प्रमुख जातिगत व्यवसाय है जिसमें आप रहते हैं।

सैन्य युग (जिससे हम हाल ही में निकले हैं) और पैसे के युग (जिसमें हम वर्तमान में हैं) की मदद से मैं इसे समझाने की कोशिश करता हूं।

सैन्य युग में बदलाव की सबसे अहम मुद्रा हिंसा थी। धर्मों को हिंसा से बढ़ाया और फैलाया जाता था—उन अधिकांश धर्मों की रक्षा, जो आज की तारीख़ तक बचे रहे हैं, योग्य और प्रतिष्ठित योद्धाओं ने ही की थी, जैसे सलाउद्दीन और रिचर्ड द लॉयनहार्ट। लोगों के लिए अपना स्तर बढ़ाने का सबसे प्रभावशाली तरीक़ा सैन्य ताक़त के ज़रिए था; तो कोई हैरानी नहीं कि ज़्यादातर संस्कृतियों में सेना एक सम्मानित संगठन हुआ करती थी। आज हम देखते हैं कि जो राष्ट्र ज़रूरत से ज़्यादा हिंसक हैं, वे प्रगति नहीं कर रहे हैं, उदाहरण के लिए सोमालिया। मगर सैन्य युग में जो लोग हिंसा करने में माहिर थे वे दुनिया भर में विशिष्ट हो गए, उदाहरण के लिए, मंगोल/तुर्क क़बीले। सैन्य युग में धन या ज्ञान सत्ता पाने के सबसे ज़्यादा प्रभावशाली रास्ते नहीं थे। पैसा कमाने की कला या ज्ञानार्जन का वजूद था, मगर वे परिवर्तन की प्रबल मुद्रा नहीं थे। सफल लीडर वह नहीं था जो समृद्ध या शिक्षित लोगों के समूह से घिरा रहता

था (हालांकि उनके अपने लाभ थे), बल्कि वह होता था जिसके साथ सबसे ज़्यादा निर्भीक योद्धा रहते थे।

आज, हम पैसे के युग में, या वैश्यों के तौर-तरीक़ों में रहते हैं। परिवर्तन की सबसे ज़्यादा सक्षम मुद्रा पैसा है, हिंसा नहीं। कुछ लोग युग के नियमों को स्वीकार करते हैं और समृद्ध होते हैं; दूसरे नहीं मानते और दुख पाते हैं।

क्या भारत सैन्य युग से पैसे के युग में चला गया है? मेरे ख़्याल से तो हम उलझन में हैं। सैन्य युग को हम पीछे छोड़ चुके हैं, पिछली सदी के महानतम नेताओं में से एक महात्मा गांधी की बदौलत। हम भारतीयों ने अपने लिए एक भ्रमजाल बुना है कि हम हमेशा से अहिंसावादी रहे हैं। यह सच नहीं है। हमने भी अपने हिस्से के हिंसक दुस्साहस देखे हैं, उदाहरण के लिए, बर्बर पाल-चोल युद्ध। महात्मा गांधी के प्रभाव ने (हमारी प्राचीन दार्शनिक विरासत के अंशों पर निर्मित) नाटकीय रूप से अधिकांश भारतीयों में हिंसा के प्रति रुझान को कम कर दिया था, और इस तरह हमें क्षत्रिय युग से बाहर निकाला था।

लेकिन क्या हम पूरे मन से वैश्य युग में प्रवेश कर चुके हैं? ऐसा नहीं है। पैसे के साथ हमारा एक जटिल रिश्ता है। बहुत से लोगों, ख़ासकर हमारी वृद्ध पीढ़ी, का यह नज़रिया है कि धन भ्रष्टाचार को बढ़ाता है। हमारे मन में धन के प्रति ब्राह्मणवादी/क्षत्रियवादी घृणा है (हालांकि हमारे नौजवान इस रवैये से कम पीड़ित हैं)। यह उस ढर्रे में सामने आती है जिससे हम अपने जीवन को, अपने रिश्तों को चलाते हैं, यह हमारे धनाढ्य वर्ग की बेहूदा फ़िज़ूलख़र्ची तक में उजागर होती है, जो कि धन के साथ अस्वस्थ रिश्ते का लक्षण है।

क्या कभी पैसा भी समाज का अहित कर सकता है, और उसे नुकसान पहुंचा सकता है? यक़ीनन। मगर फिर, वह तो क्षत्रिय युग की हिंसा ने, ब्राह्मण युग के ज्ञान ने, या शूद्र युग के व्यक्तिवाद ने भी किया था। पैसा अपने आप में समस्या नहीं है, बल्कि उसके प्रति हमारा रवैया समस्या है।

सैन्य युग में जापान के समुराई की तरह के धार्मिक योद्धा होते थे, जो योद्धा संहिता (बुशिदो संहिता) के साथ लड़ते थे। उनका विश्वास था कि उनका एक मिशन है, जिसमें कमज़ोरों का संरक्षण निहित था। लेकिन अधार्मिक योद्धा भी थे, जो अपने कौशल का प्रयोग निर्दोषों और कमज़ोरों को यातना देने में करते थे। इसी तरह आज धार्मिक पैसा कमाने वाले और अधार्मिक पैसा कमाने वाले हैं।

पैसे के इस युग में आम भारतीयों को क्या करना चाहिए? सबसे पहले, हमें पैसे को लेकर अपना पाखंड छोड़ना और इस युग के नियमों को स्वीकार करना चाहिए। जो लोग उपदेश देते हैं कि धन भ्रष्ट करता है और पूंजीवाद बुरा है, वे उतने ही गैरज़िम्मेदार हो रहे हैं जितने कि वे लोग जो सैन्य युग में अंहिसा की बात करते थे। दूसरी बात, हमें अपने धार्मिक पैसा कमाने वालों का सम्मान करना चाहिए, जैसे सैन्य युग में समाज अपने महान योद्धाओं का करते थे। तीसरी बात, हमें स्वीकार करना होगा कि ज्ञान, हिंसा और व्यक्तिवाद हमारे युग में भी प्रासंगिक हैं, मगर परिवर्तन लाने के लिए धन के समान सामर्थ्य से उनका प्रयोग नहीं किया जा सकता। पाकिस्तान दूसरे सभी साधनों की अपेक्षा हिंसा के प्रयोग से अपने वैश्विक स्तर को बदलने की कोशिश कर रहा है, जबकि चीन ने प्रमुख रूप से धन को रूपांतरण के साधन के रूप में इस्तेमाल किया है। कौन सा देश ज़्यादा सफल है? क्या यह वाक़ई कोई सवाल हो सकता है? अंत में, हमें समझना होगा कि आज अगर ज्ञान का प्रयोग हो रहा है तो इसकी सफलता की संभावना तब कहीं ज़्यादा बढ़ जाती है जब इसे धन का सहारा हासिल होता है, उदाहरण के लिए, चिंतकों और बुद्धिजीवियों की अगर अच्छी मार्केटिंग न हो तो उन्हें कमोबेश नज़रअंदाज़ ही कर दिया जाता है।

और एक महत्वाकांक्षी पैसा कमाने वाले को क्या करना चाहिए? धार्मिक बनें और सही तरीक़े से पैसा कमाएं, बिना क़ानून तोड़े; समझदारी से ख़र्च

करें; अपने शौक़ों और ठसकपने की इच्छाओं पर नियंत्रण रखें; लोकोपकार में योगदान दें और शोषितों की मदद करें। यह आपके लिए पुण्य अर्जित करेगा और आपको ऐसी प्रसन्नता प्रदान करेगा जो पैसा नहीं ख़रीद सकता।

हम पैसे के युग में रहते हैं। हो सकता है आगे ज्ञान, सैन्य या व्यक्तिवाद युग आएं; यह संभवतः व्यक्तिवाद युग भी लग सकता है। मगर आज हमें अपने युग के नियमों को समझना होगा। डेंग ज़ियाओपिंग के शब्दों को थोड़ा सा तोड़ने-मरोड़ने के लिए माफ़ी मांगते हुए कहूंगा हमारे देश का प्रतीक वाक्य होना चाहिएः धन अर्जित करना भव्य है!

हिंदुस्तान टाइम्स, 2013 में सर्वप्रथम प्रकाशित

दान एवं सर्व-समावेश की प्राचीन भारतीय नीति

मुझे यहां दान और सर्व-समावेश विषय पर बोलने के लिए आमंत्रित किया गया है। शुरू करने से पहले, मैं आपसे पूछना चाहूंगा कि आपके विचार में सर्व-समावेश क्यों महत्वपूर्ण है। मुझे विश्वास है कि आज के दूसरे सत्रों में इस विषय पर चर्चा हो चुकी होगी, सही? तो आपको क्यों लगता है कि सर्व-समावेश महत्वपूर्ण है?

श्रोताओं के उत्तरः

समाज के सभी वर्ग एक साथ आते हैं।

यह अच्छा विचार है। और मैं आपसे सहमत हूं।

स्थिरता के लिए।

हां। यह हमारा प्रबुद्ध, स्वार्थमय हित है कि हमारे समाज में सर्व-समावेशिता हो। क्योंकि यह स्थिरता को सुनिश्चित करती है। अर्थव्यवस्थाओं को समृद्ध होने के लिए तेज़ी से विकास करना होता है, लेकिन, सामान्य रूप से, इसके साथ-साथ उनमें असमानता भी बढ़ती है। मैं आपको दक्षिण अमेरिकी देशों का उदाहरण देता हूं। आज यह कल्पना करना मुश्किल है, मगर कभी

दक्षिण अमेरिकी देशों को उसी तरह देखा जाता था जिस तरह आज दक्षिण कोरिया जैसे पूर्वी एशियाई देशों को देखा जाता है। अब दक्षिण कोरिया विकसित दुनिया का हिस्सा है! वास्तव में जल्दी ही यह यूरोप के ज़्यादातर देशों से ज़्यादा समृद्ध हो जाएगा। करीब पचास साल पहले, अर्जेंटीना और ब्राज़ील को भी इसी तरह देखा जाता था। आज अर्जेंटीना कहां है? यह, नैतिक आयामों के अलावा, असमानता की व्यावहारिक समस्याओं में से एक है। एक स्वीकार्य सीमा के परे असमानता विभाजनात्मक और टकराव भरी राजनीति की ओर ले जाती है। जैसा कि अर्जेंटीना जैसे अनेक दक्षिण अमेरिकी देशों में हो रहा है। यह स्वयं समाज को नष्ट कर सकती है, और अंततः उन लोगों को नुकसान पहुंचा सकती है जो आर्थिक रूप से समृद्ध हैं। इसलिए यह समृद्ध लोगों का भी प्रबुद्ध स्वार्थमय हित है कि समाज में बहुत ज़्यादा असमानता न हो।

मगर, कुछ असमानताएं तो सभी मानव समाजों में मान्य हैं। वास्तव में ख़ुद प्रकृति में भी हैं। यह जीवन की वास्तविकता है। कोई भी समाज कभी भी पूरी तरह से समान नहीं होता। मगर असमानता को भी व्यवस्थित करना होगा ताकि यह कभी भी बहुत ज़्यादा न हो। सबको सफलता पाने का समुचित मौक़ा मिलना चाहिए, इसके बाद यह उनके ऊपर है कि वे अपनी ज़िंदगी को क्या बनाते हैं।

तो, असमानता को व्यवस्थित करने का एक वर्तमान उदाहरण—बेहतर शब्द के अभाव में—वैस्टर्न पैराडाइम है। यह कैसे काम करता है? सरल शब्दों में कहें तो आप समृद्धों को अपराधबोध से भर देते हैं। यह इस उदाहरण का एक हिस्सा है। उदाहरण के लिए, यहां इस कक्ष में मौजूद आपमें से ज़्यादातर लोग भारत के समृद्ध लोगों में से होंगे और वैस्टर्न पैराडाइम की धारणा आपको अपराधबोध से भर देने की है! आपको दान करना चाहिए क्योंकि यह आपका कर्तव्य है, सफल होने के लिए लगभग आपका प्रायश्चित है। इस आदर्श का

दूसरा हिस्सा समृद्धों के लिए मध्यस्थ होना है। यह कोई एनजीओ या कोई और संस्था हो सकती है! अक्सर मल्टीनेशनल एनजीओ और संस्थाएं होती हैं। इस पैराडाइम के तीसरे चरण में इस दान को प्राप्त करने वाले आते हैं। इन प्राप्तकर्ताओं के लिए तार्किक संदेश यह होता है कि इस दान को प्राप्त करना उनका अधिकार है! कोई उन पर कुछ अहसान नहीं कर रहा है।

सर्व-समावेश के इस आधुनिक उदाहरण के अपने लाभ हैं। लेकिन इसके कुछ नुकसान भी हैं। अफ़्रीका जैसे स्थानों के कुछ एनजीओ की ही बहुत सारी दिलचस्प रिपोर्टें हैं, जहां अनेक प्राप्तकर्ता दान के लती हो गए हैं। वे दान पाने के आदी हो जाते हैं और उन्हें उद्यमी नागरिक बनने और ख़ुद को ग़रीबी से निकालने की ज़रूरत ही महसूस नहीं होती। और अगर दान रोक दिया जाए तो वे उत्तेजित और नाराज़ हो जाते हैं। इससे कभी-कभी सामाजिक अस्त-व्यस्तता भी फैल जाती है। दानकर्ता भी नैतिक चुनौती का सामना करते हैं। अक्सर, हमेशा तो नहीं लेकिन अक्सर, सार्वजनिक क्षेत्र में अपनी साख बनाने के लिए वे दान देते हैं। वे दान के ऐसे रूपों को चुनते हैं जो प्रचार योग्य हों, जिनसे उन्हें समुचित प्रभाव के साथ अपनी सार्वजनिक छवि बनाने में मदद मिल सके। दान करो और फ़ोटो अख़बार में छपवाओ। इसका एक नुकसान यह है कि दान प्रचार योग्य उद्देश्यों में ही किया जाता है, उनमें नहीं जिनके लिए समाज को वास्तव में जरूरत होती है।

तीसरा आयाम, बेशक, एनजीओ उद्योग है। अक्सर ये एनजीओ वास्तव में समाज के मददगार नहीं होते। खनन उद्योग को ही लें! मैं कंपनी का नाम नहीं लूंगा, मगर स्थानीय विरोधों के कारण एक भारतीय राज्य ने एक खनन कंपनी को खनन से रोक दिया। बाद में पता लगा कि एक एनजीओ विरोध की अगुआई कर रहा था जिसे निहित स्वार्थों के चलते एक अमेरिकी खनन कंपनी द्वारा पैसा दिया जा रहा था! यह दान की आड़ में व्यापारिक प्रतिद्वंद्विता है। यह दान का पश्चिमी उदाहरण है।

मैं एक और उदाहरण देना चाहूंगा, जिसे मैं दान का भारतीय उदाहरण कहूंगा! या ज़्यादा सही दान का प्राचीन भारतीय उदाहरण कहना होगा। भारत में दान के दो प्रमुख तरीक़े प्रचलित हैं जो प्राचीन दार्शनिक धारणाओं की याद दिलाते हैं: एक है प्राचीन भारतीय तरीका—हिंदू, बौद्ध, जैन और सिख तरीक़ा, और दूसरा है भारतीय इस्लामिक तरीक़ा।

प्राचीन भारतीय तरीक़े में, यह माना जाता है कि दान का प्राप्तकर्ता वास्तव में उस व्यक्ति पर उपकार कर रहा है जो दान दे रहा है। कैसे? यह कर्म के तर्क पर आधारित है। कर्म के तर्क के बारे में तो आप जानते ही हैं, है न? कि हम अपने कर्मों के बोझ को वहन करते हैं, कि हम जो भी अच्छे-बुरे कर्म करते हैं, वे हमारे इस जीवन या अगले जीवन पर प्रभाव डालते हैं। अगर आप जानना चाहते हैं कि आपके पिछले कर्म कैसे थे, तो अपने वर्तमान जीवन का निरीक्षण करें, क्योंकि यह आपके पिछले कर्मों का परिणाम है। और अगर आप जानना चाहते हैं कि आपका भविष्य कैसा होगा तो अपने आज के कर्मों का निरीक्षण करें। इस समय आप अपने भविष्य का निर्माण कर रहे हैं। तो, यह विश्वास कि आपके दान का प्राप्तकर्ता आपका कल्याण कर रहा है क्योंकि आपकी ख़ातिर वह अपने ख़ुद के कर्मों पर ऋण ले रहा है, जिसे उसे कभी न कभी चुकाना पड़ेगा, या तो इस जीवन में या फिर अगले जीवन में। और दानदाता अपने कर्मों के खाते को भी संतुलित कर रहा है! वह भी कोई ऋण चुका रहा है। तो, प्राचीन भारतीय तरीक़े में, *दानदाता* दान के कृत्य का असली हितभागी है।

भारतीय इस्लामिक तरीक़े में ज़कात की धारणा है। आपके बीच कोई भारतीय मुस्लिम है? आप लोग ज़कात की अवधारणा को जानते होंगे, है न? मेरे बोहरी मुस्लिम मित्रों ने मुझे इसके बारे में बताया था! उनकी आय का एक निश्चित प्रतिशत दान में दिया जाता है। आप इसे सीधे तौर पर दे सकते हैं या किसी संस्था के ज़रिए दे सकते हैं। और यह ख़ुदा के प्रति आपका फ़र्ज़ है! आप किसी पर कोई अहसान नहीं करते हैं।

अंग्रेज़ों के आने से पहले सदियों से भारतीय तरीक़ा देश में प्रचलित रहा है। पश्चिमी उदाहरण की तुलना में इसके क्या फ़ायदे हैं? दान के प्राप्तकर्ता पर, उस व्यक्ति पर जो इसे प्राप्त कर रहा है, इसके प्रभाव की कल्पना करें। मैं अपने परिवार से जुड़ी एक निजी घटना का उल्लेख करना चाहूंगा। मैं एक साधारण परिवार का हूं। मेरा परिवार मध्यवर्गीय था, और सत्तर के दशक का मध्यवर्गीय आज के मध्यवर्गीय से बहुत भिन्न होता था। सत्तर और अस्सी के दशकों में, तब जब मैं बड़ा हो रहा था, अगर आप अपने परिवार का पेट भर सकते थे और अपने बच्चों को स्कूल भेज सकते थे, तो आप मध्यवर्गीय होते थे। एक पीढ़ी पहले मेरे दादाजी बहुत सीमित साधनों वाले व्यक्ति थे। बहुत ही साधारण पृष्ठभूमि का होने के कारण उनके पास इतने पैसे नहीं थे कि अच्छी शिक्षा हासिल कर पाते। आपमें से कितने लोगों ने पंडित मदन मोहन मालवीय के बारे में सुना है? बहुत खूब, मुझे ख़ुशी हुई कि आपने सुना है।

वे बनारस हिंदू विश्वविद्यालय (बीएचयू) के संस्थापक थे। वे एक दानकार्य का संचालन करते थे जिसके ज़रिए वे सीमित साधनों वाले ज़हीन बच्चों की शिक्षा के लिए धन देते थे। इस दान से लाभ उठाने वाले बच्चों में से एक मेरे दादाजी थे। वे बहुत ग़रीब मगर बहुत ही ज़हीन थे और मदन मोहन मालवीय जी की दानशीलता के कारण वे ज़िंदगी में काफ़ी आगे बढ़े। वे अध्यापक हुए और काशी में पंडित भी बने। उनकी आठ संतान थीं! उन दिनों परिवार बहुत बड़े हुआ करते थे। तो आज, मेरे दादाजी के वंशजों में कम से कम सत्तर लोग हैं और हम सबके लिए, हमारी ज़िंदगियों, हमारे भविष्यों ने प्रभावशाली रूप में पंडित मालवीय जी की दानशीलता द्वारा ही आकार पाया। आपको क्या लगता है कि उस दान के प्रति हमारे परिवार का रवैया क्या होगा जिसे हमारे पूर्वज, काशी के एक ग़रीब बालक ने दशकों पहले प्राप्त किया था? क्या हम समझते हैं कि उस दान को पाना हमारा अधिकार था? निश्चय ही नहीं। इसका एकदम उलट है— पंडित मालवीय जी के उस कार्य ने जो सचेतन दायित्व उत्पन्न किया था, वह

आज तक मेरे विस्तृत परिवार के चरित्र में बसा हुआ है। हमने एक ऋण लिया था, कार्मिक ऋण, और उस कार्य को आगे बढ़ाकर उस ऋण को उतारना हमारा कर्तव्य है! वर्ना कार्मिक बोझ हमारी आत्माओं को दबाता रहेगा। मालवीयजी, जहां कहीं भी वे होंगे, शायद हमारे अस्तित्व से भी अनजान होंगे। और उन्होंने केवल मेरे दादाजी की ही ज़िंदगी नहीं बदली थी, बेशुमार लोग और थे। और उन्होंने बदले में हमसे कुछ नहीं चाहा। कल्पना करें कि इसका मेरे परिवार पर क्या प्रभाव पड़ा, या पड़ना चाहिए था। हम जानते हैं कि हमने अपनी कौटुंबिक आत्मा पर एक ऋण लिया है! हमें इसे आगे बढ़ाना होगा। हम इसे कैसे आगे बढ़ाते हैं? दान करके। जिसका मतलब है कि सबसे पहले हमें यह सुनिश्चित करना होगा कि हम इतना अर्जित करें कि दान करने लायक़ हो सकें। अगर दान पाने वाले सभी लोगों का यही रवैया होगा, तो ग़रीबी से बाहर निकलने में यह उन्हें मनोवैज्ञानिक बल प्रदान करेगा। अंततः, वह एकमात्र व्यक्ति जो ज़िंदगी में आपको ऊपर ले जा सकता है, वह ख़ुद आप हैं। जो लोग अपनी मदद ख़ुद नहीं करना चाहते, उनकी मदद कोई नहीं कर सकता, ईश्वर भी नहीं।

यह रवैये की दार्शनिक भिन्नता ही है, जब कोई प्राप्तकर्ता मानता है कि किसी से कोई दान प्राप्त करने से वह कर्म के नियमों के प्रति जवाबदेह हो गया है। दानकर्ता भी इस वैकल्पिक दर्शन से प्रभावित होता है। 'नेकी करने' के अहंकारी और आत्मतुष्टिकारी आनंद में डूबने के बजाय उसमें अपने कर्म के माध्यम से अपने कर्मों को शुद्ध करने का विनीत भाव पनपता है! कि जो व्यक्ति उसके दान को प्राप्त कर रहा है, उसने वास्तव में उस पर उपकार किया है। एक पल के लिए भी वह अपने दान-कार्य की प्रचारणीयता के बारे में नहीं सोच रहा होगा। बहुत संभावना है कि वह केवल चैक लिखकर ही नहीं रह जाएगा, बल्कि कुछ कहीं ज़्यादा क़ीमती चीज़, अपना समय और अपनी योग्यता देने का प्रस्ताव रखेगा, यह सुनिश्चित करने के लिए कि काम भली प्रकार हो जाए! कि इससे वाक़ई किसी की मदद हो, किसी की ज़िंदगी में सकारात्मक प्रभाव पैदा हो।

साथ ही, मध्यस्थों पर प्रभाव की कल्पना करें। प्राचीन भारतीय तरीक़ा स्थानीय के बारे में सोचना था। अगर काम को अंजाम देने वालों को स्थानीय, सांस्कृतिक और पर्यावरणीय विशिष्टताओं के बारे में कम या कुछ भी जानकारी नहीं है, तो इसका परिणाम मेहनत और धन की घोर बर्बादी हो सकता है। पारंपरिक भारत में, दान के अधिकांश वाहक मंदिर थे। यहां कितने पंजाबी हैं? अच्छा उत्तरी भारतीय दल है! पंजाब में आपके यहां लंगर की परंपरा है, सही? हर आनेवाले को गुरुद्वारे भोजन कराते हैं! यह शानदार दान है और सब सेवा करते हैं, अति साधारण से लेकर उच्च और शक्तिशाली तक। कुछ सदी पहले तक यह प्रथा भारत भर के सभी मंदिरों में प्रचलित थी। जिसे आज प्रसाद कहा जाता है, वह वस्तुतः ग़रीबों को भोजन करवाना था। जो भी आता था, उसे भोजन दिया जाता था। भारत के प्राचीन मंदिर शिक्षण संस्थाएं भी थे, जो स्थानीय भी थी। स्थानीय दक्षताओं में प्रशिक्षण प्रदान किया जाता था, और इसे स्थानीय प्रयोग में लाया जाता था। दुर्भाग्य से, अंग्रेज़ों के समय से (और यह नीति स्वतंत्रता के बाद भी जारी रही) भारत के ज़्यादातर मंदिरों का नियंत्रण सरकार ने अपने हाथ में ले लिया था। और हम सब जानते हैं कि जब सरकार किसी चीज़ को अपने हाथ में ले लेती है तब क्या होता है। तो जब मंदिरों का नियंत्रण इस तरह से ले लिया गया, जबकि निर्णयकर्ता दूर कहीं राजधानियों में बैठे थे, तो इन मंदिरों में होने वाले बहुत से कामों को करना बंद कर दिया गया। दानकर्ता और प्राप्तकर्ता दोनों का स्थानीय होना लाभकारी होता है। उन्हें असल में पता होता है कि उस क्षेत्र के लिए क्या कारगर है। वे अजनबी नहीं होते, जो 'मसीहाई ग्रंथि' के साथ वहां पहुंचते हैं! ऐसे लोग जिन्हें क़तई कोई जानकारी नहीं होती कि स्थानीय लोगों को क्या चाहिए या उनकी ज़रूरतें क्या हैं।

यह दान और सर्व-समावेशी का हमारा अपना मॉडल है। पश्चिमी मॉडल की तुलना में जिसे हमने वर्तमान में आयात किया हुआ है, हमारे देश में यह कहीं

बेहतर काम करेगा। अगर हम दान की अपनी अवधारणा पर कुछ विचार करें, तो हम *महाभारत* के ज्ञानी विदुर पर भी कुछ ध्यान दे सकते हैं। उन्होंने कहा था कि धन को बर्बाद करने के दो तरीक़े होते हैं। पहला है किसी अयोग्य को धन या दान देना। और दूसरा है किसी योग्य को धन या दान न देना। विदुर से सीखें! सुनिश्चित करें कि आप दान दें और सुनिश्चित करें कि आपके दान का सदुपयोग किया जाए। पारंपरिक भारतीय तौर-तरीक़ों में ज्ञान का भंडार है! आज हम इससे लाभ उठाना और बेहतर ज़िंदगी जीने का चुनाव कर सकते हैं।

फ्रैंकलिन टैंपल्टन कॉन्फ्रेंस ऑन इन्क्लूज़िव प्रॉस्पैरिटी, फ़रवरी 2016

धार्मिक उदारवादियों की आवाज़

प्रः अमीश, कल से मैंने जितने सत्र सुने हैं, यह वाक़ई उन सबमें सबसे अच्छा था। यह बहुत ही शानदार था। आपसे मेरा सवाल यह है, क्या आप श्री ऑरोबिंदो के अनुयायी हैं? आपने श्री ऑरोबिंदो को पढ़ा है?

उः मैंने श्री ऑरोबिंदो की कुछ कृतियों को पढ़ा है। अफ़सोस के साथ कहूंगा कि ऑरोविल में मैं उतना समय नहीं बिता पाया जितना बिताना चाहता था। खुशकिस्मती से, अब मैं बैंकर नहीं हूं, तो उन कामों को करने के लिए मुझे थोड़ा ज़्यादा वक़्त मिल पाएगा जो मुझे पसंद हैं। मैं ऑरोविल में कुछ समय रहना चाहता हूं। जल्दी ही किसी दिन मैं पॉन्डिचेरी (पुडुच्चेरी) जाऊंगा।

प्रः हां, आपने जो कहा, उस सबमें श्री ऑरोबिंदो की झलक दिखती है। इसलिए यह अच्छा था।

उः धन्यवाद, बहुत-बहुत धन्यवाद।

प्रः संगठित धर्म संगठित अपराध से बहुत भिन्न नहीं है। यह सच है या ग़लत?

उः मैं सहमत नहीं हूं। मैं हिंदू हूं और हमारा धर्म ज़्यादा विकेंद्रीकृत है और 'संगठित धर्म' की परिभाषा में फ़िट नहीं बैठता। मगर संगठित धर्म अपनी भूमिका निभाता है। बिंदु यह है, अनेक दर्शन स्वयं को समझाने के लिए

उन लोगों पर निर्भर करते हैं जो उन्हें संचालित करते हैं। संगठित धर्मों ने बहुत कल्याण भी किया है और अपना मत साबित करने के लिए मैं अनेक उदाहरण भी दे सकता हूं। बौद्ध मत जिस तरह गौतम बुद्ध और मूल संघ ने इसकी शिक्षा दी थी। जीज़स क्राइस्ट द्वारा बताया गया ईसाई मत। जीज़स ने ऐतिहासिक हिंसा और रोमन साम्राज्य द्वारा विजय के वक़्त में प्रेम का सीधा-सरल उपदेश दिया था। उन्होंने सुझाया था कि सामंतवादी युग में व्यक्ति अपना संप्रदाय चुन सकता है। यह प्रेरणास्पद और क्रांतिकारी था। संगठित धर्म बेशक कल्याणकारी बल हो सकता है। लेकिन बाक़ी दूसरी चीज़ों की ही तरह, कुछ बुरे लोग धर्म का दुरुपयोग भी कर सकते हैं। ऐसा हर जगह हुआ है—हमारे देश में भी। हम धार्मिक उदारवादियों के सामने यह दायित्व है कि ज़ोर से बोलें। अगर हम नहीं बोलेंगे तो हम धार्मिक चरमपंथियों और धर्मनिरपेक्ष चरमपंथियों, और मेरी निगाह में दोनों ही भ्रमित हैं, को अपने हाथ से मामला खींच ले जाने देंगे! हम उन्हें अपने कट्टरवाद से हमारे धर्मों का अपमान करने देंगे।

प्रः आप ऐसे विषय पर लिखते हैं जो देवताओं से जुड़ा होता है, तो क्या आपको कभी लोगों के ग़ुस्से का सामना करना पड़ा? देवताओं और पौराणिक पात्रों को लेकर लोग बहुत संवेदनशील हैं। क्या कभी किसी ने आपके पास आकर कहा कि देवताओं के विषय में इस तरह लिखने की आपकी हिम्मत कैसे हुई?

उः बिल्कुल नहीं। वास्तव में, मेरे जैसे लेखक के लिए भारत से बेहतर देश कोई नहीं है। मैं व्यंग्यात्मक या व्यावहारिक नहीं हो रहा हूं! जब मैं यह कहता हूं तो सच कह रहा होता हूं। हमारे अतीत को देखें। हज़ारों सालों में बिखरी अपनी पौराणिक कथाओं के आधुनिकीकरण और स्थानिकीकरण की हमारी समृद्ध परंपरा रही है। रामायण के ही अनेक संस्करण रहे हैं। आज उत्तर भारत में

सबसे ज़्यादा लोकप्रिय संस्करण *रामचरितमानस* है, जो वस्तुतः मूल वाल्मीकि रामायण का सोलहवीं सदी में हुआ आधुनिकीकरण है। वाल्मीकि रामायण में, उदाहरण के लिए, सीताजी कहीं ज़्यादा शक्तिशाली पात्र हैं। रामायण का एक और संस्करण है, *अद्भुत रामायण*, जिसमें सीताजी वरिष्ठ रावण का वध करती हैं। मैं स्पष्ट कर दूं कि उस संस्करण में दो रावण हैं। और मुख्य रावण वरिष्ठ है। झारखंड और छत्तीसगढ़ के जनजातीय क्षेत्रों की रामायण सीताजी की कल्पना एक योद्धा के रूप में करती है। तमिलनाडु की *कम्ब रामायण* हालांकि भगवान राम का एक देवता और महाकाव्य के नायक के रूप में सम्मान करती है, मगर यह रावण के गुणों को भी बखानती है। अब पुराणों की ओर ध्यान देते हैं। *शिव पुराण, विष्णु पुराण* और *ब्रह्म पुराण* की रचना से जुड़ी कहानियां समान रूप से आकर्षक हैं हालांकि बहुत भिन्न हैं। इतिहासकार बताते हैं कि *ब्रह्म पुराण* संभवतः दो-ढाई हज़ार साल पुराना है। मेरा मानना है कि यह साढ़े चार-पांच हज़ार साल पुराना है लेकिन फ़िलहाल इतिहासकारों का बिंदु ही मान लेते हैं। हो सकता है यह दो हज़ार साल पुराना ही हो! मगर *ब्रह्म पुराण* में कोणार्क के मंदिर का भी ज़िक्र आता है जिसका निर्माण हम सब जानते हैं कि आठ सौ साल पहले हुआ था। इससे क्या संकेत मिलता है? आज जिस *ब्रह्म पुराण* को हम पढ़ते हैं, उसे शायद आठ सौ साल पहले संपादित किया गया होगा। मैं यह बात रखने की कोशिश कर रहा हूं कि पौराणिक कथाओं के आधुनिकीकरण और स्थानिकीकरण की यह परंपरा एक निरंतर जारी प्रक्रिया है क्योंकि भारत में धार्मिकता और उदारवाद हमेशा साथ चले थे। पिछली कुछ सदियों में इस विरासत से हमारी कड़ी टूट गई है। मैं ऐसा कुछ नहीं कर रहा हूं जो कम भारतीय हो। ईश्वर की ओर जाने का अपना ख़ुद का मार्ग गढ़कर मैं तो वास्तव में अधिक भारतीय ही हो रहा हूं। इसीलिए कोई विवाद न होने से मुझे हैरानी नहीं होती। ईश्वर की कृपा से, मेरी किताबें अब कोई राज़ नहीं हैं। मैंने किसी क़िस्म का विरोध या ऐसा कुछ नहीं देखा।

प्रः आप बेहतरीन लेखक हैं, लेकिन क्या आप जानते हैं कि भारतीय घरों में आपने थोड़ी उथल-पुथल मचा दी है। बच्चे अपने माता-पिता के पास जाकर कहते हैं कि उन्होंने उन्हें शिव पार्वती की एक बिल्कुल ही भिन्न कहानी सुनाई थी और यहां यह आदमी है जो उन्हें एक ऐसी कहानी सुना रहा है जिस पर उन्हें विश्वास है। क्या आप भारतीय पौराणिक कथाओं को फिर से लिखने की योजना बना रहे हैं और शिव रचना त्रय महज़ एक शुरुआत है और अभी और आना बाक़ी हैं? क्या आप उन नई किताबों के बारे में बता सकते हैं जिनकी आप योजना बना रहे हैं? मेरा मतलब है ऐसा लगता है जैसे आप भारतीय पौराणिक कथाओं को फिर से लिख रहे हैं।

उः नहीं, मैं भारतीय पौराणिक कथाओं को फिर से लिखने जैसे बड़े काम का दावा नहीं करूंगा। मैं बस वह कर रहा हूं जो सहज रूप से मेरे मन में आता है। इस कहानी को लेकर भगवान शिव ने मुझ पर कृपा की है। और भी कई कहानियों की अनुकंपा हुई है जो शिव रचना त्रय से जुड़ी हैं। अगले दो-तीन दशकों में मैं उन सबको लिखूंगा। यह कहने के बाद, मैं इस बात पर भी बल देना चाहता हूं कि भारत में हमेशा से प्रश्न करने की एक समृद्ध परंपरा रही है। अपने हृदय में, अपने अधिकांश इतिहास में हम स्वतंत्रता-प्रेमी, आवेगपूर्ण, विद्रोही रहे हैं! सच कहूं तो थोड़े से धृष्ट भी। कुछ सदियों से हम अपनी संस्कृति के इस पक्ष को भले ही भूल गए हों, मगर आज, मेरा विश्वास है, हम इसकी पुनर्खोज कर रहे हैं। *भगवद्गीता* के अठारहवें अध्याय में भगवान कृष्ण हमें स्पष्ट संदेश देते हैं। गीता एक प्रतीकात्मक संदेश है। भगवान कृष्ण केवल अर्जुन से ही बात नहीं कर रहे हैं, वे हम सबसे बात कर रहे हैं। और वे कहते हैं, 'मैंने आपको गूढ़तम ज्ञान दिया है। अब आपका दायित्व है कि इस पर गहराई से मनन करें और वह करें जिसे आप उचित समझते हैं।' अनिवार्यतः वे हमसे अपने दिमाग़ का प्रयोग करने को कह रहे हैं, क्योंकि यह किसी उद्देश्य से ही हमें दिया गया है। हमें प्रश्न करना चाहिए! यह वास्तव में हमारा दायित्व है। तो अगर युवा लोग चीज़ों पर प्रश्न कर रहे हैं,तो

यह अच्छा ही है। बेहतर होगा कि यह विनम्रता से किया जाए। माता-पिता या अन्य किसी के साथ उलझने की ज़रूरत नहीं है लेकिन सवाल करने में कुछ ग़लत नहीं है। यह हमारी संस्कृति है, हमारा प्राचीन तरीक़ा है।

प्रः आपकी किताबों से भी ज़्यादा जिस बात से मैं वाक़ई हतप्रभ हूं, वह दरअसल आपकी याददाश्त है। आप सभी तरह के विभिन्न स्रोतों से उद्धृत करने में सक्षम हैं और मुझे हैरानी होती है कि ऐसा कैसे हो पाता है क्योंकि हम इतनी गतिशील दुनिया में जी रहे हैं कि अपने द्वारा भेजे गए पिछले संदेश का विषय तक भूल जाते हैं। हम कुछ याद नहीं रख पाते। तो आप क्या करते हैं? क्या आप याददाश्त के लिए कोई दवा लेते हैं? क्या आप बहुत पढ़ते हैं? मैं यह जानने के लिए बहुत उत्सुक हूं।

उः हां, मुझे पढ़ना पसंद है और मैं बहुत बादाम खाता हूं! मुझे बताया गया है कि ये याददाश्त के लिए अच्छे होते हैं। मगर वास्तव में, मैं बहुत पढ़ता हूं। साथ ही, मैं एक बहुत ही धार्मिक परिवार में बड़ा हुआ था। यह मेरा सौभाग्य था। मेरे दादाजी, पंडित बाबूलाल त्रिपाठी, बीएचयू में प्रोफ़ेसर थे। मेरे माता-पिता बहुत धार्मिक हैं और सहज-सरल तौर पर हमने अपने बहुत से धर्मग्रंथों को घर पर ही जाना था। साथ ही, हमें यह नहीं सिखाया गया कि कोई एक धर्म किसी दूसरे से बेहतर है या कि हमें प्रश्न नहीं करने चाहिएं। मेरे दादाजी कहा करते थे कि अगर तुम प्रश्न करोगे तो बातों को ज़्यादा गहराई से समझ पाओगे, तब वे तुम्हारे मन की गहराइयों में दर्ज हो जाएंगी। सवाल करने का अनिवार्य बिंदु समझना है। उदाहरण के लिए, स्वयं 'उपनिषद' शब्द का अर्थ है गुरु के चरणों में बैठना, और फिर सवाल पूछना। अगर आप किसी चीज़ को रटकर याद करेंगे तो उन्हें लंबे समय तक याद नहीं रख पाएंगे। लेकिन अगर आप समझ लेंगे, तो वे आपकी चेतना में दर्ज हो जाएंगी, और आप शायद ही कभी भूलेंगे।

प्रः *वायुपुत्रों की शपथ* में आप विष्णु और शिव, और अच्छाई और बुराई के विषय में बात करते हैं और अभी आपने यह भी कहा कि शिव हमारे आसपास ही वास करते हैं। मेरा एक सवाल है जो शायद ज़्यादा गूढ़ है। क्या शिव हमारे भीतर वास नहीं करते?

उः मेरे कहने का वास्तव में यही बिंदु था, सर। भगवान शिव हमारे भीतर वास करते हैं और यही अद्वैत की अवधारणा है। वास्तव में, यह एक ऐसी धारणा है जो सभी धर्मों में मौजूद है। पवित्र *बाइबिल* की *बुक ऑफ़ ल्यूक* में हमें स्पष्ट रूप से बताया जाता है, 'ईश्वर के राज्य को अपने भीतर देखो।' सभी धर्मों में, अद्वय की, एकता की यही अद्वैतिक अवधारणा यह संदेश देती है कि हर चीज़ में ईश्वर है! केवल हम इंसानों में ही नहीं, बल्कि प्रकृति की हर वस्तु मेंः पेड़ों में, समुद्र में, तारों में, नदियों में, सभी प्राणियों में... हर जगह।

प्रः मैं भी शिव भक्त हूं और मेरे बेटे का नाम शिव है मगर मैं आपसे यह पूछना चाहता हूं—आपको इतने सारे धर्मों की जानकारी प्रतीत होती है, मगर शिवजी सब वस्तुओं से और सबसे ऊपर प्रतीत होते हैं। उदाहरण के लिए, अगर कोई राम के बारे में चिलम पीना या कुछ और लिखता तो शायद लोग आपत्ति करते और बहुत हंगामा खड़ा हो जाता, मगर शिवजी इससे और बाक़ी सब बातों से भी बच निकलते लगते हैं क्योंकि वे एक तरह से सब चीज़ों से ऊपर हैं। आपका इस बारे में क्या कहना है?

उः पहली बात तो, हां, अपने पारंपरिक रूपों में भी भगवान शिव बहुत ही 'कूल' देवता हैं! इसमें कोई संदेह नहीं है। और मेरा तात्पर्य किसी भी देवता का अनादर करना नहीं है। मेरे एक युवा पाठक ने मुझे लिखा था कि भगवान शिव देवताओं के 'ड्यूड' हैं। वे वास्तव में विद्रोहियों के देवता हैं। मैं स्वभाव से थोड़ा सा विद्रोही हूं और मुझ जैसे लोगों के लिए वे बहुत ही आकर्षक देवता हैं। क्यों? वे बहुत ही लोकतांत्रिक हैं। वे अपने भक्तों को नीचा नहीं दिखाते। वे अपनी

पत्नी के प्रति सम्मानपूर्ण और स्नेहशील हैं। वे सम्मोहनकारी नर्तक, बेहतरीन संगीतकार, भयंकर योद्धा और ज्ञानी हैं! वे वेदों का स्रोत हैं और जैसा आपने कहा, हां, वे भांग भी पीते हैं। लिखने के लिए वे मस्तमौला देवता हैं। लेकिन मैं एक बात और कहना चाहूंगा! मुझसे अक्सर एक सवाल किया जाता है, 'क्या मैं मानता हूं कि भगवान शिव परमेश्वर हैं?' मैं हमेशा *ऋग्वेद* की इस ख़ूबसूरत पंक्ति का सहारा लेता हूं: *एकम् सत् विप्राः बहुधा वदन्ति*, सत्य एक ही है लेकिन ज्ञानी उसे अनेक रूपों में कहते हैं। ईश्वर अनेक रूपों में हमारे सामने आ सकता है। वह भगवान विष्णु के रूप में आ सकता है, वह शक्ति मां के रूप में आ सकता है, वह जीज़स क्राइस्ट के रूप में आ सकता है, वह अल्लाह के रूप में आ सकता है, वह गौतम बुद्ध के रूप में आ सकता है, वह महावीर के रूप में आ सकता है, वह गुरु नानक के रूप में आ सकता है। वह हमारे सामने इतने विभिन्न रूपों में इसलिए आता है क्योंकि हम भिन्न हैं। मेरे भीतर का विद्रोही भगवान शिव के प्रति आकर्षित था। अन्य लोग ईश्वर के किसी अन्य रूप को सराह सकते हैं क्योंकि हम सब भिन्न हैं। लेकिन वे सभी एक ही स्रोत का अंग हैं। कोई ईश्वर बड़ा या छोटा नहीं है। वास्तव में, ईश्वर सत्य है। मैं आपको एक और कहानी सुनाता हूं जिसे मैंने अजमेर शरीफ़ में सुना था। जब भी हम जयपुर में होते हैं और हमारे पास कुछ वक़्त होता है तो मेरी पत्नी और मैं अजमेर शरीफ़ ज़रूर जाते हैं। ऐसे ही एक दौरे पर हमारी मुलाक़ात एक मौलवी से हुई और उन्होंने मुझे शम्स और रूमी के जीवन की एक कहानी सुनाई। बज़ाहिर शम्स ने रूमी से कहा: एक दिन, अलस्सुबह एक आदमी की मृत्यु हो गई। उसकी आत्मा उसके शरीर के पिंजरे से आज़ाद हो गई और उड़ने लगी। वह ऊंची और ऊंची उड़ती गई, शहर से परे, पृथ्वी से परे, जल्दी ही वह सौर मंडल से भी परे चली गई। वह ऊंची ही उड़ती गई, आकाशगंगा से, ब्रह्मांड से, अनेकों विद्यमान ब्रह्मांडों से भी परे, जब तक कि वह प्रकाश के स्रोत तक नहीं पहुंच गई। उसने ईश्वर को पाया और कहा, 'हे प्रभु, बहुत, बहुत दूर एक छोटा, नन्हा, तुच्छ सा ग्रह है जिसे

पृथ्वी कहते हैं। क्या आपको इससे कोई फ़र्क़ पड़ता है कि वहां लोग किस धर्म का पालन करते हैं! ईश्वर के किस रूप की वे पूजा करते हैं?' ईश्वर ने उत्तर दिया, 'इससे मुझे कोई फ़र्क़ नहीं पड़ता! आपका हृदय जिस भी मार्ग को समझता हो, उसका पालन करें, वे सभी मुझ तक आते हैं।' कहानी ख़त्म करते हुए मौलवी की आंखें आंसुओं से लबरेज़ थीं। भारत की आध्यात्मिकता का यही सार है।

इंडिया टुडे कॉन्क्लेव, मार्च, 2013

उदारवाद का संरक्षक

वैश्विक उदारवादी अभिजात्य वर्ग के बीच देशभक्ति को एक बुरी प्रवृत्ति के रूप में पेश करने का एक दुर्भाग्यपूर्ण चलन है। अक्सर बीसवीं सदी के कुछ चरम राष्ट्रवादी समूहों जैसे नात्ज़ी, या इतालवी फ़ासीवादियों का उदाहरण देकर हमें देशभक्ति और देशभक्तों से सावधान करने की कोशिश की जाती है। बेशक, नात्ज़ी, इतालवी फ़ासीवादी और उनके जैसे लोगों की कड़ी निंदा की जानी चाहिए। लेकिन देशभक्ति को कलंकित करने के लिए बार-बार उनका इस्तेमाल करना वाक़ई दुर्भाग्यपूर्ण है। आप उन्हें क्या कहेंगे जो सभी मार्क्सवादियों को दोषी दिखाने के लिए बीसवीं सदी के निकृष्ट सामूहिक हत्यारों माओ और स्टालिन का उदाहरण देते हैं; या उन्हें जो तैमूर, अलाउद्दीन ख़िलजी और औरंगज़ेब जैसे सनकी जातीय-संहारकों की मिसाल देते हुए तर्क देते हैं कि पूरा इस्लाम ही कट्टरपंथी है? पूरी तरह से पूर्वाग्रह से ग्रस्त, सही है ना? तो देशभक्ति का मामला भिन्न क्यों है?

आप कह सकते हैं कि जब उदारवाद वैश्विक स्तर पर अपना वजूद खोता प्रतीत हो रहा है और राष्ट्रवादियों की विजय होती दिखाई दे रही है, तो देशभक्ति को लेकर उदारवादियों की शिकायतों पर क्यों ध्यान देना? क्योंकि वैश्विक सूचना प्रवाह, अत्यधिक प्रवासन और बहु-सांस्कृतिक आदान-प्रदान के इस युग में

उदारवाद की पहले से कहीं ज़्यादा ज़रूरत है। और अगर मैं यह कह सकता हूं तो आज के दौर में लोकतांत्रिक राष्ट्र-राज्य की अवधारणा उदारवाद की सबसे अच्छी रक्षक है। उदारवादियों को समझना चाहिए कि देशभक्ति के साथ-साथ राष्ट्र-राज्य का बचाव करना उनके अपने हित में है।

लोकतांत्रिक राष्ट्र-राज्य उदारवाद के लिए महत्वपूर्ण क्यों है?

एक सुदृढ़ संस्था द्वारा व्यवस्था क़ायम किए बिना वैयक्तिक अधिकारों को बरक़रार रखना बहुत अधिक मुश्किल होता है। जीवन के, सुरक्षा के, शिक्षा के, भोजन और स्वास्थ्य के बाल अधिकारों को ही लें। अगर परिवार की संस्था बिखर जाए तो कितना भी 'सामाजिक या सक्रियतावादी' हस्तक्षेप कभी उसकी पर्याप्त भरपाई नहीं कर पाएगा। बच्चों की सुरक्षा और उन्हें संबल देने वाले परिवार के अभाव में बाल अधिकार काग़ज़ी बनकर रह जाएंगे। रॉदरैम यौन शोषणों को याद करें। बीस साल से अधिक लंबे अरसे में इस ब्रिटिश शहर ने आमतौर पर पाकिस्तानी-ब्रिटिश आदमियों के गुटों द्वारा लगभग 1400 युवा, ज़्यादातर श्वेत, लड़कियों का व्यवस्थित रूप से बलात्कार करने, उन्हें जबरन ड्रग देने, वेश्यावृत्ति में धकेलने, और अनैच्छिक गर्भपात करवाने की घटनाएं देखीं। यह भयानक है। इतनी बड़ी संख्या में युवा, असुरक्षित लड़कियां। और इतने लंबे समय तक। माना जाता है कि स्थानीय पुलिस और ग़ैर सरकारी संगठनों के कार्यकर्ताओं के दायरे में बहुत से लोगों को इसकी जानकारी थी, मगर वे चुप रहे। बज़ाहिर, उन्हें नस्लवादी कहलाने या इस्लामोफ़ोबिया का आरोप लगने का डर था। मगर असल चौंकाने वाला तथ्य तो कहीं और था। इन बेचारी बच्चियों के परिवार क्या कर रहे थे? उन्होंने अपनी बच्चियों की सुरक्षा क्यों नहीं की? छोटे, असुरक्षित बच्चों की सुरक्षा की पहली ज़िम्मेदारी उनके माता-पिता की होती है। मगर दुर्भाग्य से आज के दौर में व्यक्तिवाद की अंधी दौड़ में पारिवारिक संरचना में टूटन आने लगी है। और परिणामस्वरूप बच्चों को घर-परिवार का भावनात्मक संरक्षण नहीं मिल पाता।

अधिकार शून्य में क़ायम नहीं रह सकते। उन्हें अपनी सुरक्षा के लिए सशक्त संस्थाओं की ज़रूरत होती है। और जिस तरह बच्चों को प्रतिबद्ध माता-पिता की ज़रूरत होती है, उसी तरह नागरिकों को भी अपने अधिकारों की सुरक्षा के लिए सशक्त राष्ट्र-राज्य की ज़रूरत होती है।

तर्क दिया जा सकता है कि सभी माता-पिता स्नेही और रक्षात्मक नहीं होते हैं। लेकिन अधिकांश माता-पिता तो होते हैं। और इसलिए हम इस बात पर सहमत होंगे कि एक मज़बूत परिवार बच्चे के लिए अच्छा होता है। इसी तरह तानाशाह राष्ट्र-राज्य होते हैं जो अपने नागरिकों का दमन करते हैं। लेकिन डेटा स्पष्ट रूप से दर्शाता है कि एक तानाशाह राज्य से कहीं ज़्यादा एक लोकतांत्रिक राष्ट्र-राज्य नागरिकों के व्यक्तिगत अधिकारों की रक्षा करता है। यह एक ऐसी संस्था है जिसके पास व्यक्तिगत अधिकारों की गारंटी देने के लिए ताक़त, साधन और मक़सद (नागरिकों के वोटों और लोकतांत्रिक विरोधों से प्रेरित) हैं, जो कि उदारवाद का आधार हैं। इतिहास में किसी भी दूसरी शासन-प्रणाली की तुलना में एक आधुनिक लोकतांत्रिक राष्ट्र-राज्य ऐसी राजनीतिक संस्था का बेहतरीन उदाहरण है जो आज के दौर में व्यक्तिगत मानवाधिकारों की सुरक्षा करने के लिए उपलब्ध है। जैसा कि विंस्टन चर्चिल ने सारगर्भित ढंग से कहा था, '...लोकतंत्र सबसे ख़राब शासन-प्रणाली है, उन दूसरी शासन-प्रणालियों के अलावा जिन्हें समय-समय पर आज़माया गया है।'

अगर एक लोकतांत्रिक राष्ट्र-राज्य, भले ही वह कितना भी दोषपूर्ण हो, उदारवाद और व्यक्तिगत अधिकारों का सर्वश्रेष्ठ रक्षक है, तो इसका निर्माण कैसे किया जाएगा? एक राष्ट्र-राज्य, ख़ासकर लोकतांत्रिक, सामाजिक अनुबंध पर निर्मित होता है; पर्याप्त संख्या में लोगों के इस सामूहिक विश्वास पर कि वे एक राष्ट्र हैं।

तो इस सामूहिक विश्वास को क्या चीज़ संभव बनाती है? एक सीधे-सादे शब्द में: देशभक्ति।

एक राष्ट्र-राज्य के लिए भावात्मक ऊर्जा प्रदान करके, देशभक्ति वैयक्तिक अधिकारों और उदारवाद के रक्षा का गारंटर भी बन जाता है।

देशभक्ति का निर्माण विभिन्न मॉडलों पर किया जा सकता है। यूरोपीय मॉडल नस्ल, भाषा और धर्म (ईसाई धर्म के विभिन्न रूप) पर निर्मित है। मिडिल-ईस्ट मॉडल अधिनायकवाद (राजशाही या सैन्य) और धर्म (सुन्नी या शिया इस्लाम: हालांकि यह मानना होगा कि इजिप्ट जैसे कुछ देश कुछ समय पहले तक धर्मनिरपेक्ष थे) के मिश्रण पर आधारित है। राष्ट्र-राज्य अपनी राष्ट्रीयता की बुनियादी संरचना में मूलभूत रूप से बहिष्कारवादी हैं। वे स्वयं को इससे परिभाषित करते हैं कि वे क्या **नहीं** हैं। और यह पहलू अधिकांश उदारवादियों के विचार में राष्ट्र-राज्य को उदारवाद का दुश्मन बना देता है। निस्संदेह, हाल के दशकों में अनेक यूरोपीय राज्य कहीं ज़्यादा समावेशी हो गए हैं। लेकिन नस्ल, भाषा और धर्म के संदर्भ में अपनी राष्ट्रीयता के आधार को हिलाने ने राष्ट्रीयता की उनकी अवधारणा को भी हिला दिया है। अनेक आधुनिक वैश्विक उदारवादी अभिजात लोग उत्तर-राष्ट्रवाद की दुनिया की बातें करते हैं। जॉन लेनन 'कल्पना' करते हैं कि एक दिन हम एक हो जाएंगे। ख़ूबसूरत है। लेकिन, फ़िलहाल, यह एक ऐसा सपना है जो निकट भविष्य में कहीं भी पूरा होता नहीं दिखता है। वह एक दिन दुखद रूप से बहुत दूर है। इस समय तो ऐसा लगता है कि उदारवाद और व्यक्तिगत अधिकार राष्ट्र-राज्य की गारंटी के बिना बचे नहीं रह सकते।

यहीं भारतीय मॉडल बहुत दिलचस्प मालूम देता है। संभवतः चीन और जापान को छोड़कर, भारत दुनिया के उन कुछेक देशों में से है जो एक सभ्यतागत राज्य होने का दावा कर सकते हैं। यह बुनियादी तौर पर एक भिन्न मॉडल है: प्राचीन सभ्यतागत शैली में एक सामूहिक विश्वास जिसके द्वारा हम भारत की कल्पना कर सकते हैं। संस्कृति से दूर कुछ भारतीय शायद यह विश्वास कर सकते हैं कि भारत को अंग्रेज़ों ने बनाया था, उससे पहले हम एक राष्ट्र के रूप में मौजूद

नहीं थे। यह राष्ट्र-निर्माण की अधूरी समझ है। हमारा राष्ट्रवाद यूरोपीय या मध्य-पूर्वी बहिष्कारवादी शैली का नहीं है; और यह इस आधुनिक, बहुसांस्कृतिक दुनिया में हमारे मॉडल को मज़बूती प्रदान करता है। हमारा राष्ट्र एक भाषा से नहीं जाना जाता। यह एक धर्म से नहीं जाना जाता। यह एक नस्ल से नहीं जाना जाता। यह एक ऐसी सभ्यता से जाना जाता है जिसमें अनेक भाषाएं, धर्म और नस्लें सदियों से, और कुछ तो हज़ारों साल से, इस महान भूमि के साथ जुड़ाव और गहरा प्रेम विकसित करते हुए एक साथ रह रही हैं। हम इससे नहीं जाने जाते कि हम क्या **नहीं** हैं। हम उससे जाने जाते हैं जो हम हैं: एक महान सभ्यता के वारिस जो हमारी मां के समान है।

यही हमें, नसीम निकोलस तालेब के शब्दों में कहें तो, एक 'एंटी-फ्रेजाइल' राष्ट्र बनाता है। हम बहुत आसानी से आज के दौर में हो रहे परिवर्तनों की तेज़ गति के अनुकूल ढल सकते हैं, मगर फिर भी अपनी मूल प्रवृत्ति को बनाए रख सकते हैं। हमारी देशभक्ति बहिष्कारवादी नहीं है। और अपने राष्ट्र में हमारा विश्वास प्राचीन है। हज़ारों साल पुराने *विष्णु पुराण* ने बहुत सुंदरता से इसे कहा है: 'उत्तरम् यत् समुद्रस्य हिमाद्रेश्चैव दक्षिणम्। वर्षम् तद् भारतम् नाम भारती यत्र संततिः।' समुद्रे के उत्तर में, और हिमालय के दक्षिण में, भारत नाम का सुंदर राष्ट्र है, और वहां भरत के वंशज रहते हैं।

न केवल अपनी राष्ट्रीयता में हमारा विश्वास प्राचीन है, बल्कि यह बहुत अधिक उदार और समावेशी भी है। भारत ने पूरे विश्व से आए शरणार्थियों को अपनाया है। प्राचीन काल में इसने अरब हमलों से बचकर भागे पारसियों, और रोम के दमन से भागे यहूदियों को पनाह दी थी। आज भी हिंदू श्रद्धालु अजमेर शरीफ़ जाते हैं और मुस्लिम वेंकटेश्वर मंदिर में पूजा करते हैं।

हम सख़्तजान हैं। दूसरी कई प्राचीन संस्कृतियों के विपरीत जो पिछले 1500 साल में मिट गईं, हमने क्रूर हमलावरों से मोर्चा लिया और हठपूर्वक अपना अस्तित्व बनाए रखा। हम अथाह रूप से सफल भी रहे। जैसा कि ब्रिटिश

अर्थशास्त्री एंगस मैडिसन ने कहा था, पिछली बीस सदियों में से पंद्रह में भारत की जीडीपी दुनिया में सबसे अधिक रही थी। भारत में समूची शेष प्राचीन दुनिया से कहीं ज़्यादा हस्तलिखित पांडुलिपियां हैं—तीस लाख; यह प्राचीन भारतीयों के विशाल ज्ञान उत्पादन का संकेत है।

गर्व से लैस, विद्रोही अभिनव भावना से सशक्त, और देशभक्ति की भावना से लबरेज़, भारत राष्ट्रों के समुदाय में एक बार फिर अपना उचित स्थान हासिल कर सकता है। और जब हमारी मातृभूमि समृद्ध होगी, तो हम भी समृद्ध होंगे। अगर हम ख़ुद को सकारात्मक देशभक्ति से भर सकें, तो हम ऐसा समाज पाएंगे जो उदार, शक्तिशाली और समावेशी होगा।

अपनी प्राचीन मातृभूमि के प्रति देशभक्ति की भावना रखना न केवल भावुकता भरा है, बल्कि ऐसा करना समझदारी का काम भी है। ऐसा नहीं कि तब बस मेरा सीना ही गर्व से चौड़ा हो जाता है, बल्कि मेरा मन भी स्थिर हो जाता है जब मैं ये सुंदर शब्द कहता हूं: भारत माता की जय!

इंडिया टुडे, अगस्त 2019 में सर्वप्रथम भारत के स्वतंत्रता दिवस समारोह के अवसर पर प्रकाशित

आधुनिकीकरण का विश्लेषण

आज देश में नई पीढ़ी के अनेक युवा आधुनिक दौर के उन मसलों का हल अपनी संस्कृति के बाहर तलाश रहे हैं जिनसे वे रोज़ाना जूझते हैं। कुछ विशेष रूप से पश्चिम की ओर देखते हैं। लेकिन अगर मैं आपसे कहूं कि सामंजस्यपूर्ण आधुनिक जीवनशैली के बारे में जानने के लिए आपको कहीं दूर खोजने की ज़रूरत नहीं है तो? अगर मैं आपसे कहूं कि आपके बेहद उदारवादी आदर्श जिन्होंने अपने समय से बहुत आगे का सोचा था, हमारे बहुत पास रहते हैं तो? जी हां, आधुनिक आदर्श और अत्यंत 'भविष्यवादी' जीवनशैली हमारे अपने अतीत में दफ़्न है। प्राचीन भारतीय पौराणिक आख्यान और धर्मशास्त्र उन अवधारणाओं को प्रमोट करते हैं जो आधुनिक समाज की अनेक आवश्यकताओं के अनुरूप हैं। हम कुछ उदाहरणों को लेते हैं और देखते हैं कि भविष्यवादी सामाजिक संरचना के निर्माण के लिए हम कैसे अपनी परंपराओं से सीख सकते हैं।

अभिव्यक्ति की स्वतंत्रता

प्राचीन भारत की भाषा वैदिक संस्कृत में अंग्रेज़ी के 'ब्लासफ़ेमी (ईशनिंदा)' के लिए कोई शब्द नहीं है। इससे स्पष्ट होता है कि तब ईश्वर के, पवित्र चीज़ों

और धार्मिक रीति-रिवाजों के बारे में अपने विचार व्यक्त करने पर रोक नहीं थी। यही *नाट्य शास्त्र* में वर्णित एक घटना से स्पष्ट होता है, जो कि प्राचीन भारत में नाट्य कलाओं पर लिखा गया 2000 वर्ष से अधिक पुराना ग्रंथ है। इस ग्रंथ में इतिहास के सबसे पहले मंचित नाटक का वर्णन किया गया है, जो कि, प्रत्यक्षतः, दर्शकों में मौजूद कुछ दिव्य व्यक्तियों के प्रति अपमानजनक था। वे उत्तेजित हो गए और प्रदर्शन को रुकवा देना चाहते थे। लेकिन भगवान ब्रह्म ने उन्हें ऐसा करने से रोका। उन्होंने उन दिव्य व्यक्तियों से कहा कि मंच की सीमा के भीतर जो भी होता है वह पवित्र है और कलाकार जो कहना चाहते हैं, उन्हें उसकी छूट है। अभिव्यक्ति की स्वतंत्रता का उत्कृष्ट रूप।

महिला-अधिकार

हमारा एक प्राचीन ग्रंथ स्पष्ट रूप से कहता है कि जहां स्त्रियों का सम्मान नहीं होता, देवता उस स्थान को त्याग देते हैं। *ऋग्वेद* वैदिक काल में ऋषिकाओं की मौजूदगी को दर्शाता है। थोड़ा सा संदर्भ देने के लिए बताऊंगा कि वैदिक काल में ऋषियों का बहुत सम्मान किया जाता था और उन्हें समाज में सर्वोच्च स्थान प्राप्त था। कुछ मायनों में वे अब्राहमिक मतों के पैग़ंबरों और मसीहाओं के समतुल्य थे। यह स्पष्ट रूप से दर्शाता है कि वह कितना विकसित समाज रहा होगा जहां स्त्रियों का सम्मान किया जाता था और उन्हें श्रद्धा का सर्वोच्च स्थान प्राप्त था। इसके अलावा, हमारे प्राचीन धर्मग्रंथों में आए कुछ ऋषिकाओं के नामों का अगर मोटा-मोटा अनुवाद किया जाए तो उनका अर्थ होता है 'स्वतंत्र,' 'शुभ,' 'असीम,' 'साहसी,' और 'विदुषी'; इससे स्पष्ट होता है कि वे एक समान सामाजिक तंत्र में रहती थीं। आधुनिक भारत में इस संस्कृति को फिर से जीवित करना होगा। यहां महत्वपूर्ण शब्द 'समान' है; पुरुषवादी या नारीवादी नहीं, बल्कि समान। क्योंकि समानता सकारात्मक नारीवाद का मूल आधार है;

जिस समाज में स्त्री-पुरुष दोनों के साथ समकक्षों की तरह व्यवहार किया जाएगा, केवल वहीं सब लोग शांतिपूर्वक समृद्धि की दिशा में आगे बढ़ सकते हैं।

जाति प्रथा

प्राचीन भारत में श्रेष्ठता-क्रम जन्म पर नहीं, बल्कि कर्म पर आधारित था; जो सुनिश्चित करता था कि लोग अपनी योग्यता के आधार पर प्रगति करें। उदाहरण के लिए, महर्षि वाल्मीकि जन्म से ब्राह्मण नहीं थे, मगर फिर भी उन्होंने समाज में सर्वोच्च ऋषि पद पाया। इसी तरह, महर्षि सत्यकाम जाबालि एक अविवाहित शूद्र स्त्री के पुत्र थे। मगर उनकी बौद्धिक उत्कृष्टता ने सुनिश्चित किया कि वे भगवान राम के राज्य में सर्वोच्च सम्मान पाएं और ऋषि बनें।

आज जेनेटिक रिसर्च के क्षेत्र में हो रहे टैक्नोलॉजिकल विकासों ने यह साबित करना संभव कर दिया है कि प्राचीन भारत में जन्म-आधारित जाति प्रथा नहीं थी। आधुनिक जेनेटिक रिसर्च ने दिखाया है कि प्राचीन भारत में विभिन्न जेनेटिक समूहों के बीच मेलजोल (यानी अंतरजातीय विवाह से जन्मी संतान) बहुत आम था। और विभिन्न जेनेटिक समूहों के बीच यह मेलजोल 1500 से 2000 साल पहले कहीं रुका था। दिलचस्प तौर पर यह उस काल से भी मेल खाता है जब से डॉ. अंबेडकर ने माना था कि जाति व्यवस्था कठोर और जन्म-आधारित हो गई थी। तो यह बहुत साफ़ दिखाई देता है कि प्राचीन भारत जातिवादी नहीं था। आज हमारे सामने जो व्यवस्था है, जिसमें पदानुक्रम जन्म से निर्धारित होता है, वह हमारी प्राचीन शैली का भ्रष्ट रूप है।

समलैंगिक अधिकार

विभिन्न हिंदू ग्रंथ और धर्मग्रंथ समलैंगिकता का उल्लेख करते हैं और इस हद तक यौन-भिन्नताओं की सापेक्ष स्वीकृति को दर्शाते हैं कि यह कोई समस्या नहीं

दिखती। उदाहरण के लिए, राजा भंगस्वाना ने अपना लिंग-परिवर्तन किया और स्त्री बन गए, अपनी पसंद पर कोई रोक लगाए बिना, और उन्होंने अनेक संतानों को जन्म दिया। इसी तरह चंद्रवंश के संस्थापक इला एक कन्या के रूप में जन्मे थे, मगर बाद में पुरुष बन गए, जिनका नाम इल हुआ। वास्तव में प्राचीन भारत के अनेक नामों में से एक नाम इला के सम्मान में इलावृत भी है।

यहां तक कि स्मृतियां—विभिन्न कालखंडों में लिखी गई अनेक नियम-संहिताएं—भी होमोसैक्सुअलिटी को लेकर काफ़ी उदार हैं।

ये सभी उदाहरण दर्शाते हैं कि भविष्य के अनेक जवाब हमारे अतीत में, हमारे प्राचीन ग्रंथों में निहित हैं। भारतीय पौराणिक और प्राचीन ग्रंथ वास्तव में उदारवाद के सिद्धांत में सहायक ही हैं। उदार होने और दिमाग़ खुला रखने से हम कम भारतीय नहीं हो जाएंगे; वास्तव में हम और अधिक भारतीय ही होंगे। हम, वस्तुतः, अपने महान पूर्वजों का सम्मान करेंगे।

बज़फ़ीड न्यूज़, मई 2017 में सर्वप्रथम प्रकाशित

भारतीय विद्यालयों में भगवद्गीता का शिक्षण

सेमेटिक धर्मों—यहूदी, ईसाई और इस्लाम—ने कुछ सहस्राब्दी पहले एक ईर्ष्यालु ईश्वर के उद्भव के साथ महान अलगाव पैदा किया था; यह ईश्वर दूसरे सभी ईश्वरों के प्रति ईर्ष्या रखता था, बावजूद इसके कि उसने ईर्ष्या को सात घातक पापों में से एक कहा था। पैग़ंबर आइज़ेया के दृष्टिकोण में आस्थावानों की आनंदमयी पुकार है: 'यहोवा वह अन्य है! अन्य! अन्य!' कैरेन आर्मस्ट्रॉन्ग इस 'अन्यता' को मूल अलगाव कहते हैं।

ये नए धर्म आस्था और एक ईश्वर पर केंद्रित थे। इनसे पहले जो आध्यात्मिक मार्ग थे वे ज्ञान की खोज करने; जीवन और जीने के अर्थ को समझने पर केंद्रित थे। इन मार्गों ने दार्शनिक ज्ञान को कहानियों, मूर्तियों और अनुष्ठानों जैसे प्रतीकात्मक, सहज बोधयुक्त साधनों के साथ जोड़ा था। आत्मविश्वास के साथ ज्ञान की खोज करते और आपस में संबंध रखते हुए ये दुनिया भर में फैले हुए थे। अनेक मार्गों (जैसे प्रकृति-पूजा, देवी-पूजा, नास्तिकता आदि) के लिए उदारतापूर्ण स्थान छोड़ते हुए ओलिंपस के देवी-देवता, और इजिप्ट के रहस्यमय संप्रदाय कोने-कोने से विद्वानों को आकर्षित करते थे, उसी तरह से सिंधु और गंगा के तटों पर स्थित गुरुकुल और ऋषि-मुनि भी लोगों को आकर्षित करते थे।

भारतीय मार्ग ज्ञान, कर्म और भक्ति का विकल्प-आधारित मैट्रिक्स था।

दुर्भाग्य से, आधुनिक भारतीय शिक्षा ने विद्यार्थियों को जिज्ञासु बनाने के बजाय उनके दिमाग़ में शिक्षा ठूंसी है; भारत की प्राचीनता और संस्कृति के बारे में औपनिवेशिक व्याख्या उनके दिमाग़ में भर दी है। मैकाले ने अपने *मिनट ऑन एजुकेशन* में 'ब्राउन साहबों' की कल्पना की थी और 1835 में लॉर्ड बैंटिंक के काल में इंग्लिश एजुकेशन एक्ट पास हो गया था। इसने व्यवस्थित रूप से 'अनुपयोगी' संस्कृत और फ़ारसी को हमारी पाठशालाओं, गुरुकुलों और मदरसों से हटा दिया, और उनकी जगह 'उपयोगी शिक्षा' ले आया। धर्म पाल अपनी द *ब्यूटीफ़ुल ट्री* (उनकी कृति हमारी शिक्षा प्रणाली पर अठारहवीं शताब्दी के ब्रिटिश रिकॉर्डों पर आधारित है) में लिखते हैं कि हमारी प्राचीन प्रणाली को अंग्रेज़ों ने नष्ट कर दिया था। बौद्धयान, पिंगल, आर्यभट्ट और भास्कराचार्य को त्यागकर हम यूक्लिड और पायथागोरस को पढ़ने लगे। हम यूरोप की चार ऋतुओं के बारे में जानने लगे और अपनी छह ऋतुओं, वसंत, ग्रीष्म, वर्षा, शरद, हेमंत, शीत को दरकिनार कर दिया।

अपनी जड़ों को नकारने का काम आज़ादी के बाद भी जारी रहा। हमें व्यापक रूप से अपने तुर्क/मंगोल/ब्रिटिश हमलावरों का इतिहास पढ़ाया गया जबकि शिवाजी, राजेंद्र चोल, कृष्णदेव राय, रंजीत सिंह, और ललितादित्य जैसी अनेक शख़्सियतों को छोटे-मोटे पैराग्राफ़ों में समेट दिया गया। अंग्रेज़ीदां अभिजात्य वर्ग को शेक्सपीयर, वर्ड्सवर्थ और होमर पढ़ाया जाता था, जबकि कालिदास, तिरुवल्लुवर, मिर्ज़ा ग़ालिब और सबसे दुखद रूप से व्यास और वाल्मीकि जैसे ऋषियों को नज़रअंदाज़ कर दिया जाता था।

इस रोशनी में, क्या गीता को स्कूलों में पढ़ाया जाना चाहिए?

ऑक्सफ़ोर्ड और कैंब्रिज ने अपने ज़्यादातर काल में मुख्य रूप से धार्मिक शिक्षा ही प्रदान की थी। और अनेक अमेरिकी विश्वविद्यालयों ने भी अपनी स्थापना के बाद यही किया था। केवल अपेक्षाकृत रूप से हाल के अतीत में

धर्मशास्त्र से अलग विषय लाए गए; उसके साथ, उसकी जगह नहीं। ग्रीस होमर और हेसियोड की कृतियां पढ़ाता है। न्यूज़ीलैंड और ऑस्ट्रेलिया गर्वमिश्रित स्वीकृति के साथ मूल जनजातीय कहानियों और प्रतीकात्मकता को पढ़ाते हैं। इजिप्ट ने अपने नागरिकों के लिए प्राचीन इजिप्ट की रहस्यवादी प्रतीकात्मकता और अवधारणाओं को मुहैया करवाया है।

तो भारत में क्यों नहीं?

गीता महाभारत का एक खंड है। और *महाभारत* और *रामायण* हमारे देश के दो आधारभूत महाकाव्य हैं; वह देश जो धर्म की भूमि है और जो हिंदुत्व, बौद्ध, जैन, सिख और भारतीय इस्लाम और भारतीय ईसाई जैसे भारतीय धर्मों की भूमि है। पश्चिमी और मध्य-पूर्व की अपेक्षा धर्म के प्रति अपने रवैये में मूलतः ये सहज रूप से कहीं अधिक उदार हैं। हाल में हुए प्यू धार्मिक सर्वेक्षण ने अपेक्षित रूप से दर्शाया कि भारतीय मुसलमानों और ईसाइयों का विशिष्ट रूप से एक बड़ा भाग धर्म और कर्म में विश्वास करता है, जो कि *गीता* के दो मूलभूत सिद्धांत हैं।

यह जानकर बहुत लोगों को हैरानी होगी कि अठारहवीं शताब्दी के अंत तक भी (कुछ अपवादों के साथ) *रामायण* और *गीता* न केवल गुरुकुलों और पाठशालाओं में, बल्कि मदरसों में भी पढ़ाई जाती थीं।

एक दिलचस्प तथ्य: 1950 में भारतीय संविधान की मूल प्रतियों को नंदलाल बसु की कला से सजाया गया था, जिसमें दो जनप्रिय भारतीय महाकाव्यों के चित्र दर्शाए गए थे। जी हां, *रामायण* और *महाभारत* के। क्यों? पंद्रह महिलाओं और 284 पुरुषों की हमारी संवैधानिक सभा इस बारे में एकदम स्पष्ट थी कि भारत का जन्म 1947 में नहीं हुआ था, बल्कि यह एक निरंतर जारी सभ्यतागत गणतंत्र है। ये कहानियां हमारी जड़ें हैं। और अपनी जड़ों से जुड़ाव विकास के लिए महत्वपूर्ण है। *और,* यह जुड़ाव *अपनी* जड़ों के साथ ही होना चाहिए। विदेशी जड़ों के साथ नहीं। दुर्भाग्य से, *भगवद्गीता* को 1950 के स्कूल पाठ्यक्रम में शामिल नहीं किया गया।

बहुत से स्कूल नैतिक शिक्षा पढ़ाते हैं, जो बाइबिल और नैतिकता की पश्चिमी अवधारणाओं से ली गई है। हम इस फ़लक को विस्तार दें और अमीर ख़ुसरो को भी पढ़ाएं, जिन्होंने लिखा था:

वो ज़ुल्फ़-ए-शब गूँ है अहल-ए-सामाँ,
वो रू-ए-अनवर है अहल-ए-ईमाँ;
अज़ीज़ दोनों हैं दिल को मेरे
कभी हूं काफ़िर, कभी मुसलमाँ

(लहराती स्याह ज़ुल्फ़ों के बीच चेहरा आस्था की रौशनी से दमकता है।
हर पंथ प्रकाशवान है; मैं एक दिन हिंदू होता हूं, तो दूसरे दिन मुसलमान।)

हम मीर तक़ी मीर को पढ़ाएं, जिन्होंने लिखा था:

उसके फ़रोग़-ए-हुस्न से झमके है सबमें नूर
शाम-ए-हरम हो या हो दीया सोमनाथ का

(वो अलौकिक सुंदरता सबको रौशन करती है,
फिर चाहे वो काबे की शाम हो या सोमनाथ मंदिर का दीया हो।)

और हम *गीता* पढ़ाएं।

स्कूलों में औपचारिक रूप से पढ़ाए बिना भी भारतीय *गीता* के अंशों से परिचित हैं। वे *गीता* के उदाहरण देते हैं। वे *गीता* के उदाहरणों का प्रयोग करते हैं। यह हमारी प्राचीन, निरंतर जारी जीवित परंपरा है। भगवान कृष्ण और अर्जुन ने हमारे सिनेमा के पर्दों और थिएटरों में भी जगह पाई है। भगवान कृष्ण और राधा हमारे त्योहारों में रचे-बसे हैं और हमारी संस्कृति के कंगूरों के बीच के स्थान को भरते हैं।

अपनी प्राचीन संस्कृति के प्रति अपने अभिजात्यवादी गुमराह तिरस्कार में हमने अपनी ज्ञान से भरी धरोहर को ठुकरा दिया है। इसने हमें अपनी जड़ों से दूर और बेमेल कुछ अंग्रेज़ीदां भारतीय प्रदान किए हैं। अब इस नुकसान की भरपाई करने का वक़्त आ गया है। अपने स्कूली बच्चों को हम *गीता*, *रामायण* और *महाभारत* पढ़ाएं। यह समावेशी है। यह ज्ञान है। यह दिशानिर्देशन देता है। सबसे अहम, यह हमारा है! यह हमारा है।

द टाइम्स ऑफ़ इंडिया, अप्रैल 2022 में सर्वप्रथम प्रकाशित

इतिहास

आर्यों के आक्रमण का मिथक

हाल ही में एक दक्षिण भारतीय नेता ने एक उत्तर भारतीय नेता पर आर्य हमलावर होने का इल्ज़ाम लगाया। पहले तो मेरा मन हुआ कि इसे एक और सियासी पैंतरा मानकर नज़रअंदाज़ कर दूं। आख़िर नेता तो वही करते हैं जो उन्हें करना होता है। कुछ तुर्क/मंगोल हमलावरों की निंदा करते हैं, तो कुछ ब्रिटिश हमलावरों की, और फिर कुछ ऐसे भी हैं जो आर्य हमलावरों की बात करते हैं। यह आज़ाद देश है; लोग अतीत के मिलेजुले हमलावरों के ख़िलाफ़ द्वेष पाल सकते हैं। इसके बावजूद इक्कीसवीं सदी में रह रहे भारतीयों से इसका कोई ताल्लुक़ नहीं है। यह साफ़ है।

हालांकि, मुझे हैरानी इस नेता के बिना किसी शक के आर्यों के हमले की अवधारणा पर विश्वास करने पर है। यह अवधारणा क्या है? इतिहास की किताबें हमें बताती हैं कि सिंधु या हड़प्पा सभ्यताकालीन लोग गहरी रंगत वाले द्रविड़ (यह नाम बाद में जोड़ा गया था; पहले तो उन्हें 'मूल निवासी' कहा जाता था) थे जिन पर क़रीब 3500 साल पहले मध्य एशिया/पूर्वी यूरोप के श्वेत वर्ण वाले आर्यों ने हमला किया था। हमें बताया जाता है कि आर्यों ने द्रविड़ों का नरसंहार किया और फिर बचे-खुचे द्रविड़ों को दक्षिण की ओर ठेल दिया, आज़ाद धरती पर क़ब्ज़ा किया, अनेक संस्कृत ग्रंथों के साथ ही वेदों की भी रचना की।

द्रविड़ों का दमन करने के लिए उन्होंने जाति प्रथा भी ईजाद की। आर्यों के हमले की यह अवधारणा ब्रिटिश उपनिवेशवादियों को भी जंची, जो प्राचीन कहानी दोहरा रहे नए श्वेत हमलावरों की नई खेप की 'रुमानी' समानता से चमत्कृत थे।

आर्यों के हमले की अवधारणा बहुत हद तक भाषाओं के अध्ययन पर आधारित है। उपनिवेश युग के यूरोपीय विद्वानों को संस्कृत और ईरानी/यूरोपीय भाषाओं के बीच ज़बरदस्त समानताएं दिखीं, जिससे समान स्रोत या आपसी मेलजोल का आभास हुआ। इस रोचक खोज की व्याख्या करने के लिए अनेक धारणाएं सामने आईं, जिनमें से एक आर्यों के हमले की अवधारणा थी। एक और अवधारणा भारत से बाहर जाने की थी, जिसका मानना था कि लोग अपनी जन्मभूमि भारत को छोड़कर उत्तर-पश्चिमी दिशा में गए और अपने साथ अपनी भाषा को भी ले गए। और भी कई अवधारणाएं थीं। बदक़िस्मती से, भाषाओं पर वापसी का पता नहीं होता, इसलिए इन अवधारणाओं के समर्थन में लोग अनेक तर्क जुटा सकते हैं। कुछ लोग भाषाविज्ञान को एक विज्ञान मानते हैं (अनेक लोग इससे असहमत हैं), लेकिन दूसरे, ज़्यादा कठिन वैज्ञानिक शास्त्रों की तुलना में इसमें अंतर्निहित सीमाएं हैं। भाषाविज्ञान पर आधारित अवधारणाओं की अनेक व्याख्याएं की जा सकती हैं। दुर्भाग्य से, इस क्षेत्र में होने वाली चर्चाएं भी हमारे सामान्य 'परिपक्व' अंदाज़ में आयोजित की जाती हैं (व्यंग्य चेतावनी)। भाषाविज्ञान प्रेरित इतिहासकार सार्वजनिक तौर पर और विद्वतापूर्ण रवैये के साथ बहस करने के बजाय गालीगलौज पर उतर आते हैं। अशिष्टता से और बहुतायत में अपमानजनक बातें कही जाती हैं। यह दुर्भाग्यपूर्ण है।

अपनी प्रकृति के अनुरूप भाषाविज्ञान विरोधाभासी अटकलबाज़ियों के लिए राह खोल सकता है, लेकिन ख़ुशक़िस्मती से आर्य हमलावरों के मुद्दे का आकलन करने में मदद करने के लिए आज दूसरे वैज्ञानिक शास्त्र भी मौजूद हैं।

पुरातत्व स्थलों की खुदाई और प्राप्त वस्तुओं/शारीरिक अवशेषों के विश्लेषण के ज़रिए इतिहास का आकलन करते हैं। आक्रमणकारी विनाश की एक लकीर

छोड़ जाते हैं; तो अगर कोई हमला हुआ होता तो इसका कोई न कोई पुरातात्विक साक्ष्य ज़रूर होता। दुर्भाग्य से, आर्यों के हमले की अवधारणा के समर्थकों के लिए 3500 साल पहले कोई हिंसक हमला होने के कोई विश्वसनीय पुरातात्विक साक्ष्य नहीं हैं। अपनी अवधारणा के तले से ज़मीन खिसकती देखकर आर्यों के हमले के कुछ प्रस्तावकों ने यू टर्न लिया और आर्यों के आप्रवास की एक नई अवधारणा रखी, यानी, तथाकथित आर्य शांतिपूर्वक भारत में दाख़िल हुए और सिंधु घाटी में तथाकथित रूप से भारी तादाद में रह रहे द्रविड़ स्वयं ही दक्षिण की ओर चले गए। अगर यह सच होता तो उस समय भारत में पूर्वी यूरोपियों/मध्य एशियाइयों का ज़बरदस्त रेला आया होता, है न? जो कि आनुवंशिक रिकॉर्डों में नज़र आता?

दुर्भाग्य से, (अब) आर्य आप्रवासन अवधारणा के समर्थकों के लिए आनुवंशिक विज्ञान इस परिकल्पना को नकारता है। पिछले कुछ सालों में *नेचर* और *अमेरिकन जर्नल ऑफ ह्यूमन जेनेटिक्स* जैसे वैज्ञानिक जर्नलों में भारतीय आनुवंशिकी पर प्रकाशित पेपर्स एक बात पर सहमत हैं: 3500 साल पहले भारतीय जीन पूल में कोई महत्वपूर्ण वृद्धि नहीं हुई थी!

तो अब निष्कर्ष निकालते हैं: आर्यों के हमले/आर्यों के आप्रवासन की अवधारणा के समर्थकों ने हमसे यह विश्वास करने को कहा कि आर्य नाम के ख़ानाबदोश लोगों का एक छोटा सा समूह था जो 3500 साल पहले भारत आया था। यह इतना छोटा सा समूह था कि किसी पुरातात्विक या आनुवंशिक रिकॉर्ड में दर्ज नहीं हुआ। और यह छोटा सा समूह किसी विशाल स्तर की हिंसा में लिप्त नहीं हुआ। मगर किसी तरह से इन मिथकीय सुपरमैनों ने शांतिपूर्वक, कहीं ज़्यादा आबादी वाले, उन्नत और शहरी द्रविड़ों को सामूहिक रूप से दक्षिण कूच कर जाने के लिए राज़ी कर लिया था। संभवतः उन्होंने तथाकथित द्रविड़ों से अपने घर छोड़कर जाने को कहा होगा। और ऐसा करते हुए इन ख़ानाबदोश 'बर्बर आर्यों' ने भारत के सारे भाषाई और सांस्कृतिक परिदृश्य को बदल डाला। इसके अलावा, यह तथाकथित विदेशी संस्कृति इतने व्यापक

रूप से जज़्ब हो गई कि हज़ारों साल बाद भी सारे देश में आज तक बरक़रार है। वाक़ई, क्या इसमें कोई तर्क नज़र आता है? एक और विरोधाभास पर विचार करें जिसे हमसे बिना सवाल किए हज़म करने की अपेक्षा की जाती हैः तथाकथित द्रविड़ों ने जिन्होंने अपने समय की महानतम सभ्यता का निर्माण किया था (जिसे आज हड़प्पा/सिंधु सभ्यता कहते हैं), उन्होंने कोई साहित्य नहीं छोड़ा। दूसरी ओर, इन ख़ानाबदोश-बर्बर आर्यों ने, जिनके पास कोई स्थायी आवास नहीं था, उस युग के सबसे विशाल साहित्य, दार्शनिक और तकनीकी पुस्तकों की रचना की। इन ज़बरदस्त विरोधाभासों का मेल करने के लिए इतिहास के आख्यानों का निर्माण करना जलेबी बनाने से भी ज़्यादा पेचीदा है।

ओकम'स रेज़र सिद्धांत, ज़्यादा सरल स्पष्टीकरण ही संभवतः सही होता है, का पालन करते हुएः शायद आर्य नाम की कोई प्रजाति थी ही नहीं। हड़प्पा/सिंधु और वैदिक संस्कृतियां शायद एक ही रही थीं। और आज भारत, उत्तर और दक्षिण, के हम ज़्यादातर लोग बहुत संभव है कि उसी संस्कृति के वंशज हैं।

भारतीय बच्चों को यह पढ़ाया जाना चाहिए कि बहुत सारे (भारतीय ही नहीं, बल्कि विश्व के) इतिहासकारों को आर्यों के आक्रमण की अवधारणा पर गंभीर और विश्वसनीय संदेह हैं। पुरातत्व और आनुवंशिकी विज्ञान पर आधारित इन वैकल्पिक अवधारणाओं, जो प्रायः आर्यों के आक्रमण की अवधारणा का समर्थन नहीं करती हैं, को भी पढ़ाया जाना चाहिए। फिर छात्रों को, साथ ही भावी पीढ़ियों को भी, अपना मत बनाने देना चाहिए।

जहां तक मेरी बात है तो मैं तो उससे सहमत हूं जो एक बार एक यूरोपीय मित्र ने कहा था। कि शेक्सपीयर के बेहतरीन नाटकों के बाद, आर्यों के आक्रमण की अवधारणा यूरोपीयों द्वारा गढ़ी गई बहुत ज़बरदस्त कपोल-कथा है। शायद अब किताब को बंद कर देने का वक़्त आ गया है!

द टाइम्स ऑफ़ इंडिया, दिसंबर 2015 में सर्वप्रथम प्रकाशित

युवा, भारतीय एवं गुस्ताख़

हाल ही में मैं एक राजनीतिज्ञ से मिला था जो आपके आम नेताओं जैसे नहीं थे। वे युवा तो नहीं थे, लेकिन उनका दृष्टिकोण आधुनिक, सुधारवादी था। इसीलिए आगे जो हुआ, उससे मुझे हैरानी हुई। उन्होंने मुझसे कहा कि भारत की समस्याओं में से एक यह है कि नौजवान बहुत गुस्ताख़ और विद्रोही हो गए हैं। वे 'विवेकपूर्ण' बातें तक सुनने को तैयार नहीं हैं। इसके अलावा, उनका मत था, चूंकि हम एक लोकतंत्र हैं और हमारे मतदाताओं की एक विशाल संख्या नौजवानों की है 'जो सुनते नहीं हैं', तो काम कर पाना मुश्किल हो जाता है। इसके बाद जो बात कही गई उसे मैं बीते ज़माने का घिसापिटा जुमला मानता हूं: 'आज के नौजवान भारतीय संस्कृति को समझते ही नहीं हैं। वे अपने बड़े-बुज़ुर्गों की इज़्ज़त भी नहीं करते।' इस बात ने मुझे सोच में डाल दिया। क्या ये नेता सही कह रहे थे? क्या अपने माता-पिता की तुलना में भारतीय नौजवान किसी तरह से 'कम भारतीय' हो गए हैं?

जब मैं बीमा उद्योग में काम करता था तब मुझे बहुत नौजवानों से मिलने-जुलने का मौक़ा नहीं मिलता था। वे असल में बीमे में बहुत दिलचस्पी नहीं लेते हैं! सच कहूं तो, वयस्कों की भी बीमे में रुचि नहीं होती! एक लेखक के रूप में मुझे बहुत से नौजवानों से मिलने-जुलने का मौक़ा मिलता है, क्योंकि मेरे

पाठकों की एक विशाल तादाद उस तबक़े की है। तो, क्या मैं उन राजनीतिज्ञ से इत्तफ़ाक़ रखता हूं, कि आज के नौजवान गुस्ताख़ और विद्रोही हो गए हैं? हां, हो गए हैं। वे केवल तभी आपकी इज़्ज़त करेंगे जब वे आपको इसके लायक़ समझेंगे। अगर वे आपकी इज़्ज़त नहीं करते तो वे इसे ज़ाहिर कर देंगे, भले ही आपकी उम्र या ओहदा कुछ भी हो। लेकिन मुझे नहीं लगता यह कोई समस्या है। वास्तव में, मेरा तो मानना है कि हमारे नौजवानों की गुस्ताख़ी हमारे लिए प्रतिस्पर्द्धात्मक लाभ है। इसके अलावा, मुझे लगता है कि वे गुस्ताख़ और विद्रोही होकर प्राचीन भारतीय संस्कृति के एक महत्वपूर्ण पक्ष को ही पुनर्जीवित कर रहे हैं। अगर कुछ कह सकते हैं तो यह कि वे अपने माता-पिता की तुलना में 'कहीं ज़्यादा भारतीय' हैं।

यह समझने के लिए हम अपने प्राचीन अतीत का रुख़ करते हैं कि भारतीय संस्कृति किस चीज़ की वकालत करती है।

महाभारत की एक प्रसिद्ध घटना (इसका अन्य पुराणों के साथ ही 'वायु पुराण' में भी वर्णन किया गया है) को इस बात की मिसाल के तौर पर लिया जाता है कि जो लोग अपने बड़ों की बात नहीं सुनते हैं, उन्हें किस दुर्भाग्य का सामना करना पड़ता है। महान राजा ययाति को अपने द्वारा किए एक पाप के लिए अकाल वृद्धावस्था का शाप मिला था। उन्होंने अपने पांचों पुत्रों से पूछा कि क्या उनमें से कोई अपनी युवावस्था को अपने पिता की वृद्धावस्था से बदलेगा। सबसे बड़े पुत्र यदु ने यह कहकर अपने पिता को मना कर दिया, 'यह पाप आपने किया है, मैंने नहीं।' सबसे छोटे पुत्र पुरु तुरंत 'अच्छा बेटा' बनने को तैयार हो गए और उन्होंने ययाति को युवा होने दिया जबकि ख़ुद तेज़ी से वृद्ध हो गए। अब राजा ययाति ने क्या प्रतिक्रिया की? उन्होंने उस पुत्र को दंड दिया जो उनके सामने खड़ा हुआ था और उसको अनुग्रहीत किया जिसने उन्हें ख़ुश किया था। यदु को शाप मिला कि उनके वंशज नष्ट हो जाएंगे और कभी राजा नहीं बन पाएंगे। आलसी विवेचक मान लेंगे कि यही वजह थी कि यदु के

वंशज यादवों ने पारिवारिक गृहयुद्ध में एक-दूसरे को नष्ट कर डाला था। जबकि पुरु के वंशजों ने, जिनमें पांडव और कौरव थे, एक महान वंश का निर्माण किया जिसने प्राचीन भारत के एक बड़े भाग पर शासन किया था। इसलिए, इस कहानी का आदर्श प्रकट रूप से स्पष्ट है: पुरु की तरह बनें! अपने बड़े-बुज़ुर्गों की बात सुनें। विद्रोही यदु की तरह कष्ट भोगेंगे, वास्तव में, आपकी भावी पीढ़ियां भी विद्रोह करने के आपके गुनाह के कारण कष्ट भोग सकती हैं। बहुत भारी सज़ा है!

मैं कहानी पर नहीं, बल्कि इसके समकालीन स्पष्टीकरण पर सवाल उठा रहा हूं। इस संदेश को ज़रा गहराई से देखते हैं। क्या यदु के वंशजों ने वाक़ई बदनामी पाई थी? इसका तो उलट है। उनके एक वंशज कार्तवीर्य अर्जुन (महाभारत के अर्जुन से भिन्न) ने पूरे वैदिक संसार पर शासन किया था। जिस गृहयुद्ध ने यादव राजवंश को नष्ट किया था, वह उसके बाद हुआ था जब 'अच्छे पुत्र' के वंशजों, पांडवों और कौरवों, ने एक गृहयुद्ध में स्वयं को नष्ट कर डाला था जिसे आज हमारे महान ग्रंथों में से एक *महाभारत* के माध्यम से जाना जाता है। अब अगर आपने कहानी की बारीकियों पर ध्यान दिया हो तो यदु और पुरु दोनों के वंशजों ने जीत भी हासिल कीं और साथ ही भयानक आपदाएं भी झेलीं। वास्तव में, आप तर्क कर सकते हैं कि वास्तव में तो यदु ही भाग्यशाली रहे, क्योंकि उनके एक वंशज स्वयं भगवान श्रीकृष्ण थे!

लोग अपने कर्मों के आधार पर सौभाग्य या दुर्भाग्य के भागी होते हैं, न कि शक्तिशाली के सामने समर्पण करने से। यह सबक़ सभी धर्मों के विभिन्न ग्रंथों में मिलता है। आपको अपना मस्तक केवल देवताओं और देवियों के सामने झुकाना चाहिए। बाक़ी सभी को आपका सम्मान अर्जित करना पड़ेगा, बदले में आपको उनका सम्मान हासिल करना होगा। आज के भारतीय नौजवानों का यही मानना है।

तो आधुनिक भारत में पारंपरिक संभ्रांत वर्ग के लिए क्या संदेश है? इन वर्गों: सभी धर्मों की उच्च जातियां (भारत में हिंदुत्व, ईसाई धर्म और इस्लाम में

जाति प्रथा कायम है), पुरुष, राजनीतिज्ञ, अधिकारी वर्ग, मीडिया और क़ानूनी क्षेत्रों के वरिष्ठ लोग, वरिष्ठ, ख़ानदानी समृद्ध—बेहद और सहज सम्मान के आदी हो गए हैं जो उन्हें लंबे समय से मिलता आ रहा है। उन्हें ख़ुद को एक नए परिदृश्य के अनुकूल ढालना होगा जहां अब उन्हें चुनौती दी जा रही है। उन्हें उस साख को बनाए रखने के लिए बहुत मेहनत करनी होगी जिसके वे आदी हो गए हैं।

जहां तक युवाओं की बात है, मैं तो कहता हूं कि अगर आप कोई ग़लत बात देखते हैं तो आगे बढ़ें और विद्रोह करें। अगर आपके बड़े-बुज़ुर्ग महिलाओं का अनादर करें, तो उन्हें झिड़कें। अगर आपके नेता भ्रष्ट हैं तो विरोध करें और वोट देकर उन्हें बाहर करें। अगर आपके धार्मिक नेता नफ़रत फैलाते हैं तो उनसे कहें कि वे ग़लत हैं और धर्मग्रंथों की उनकी चरमवादी व्याख्याओं के ख़िलाफ़ तर्क करें। लेकिन विद्रोह विरोध के लिए विरोध करने से कहीं बढ़कर है। ये आपकी ज़िंदगी से भी जुड़ा है। जब आप उन विषयों के बजाय, जिनके लिए आपसे कहा गया है, वे विषय पढ़ते हैं जो आप पढ़ना चाहते हैं, तो यह स्वस्थ विद्रोह है। जब आप अपनी कंपनी शुरू करते हैं और सफल होते हैं, टांग खींचने वालों के बावजूद, तो वह भी विद्रोह है। जब आप कड़ी मेहनत करते हैं और अपने माता-पिता से विरासत में पाए धन पर जीने के बजाय ख़ुद अपनी आजीविका कमाते हैं, तो यह भी आत्मसम्मान में लिपटा विद्रोह है। जब आप मज़हबी या सामुदायिक भेदों के बावजूद उस व्यक्ति से विवाह करते हैं जिससे आप प्रेम करते हैं, तो यह सबसे ज़्यादा ख़ूबसूरत विद्रोह है। सारी रचनात्मकता का मूल विद्रोह है।

लेकिन याद रखें कि अगर विद्रोह में हिंसा और अपशब्दों का प्रयोग होता है तो यह ग़ुंडागर्दी है। जैसे ही आप हिंसा का सहारा लेते हैं, उसी पल आप अपना नैतिक धरातल खो देते हैं और वही बन जाते हैं जिनके विरुद्ध आप विद्रोह कर रहे हैं। साथ ही, व्यक्तिगत कर्तव्यभाव और मक़सद के बिना किया गया विद्रोह

अक्सर अव्यवस्था पैदा करता है, जैसा कि हिंदुस्तान में पिछले समय में देखा गया है। दूसरों से यह अपेक्षा करने के अलावा कि वे आपका सम्मान अर्जित करें, आपको अपने आचरण के द्वारा योग्य सम्मान पाने के दायित्व के प्रति भी सजग रहना होगा। इसलिए आगे बढ़ें और विद्रोह करें, मगर हमेशा क़ानून के दायरे में रहकर और किसी मक़सद के साथ।

मैं और भी अधिक विद्रोही और गुस्ताख़ भारत को देखना चाहूंगा। क्योंकि यह एक महान भारत का अग्रदूत होगा!

हिंदुस्तान टाइम्स, 2013 में सर्वप्रथम प्रकाशित

ब्रिटिश बॉम्बे, आमची मुंबई

एक सामान्य आलोचना जिसका सामना प्रत्येक भारतीय शहर को, विशेष रूप से मुंबई को, करना पड़ता है, यह है कि यह शहर बहुत गंदा है। हवा प्रदूषित है, मलप्रवाह और जलनिकासी प्रणाली चरमरा रही है, हरियाली नाममात्र को है और हर जगह कीचड़ और कचरा फैला हुआ है। एक मुंबईवासी होने पर गर्व के बावजूद, मैं यह स्वीकार करने को मजबूर हूं कि ये आलोचनाएं सही हैं। शुक्र है कि अब कुछ समय से हमने इन समस्याओं पर गंभीरता से बात करना शुरू कर दिया है; सुधार की हरी कलियां हिचकिचाते हुए फूटने लगी हैं। जैसे-जैसे देश लगातार अमीर होता जाएगा, हालात बेहतर होते जाएंगे। मुझे ऐसा लगता है।

लेकिन इस आलोचना का विचित्र पक्ष इस तरह की बातें हैं कि हमारे शहर के ब्रिटिश प्रशासक बेहतर थे। कि बॉम्बे (जो कि ब्रिटिश/प्रारंभिक स्वतंत्रता काल में मुंबई का नाम था) भव्य इमारतों और हरी-भरी सड़कों के साथ बेहतर ढंग से संगठित था।

इसने मुझे सोचने को मजबूर कर दिया: क्या स्वच्छता सिर्फ़ बाहरी परिवेश पर ही लागू होती है, या इसका संबंध अमूर्त चीज़ों से भी होता है, जैसे कर्म से? बेशक दक्षिणी मुंबई में ब्रिटिश युग की एशियाई-गॉथिक सुंदर इमारतें

हैं। लेकिन आपको शायद यह जानने में दिलचस्पी होगी कि कार्मिक रूप से वे मुंबई की किसी आधुनिक इमारत से कहीं ज़्यादा गंदी हैं। मैं विस्तार से बताता हूं।

वर्तमान 'भारतीय' मुंबई के कर्म के बारे में सोचें। हम भारत के सकल घरेलू उत्पाद में 6% और आयकर में 30% का योगदान करते हैं। मुंबई में एक ऐसी कार्य संस्कृति है जो सारे भारत के लिए मिसाल है और इसे किसी प्रमाण की ज़रूरत नहीं है। हमने आतंकवादी हमलों से लेकर बाढ़ों तक कई प्रकार के विनाशों का सामना किया है, लेकिन मुंबई की स्पिरिट इसे तुरंत वापस अपने पैरों पर ला खड़ा करती है। हम कभी-कभी सांप्रदायिक हिंसा के पागलपन में भी डूबे हैं, लेकिन प्रशंसनीय तेज़ी से वापस होश में भी लौट आए हैं। कम कर्मचारियों वाले पुलिस बल और लक़वाग्रस्त अदालती प्रणाली के बावजूद, मुंबई की हिंसक अपराध दर न्यूयॉर्क या बॉस्टन की तुलना में अंश मात्र ही है। पूरा महाराष्ट्र राज्य, बल्कि भारत का बड़ा भाग मुंबई द्वारा पैदा की गई समृद्धि और संसाधनों पर निर्भर करता है। एक बार मेरे एक मित्र ने कहा कि महाराष्ट्र और भारत को मुंबई के चौड़े कंधे ही संभालते हैं। यह कथन भले ही अतिशयोक्तिपूर्ण लगता हो, लेकिन यह सच से बहुत दूर नहीं है। भारतीय मुंबई का कर्म स्वच्छ है, अच्छा है।

अब आते हैं ब्रिटिश बॉम्बे की सुनी-सुनाई कहानी पर। 1662 में, उस समय के ग्रेट ब्रिटेन के राजा चार्ल्स द्वितीय को पुर्तगाल की कैथरीन से दहेज में वे सात द्वीप मिले थे जिनसे मिलकर बाद में मुंबई शहर बना। इन द्वीपों पर हज़ारों साल से भारतीय रहते आ रहे थे, लेकिन तब तक ये बहुत महत्वपूर्ण नहीं थे। हमें यह भी बताया गया है कि अंग्रेज़ कुशल व्यापारी थे जिन्होंने ब्रिटिश बॉम्बे को सोने के शहर में बदल दिया। स्थानीय लोगों के साथ थोड़ी सी 'असहिष्णुता' का हल्का-फुल्का ज़िक्र किया जाता है, जैसे यह कि होटलों में भारतीयों और कुत्तों को जाने की इजाज़त नहीं थी। लेकिन, हमें बताया जाता है कि, कुल मिलाकर

ब्रिटिश बॉम्बे गोरों के कौशल और उद्यमी कुशलता के कारण दुनिया के सबसे समृद्ध शहरों में से एक बन गया।

जो भी हो, यह कहानी ब्रिटिश इतिहासकारों, और अफ़सोस कि भारतीय इतिहासकारों द्वारा भी बड़ी सावधानीपूर्वक सजाकर पेश की गई है। उस विशाल दौलत का *वास्तविक स्रोत* क्या था जिस पर अंग्रेज़ों ने इस आधुनिक शहर की बुनियाद को रखा? अफ़ीम की तस्करी, मानवता के इतिहास में ड्रग्स की तस्करी का सबसे बड़ा अवैध धंधा। पश्चिमी संसार इसे अफ़ीम का 'व्यापार' कहता है, जैसे यह मुक्त-व्यापार के नियमों के अंतर्गत कोई वस्तु थी। इसके विपरीत, यह शायद मानवता के ख़िलाफ़ कहीं भी दर्ज किया गया सबसे बड़ा अपराध था।

ड्रग तस्करी का कारोबार ईस्ट इंडिया कंपनी, बल्कि ब्रिटिश साम्राज्य के लिए शुरुआती आमदनी का एक प्रमुख स्रोत था। अंग्रेज़ों ने भारतीय किसानों को खाद्य फ़सलों की जगह अफ़ीम उगाने को मजबूर किया, जिसे फिर चीन भेजा जाता था। खाद्य फ़सलों को ज़बरदस्ती छुड़वाने के कारण हुई खाद्यान्न की कृत्रिम कमी के नतीजे में करोड़ों भारतीयों की मौत हो गई। जी हां, *करोड़ों भारतीयों* की। यह मूल रूप से देश के पूर्वी भागों में, अंग्रेज़ों द्वारा पैदा किए गए 'अकालों' में हुआ। जब भारतीयों ने विद्रोह किया, तो 'कंपनी' द्वारा क्रूरतापूर्वक उनका दमन कर दिया गया। दसियों लाख चीनी भी मरे या ड्रग की लत में बर्बाद हो गए। जब चीनियों ने विद्रोह किया, तो ग्रेट ब्रिटेन ने चीन के ख़िलाफ़ जंग का ऐलान कर दिया—उन्हें बाद में 'अफ़ीम युद्धों' के नाम से जानी गई लड़ाइयों में—हराया और उन्हें ज़बरदस्ती ड्रग तस्करी कारोबार को स्वीकार करने के लिए मजबूर कर दिया। चीन में इस घिनौने कारोबार के मूल केंद्र हांगकांग और कैंटन थे जबकि भारत में इसके मूल केंद्र ब्रिटिश कैलकटा और ब्रिटिश बॉम्बे थे। दुखद बात यह है कि अपनी मातृभूमियों के इस बलात्कार में कुछ चीनी और भारतीय व्यापारियों ने भी सहयोग किया। उनमें से कुछ व्यापारिक घराने आज भी मौजूद

हैं; भारत में उनमें से कई ने अपने ड्रग तस्करी के इतिहास को परोपकारी कामों द्वारा साफ़ कर लिया। लेकिन मानवता के ख़िलाफ़ इस अपराध के प्रवर्तक, प्रेरक और चालक अंग्रेज़ों ने कोई कार्मिक पश्चाताप नहीं किया। लगभग सभी शिक्षित चीनी इस दुखद कहानी के बारे में जानते हैं, लेकिन ज़्यादातर शिक्षित भारतीय नहीं जानते। ब्रिटिश बॉम्बे एक ऐसे व्यापार का केंद्र था जिसके कारण दो प्राचीन सभ्यताओं का नाश हो गया।

आज की मुंबई, आमची मुंबई, भले ही देखने में ज़्यादा गंदी हो और इसमें हरियाली कम हो, लेकिन हम अपने जादू को वापस प्राप्त कर रहे हैं, धीरे-धीरे लेकिन निश्चित रूप से। एक बार फिर से भव्य इमारतें बन रही हैं। शहर के ढांचे में सुधार हो रहा है, धीरे-धीरे लेकिन निश्चित रूप से। भारत भर से लोग अपनी ज़िंदगी बनाने और पैसा कमाने इस सपनों की नगरी में आते हैं। लेकिन सबसे अहम यह है कि हम 'भारतीय' मुंबई में पैसा साफ़ ढंग से कमाते हैं, अंग्रेज़ों के ढंग से नहीं; हम ऐसे कामों से पैसा नहीं कमाते जिनसे सृष्टि भी हतप्रभ रह जाए। हमारा कर्म स्वच्छ है। हम आमची मुंबई के लोगों ने अंग्रेज़ों द्वारा इन सात महान द्वीपों में फैलाए कार्मिक गंद को बड़ी हद तक साफ़ कर दिया है।

और हां, जहां तक ज़ाहिरी स्वच्छता का सवाल है, हम वह भी कर दिखाएंगे। हमें थोड़ा समय दीजिए।

इंडिया टुडे, अप्रैल, 2015 में सर्वप्रथम प्रकाशित

आधुनिक भारत में 'फूट डालो और शासन करो' क़ानून

हमारे संविधान की भूमिका स्पष्ट रूप से अपने मूल उद्देश्य के बारे में बताती है, जिसमें एक है: स्थिति और अवसर की *समानता*। कोई भी समाज सही अर्थों में समान नहीं है (न कभी रहा है), और यह सभी के लिए एक दुष्प्राप्य इच्छा रही है। लेकिन अगर पहला क़दम 'क़ानून के सामने समानता' हो, तो अच्छा रहता है। सभी सभ्य देश क़ानून के सामने समानता का पालन करते हैं; आदर्श रूप से इसका अर्थ होना चाहिए ऐसा क़ानून जो धार्मिक विश्वासों के आधार पर भेद न करे। हम गर्व से कहते हैं कि हम एक धर्मनिरपेक्ष राज्य हैं; इससे प्रतीत होगा कि हमारे क़ानून, धार्मिक विश्वासों की परवाह न करते हुए, सारे भारतीयों के साथ समानता का व्यवहार करेंगे। अफ़सोस कि ऐसा नहीं है।

इस समय आपका यह सोचना क्षम्य है कि यह लेख समान नागरिक संहिता (UCC) के बारे में है: यानी शादी, तलाक़, विरासत और बच्चे गोद लेने के मामलों में सभी के लिए एक क़ानून। मगर यह लेख इस बारे में नहीं है। बेशक डॉ. बी.आर. अंबेडकर ने हमारे संविधान के निर्देशक सिद्धांतों में समान नागरिक संहिता की आवश्यकता के बारे में कहा था। लेकिन हमारे यहां धार्मिक समुदायों

के अपने-अपने भिन्न पर्सनल लॉ हैं। कुछ लोग इसे मुसलमानों के तुष्टीकरण के रूप में प्रस्तुत करते हैं। यह बात मेरी समझ में नहीं आती। तुष्टीकरण का अर्थ होगा दूसरों पर तरजीह दिया जाना या फिर अन्यों की तुलना में ज़्यादा अधिकार दिया जाना। वास्तव में, मुस्लिम महिलाओं के पास अपनी हिंदू और ईसाई बहनों की तुलना में कम अधिकार हैं। यह बस कुछ रूढ़िवादी मुसलमान लीडरों का तुष्टीकरण है। लेकिन मुस्लिम समाज का एक बड़ा भाग कष्ट में है।

पर समस्या केवल पर्सनल लॉ तक ही सीमित नहीं है। मैं आपका ध्यान उन सांप्रदायिक पूर्वाग्रहों की ओर भी आकर्षित करना चाहूंगा जो अन्य क़ानूनों में भी अंतर्निहित हैं। इनमें से कई क़ानूनों का मूल ब्रिटिश औपनिवेशिक युग में है। दुखद पक्ष यह है कि आज़ादी के बाद से भारतीय शासक वर्ग ने भी ऐसे कई क़ानून बनाए हैं।

मसलन, हिंदू अविभाजित परिवार (HUF) सिद्धांत के माध्यम से हिंदुओं को टैक्स में लाभ दिए जाते हैं, जो मुसलमानों और ईसाइयों को उपलब्ध नहीं हैं। अनेक मुसलमान और ईसाई टैक्स विभाग के इस भेदभाव की शिकायत करते हैं। देश भर में राज्य सरकारें स्थानीय समुदायों से हिंदू मंदिरों का अधिकार लेने के लिए वर्तमान क़ानूनों का प्रयोग करती हैं। आश्चर्य की बात नहीं है कि इन हिंदू मंदिरों का प्रशासन संभालने वाले अनेक नौकरशाहों के ख़िलाफ़ भ्रष्टाचार और कुप्रशासन के गंभीर आरोप लगते रहे हैं। हैरत की बात यह है कि सरकार इसी प्रकार मुस्लिम या ईसाई धार्मिक संपत्तियों को नहीं ले सकती, क्योंकि यह गैरक़ानूनी है। नतीजतन, इस भेदभाव के कारण अनेक हिंदू अपने धर्म का पालन करने की आज़ादी को लेकर भ्रम में हैं। संप्रदायवादी 93वें संशोधन के साथ मिलकर शिक्षा का अधिकार अधिनियम भी भेदभाव का साधन है। उदाहरण के लिए, सरकार ने हिंदू-संचालित स्कूलों पर (ग़ैर हिंदू-संचालित स्कूलों पर नहीं) 25% ख़ाली सीटों का आरक्षण लागू कर रखा है, जिसकी प्रतिपूर्ति सैद्धांतिक रूप से सरकार को करनी होती है। लेकिन वास्तव में प्रतिपूर्ति में अक्सर या

तो देरी होती है या फिर रोक ही दी जाती है। इस और अन्य नीतियों की वजह से, हज़ारों हिंदू-संचालित स्कूलों को बंद होना पड़ा है। 93वें संशोधन/शिक्षा के अधिकार ने मिलकर अनेक सरकारी सहायता प्राप्त अल्पसंख्यक शैक्षिक संस्थाओं में अनुसूचित जाति-जनजातियों के आरक्षण लाभों को बाधित करके उनके शैक्षिक हितों को भी भारी नुकसान पहुंचाया है। विडंबना यह कि कई अल्पसंख्यक भी असंतुष्ट हैं। शिक्षा के अधिकार में भेदभाव के कारण महाराष्ट्र में अल्पसंख्यक-संचालित स्कूल बिना शिक्षक-अर्हता परीक्षा पास किए अध्यापकों की नियुक्ति कर सकते हैं जिसके नतीजे में अयोग्य अध्यापक नियुक्त करने के आरोप सामने आते रहे हैं।

महाराष्ट्र अंधविश्वास विरोध अधिनियम की बात करते हैं। 'तर्कवादी क़ानून' कहा जाने वाला यह अधिनियम वास्तव में अक्सर उन 'अंधविश्वासों' को लक्षित और प्रतिबंधित करता है जो निम्न जाति के हिंदुओं, अजलफ़/अरज़ल मुसलमानों और निम्नवर्गीय ईसाइयों में प्रचलित हैं। यह क़ानून उच्च जाति के हिंदुओं, अशरफ़ मुसलमानों या उच्चवर्गीय/गोरी चमड़ी के ईसाइयों के अंधविश्वासों पर शायद ही कभी ध्यान देता है। मसलन, एक गुमनाम ईसाई पैस्टर को हाल ही में चमत्कारों के माध्यम से बीमारियों का इलाज करने का दावा करने के लिए गिरफ़्तार किया गया। लेकिन मदर टेरेसा को यही करने के लिए ख्याति प्राप्त हो गई; वास्तव में, उन्हीं कथित चमत्कारों के कारण उन्हें संत की पदवी तक मिली। अघोरी (जिन्हें कुछ लोग जातिच्युत मानते हैं) शायद भारत का अकेला धार्मिक समूह हैं जिनसे इसी क़ानून के अंतर्गत अपने धर्म का पालन करने की आज़ादी छीन ली गई है।

आपके विचार से ऐसे क़ानूनों का प्रभाव क्या होगा जो स्पष्ट रूप से विभिन्न समुदायों के बीच भेदभाव करते हैं? जैसा कि आप समझ सकते हैं, इसका नतीजा संघर्ष और आक्रोश होता है। आपने ध्यान दिया होगा कि जब अदालतों ने जल्लिकट्टू (बैलों की लड़ाई) पर पाबंदी लगा दी, तो कई तमिल हिंदुओं ने

ग़ुस्से में पूछा कि मुसलमानों की बकर ईद पर क्यों पाबंदी नहीं है। अदालतों ने बैलों की लड़ाई को, जिसमें कभी-कभार ही कोई पशु मरता है, सुन्न या किसी अन्य ढंग से पीड़ा शमन किए बिना जानवरों की आनुष्ठानिक सामूहिक हत्या करने से ज़्यादा क्रूर क्यों माना? लेकिन, मुस्लिम समुदाय ने कभी जल्लिकट्टू पर पाबंदी की मांग नहीं की, तो फिर उन्हें क्यों इल्ज़ाम दिया जाए?

ऐसे क़ानून और नीतियां मूल रूप से एक औपनिवेशिक शक्ति द्वारा बनाई गई थीं ताकि ये समुदायों के बीच टकराव और मनमुटाव पैदा कर सकें। इसके बाद 'गोरे माई-बाप' लड़ने वाले समुदायों के बीच 'शांति स्थापित' करने को आगे आते थे, और इन्हीं मतभेदों का फ़ायदा उठाकर अपने शासन को आगे बढ़ाते थे। इतिहास की पुस्तकों ने इसे 'फूट डालो और शासन करो' नीति कहा है। अंग्रेज़ इसके माहिर थे।

भारत का दुर्भाग्य यह है कि स्वतंत्रता के बाद भी शासक वर्ग (जिसमें कुछ राजनीतिज्ञ और शिक्षाविद, राष्ट्रीय मीडिया और क़ानून क्षेत्र के कुछ लोग, कुछ एनजीओज़ और कुछेक नौकरशाह शामिल हैं) ने इस 'फूट डालो और शासन करो' को जारी रखा है। हमें इस चक्र को तोड़ने की आवश्यकता है।

और इसका सर्वश्रेष्ठ तरीक़ा 'फूट डालो और शासन करो' वाले ऐसे सारे क़ानूनों का विरोध करना और उन्हें निरस्त कराना होगा जो धार्मिक विश्वासों के आधार पर भारतीयों के बीच भेदभाव करते हैं। साथ ही एक संवैधानिक संशोधन भी होना चाहिए कि न तो संसद ऐसा कोई क़ानून बना सकती है और न अदालतें ऐसा कोई निर्णय दे सकती हैं जो धार्मिक विश्वासों के आधार पर समुदायों के बीच भेदभाव करता हो।

अंग्रेज़ों को इस सरज़मीन से गए लगभग सत्तर साल हो चुके हैं। अब समय आ गया है कि हम उनके द्वारा खेले गए खेलों से ऊपर उठ जाएं।

द टाइम्स ऑफ इंडिया, मई 2016 में सर्वप्रथम प्रकाशित

इतिहास को क्षमा करें... भूलें नहीं

बच्चे अपने माता-पिता से जो सबसे बड़ा तोहफ़ा पा सकते हैं उनमें से एक है भावनात्मक रूप से स्थिर बचपन। भौतिक सुविधाएं एक सुसमायोजित और ख़ुशहाल परिवार—जिसमें बच्चे को आपस में लड़ते माता-पिता, घरेलू हिंसा, और शारीरिक और भावनात्मक अत्याचार का सामना न करना पड़े—में बड़े होने के सुख की भरपाई नहीं कर सकतीं। अफ़सोस कि शोध और क़िस्से-कहानियों के साक्ष्य, दोनों संकेत देते हैं कि बहुत से बच्चे इस सुख से वंचित हैं और टूटे हुए परिवारों में बड़े होते हैं। नतीजतन, वे कुछ ख़ास परिस्थितियों में पीड़ादायक अनुभवों से लड़ने की योग्यता विकसित कर लेते हैं: कभी-कभी इंकार (अपने सचेत मस्तिष्क को समझा लेना कि कोई अत्याचार नहीं हुआ), और कभी-कभी अलक्षित क्रोध (जिसमें वे अपने मस्तिष्क में इस हद तक आक्रोश भरने देते हैं कि वे उन लोगों के प्रति भी नफ़रत पाल लेते हैं जिनका उस अत्याचार से कोई संबंध नहीं था)। यह जानने के लिए मनोवैज्ञानिक होने की ज़रूरत नहीं है कि ये दोनों ही चीज़ें हानिकारक हैं।

जैसा बच्चों के साथ है, वैसा ही देशों के साथ भी है। शायद ही कुछ देश दावा कर सकें कि उनका कोई दुर्भाग्यपूर्ण 'इतिहास' नहीं है। लेकिन जब देश सफल हो, तो अतीत को विनम्रता और स्थिर आत्मविश्वास से देखना सरल होता है। हाल ही में एक फ़ेलोशिप कार्यक्रम के अंतर्गत अमेरिका में मेरी यात्राओं के

दौरान, स्पष्ट था कि एंग्लो-सैक्सन अमेरिकी दिमाग़ ब्रिटिश औपनिवेशिक शासन से अक्षत था (अफ़्रीकी-अमेरिकी दिमाग़ अलग बात है)। लेकिन अरब जगत में मेरी यात्रा में कहानी अलग ही थी। वे अभी भी मंगोल, तुर्क और यूरोपीय विजयों के दौरान सहे उत्पीड़न और अत्याचार की स्मृति से सहम जाते हैं। आज अरब जगत में 'अलक्षित क्रोध' के विस्फोटों को—मैं मानता हूं, अन्य मुद्दों के अतिरिक्त—इस ऐतिहासिक अत्याचार से मज़बूती से जोड़ा जा सकता है।

लेकिन 'इंकार' की मनोवैज्ञानिक अवधारणा—जिसमें पीड़ित ख़ुद को समझा लेता है कि अत्याचार नहीं (या बहुत कम) हुआ है—को भारत में अतुल्य अभिव्यक्ति मिली है। इसका एक उदाहरण ब्रिटिश राज के प्रति बहुत से भारतीयों का रवैया है।

कई लोगों का मानना है कि ब्रिटिश राज के दौरान भले ही कुछ अन्याय हुए हों, लेकिन कुल मिलाकर औपनिवेशिक शासन लाभकारी था। कुछ का तो यहां तक दावा है कि भारत को अंग्रेज़ों ने ही बनाया क्योंकि, शायद, उनके आने तक हम 'एक देश' नहीं थे। जब ब्रिटिश राज के ज़ुल्मों की सूची बनाई जाती है, तो बताया जाता है कि सबसे भयानक अत्याचार जलियांवाला बाग़ का नरसंहार था जिसमें एक हज़ार से ज़्यादा हिंदुस्तानियों को नृशंसता के साथ मार डाला गया था। लेकिन क्या वाक़ई यही उनका सबसे भयानक अत्याचार था? दूर-दूर तक नहीं। 1940 के दशक की शुरुआत में, आगे बढ़ती आ रही जापानी सेना को रोकने के लिए चर्चिल ने सोचे-समझे ढंग से पूर्वी भारत में सूखी धरती नीति का आदेश दिया था जिसके नतीजे में, विश्वस्त अनुमानों के अनुसार, पंद्रह से चालीस लाख भारतीयों की मौत हुई थी। यह संख्या लगभग उतनी ही है जितने यहूदियों को हिटलर के आदेश पर मारा गया। माइक डेविस की *लेट विक्टोरियन हॉलोकॉस्ट* में ब्रिटिश नीतियों के कारण विशाल तादाद में—लाखों की संख्या में—हुई मृत्युओं का भयावह विवरण दिया गया है। भारत में यह तथ्य बहुत कम ज्ञात है कि ब्रिटिश राज (और गोरों का 'सभ्यकरण मिशन') का महल

मानव इतिहास के सबसे बड़े मादक द्रव्यों के अवैध कारोबार पर बना था (देखें लेख: ब्रिटिश बॉम्बे, आमची मुंबई)। अंग्रेज़ों ने भारतीय किसानों को अफ़ीम पैदा करने के लिए मजबूर किया, जिसकी तस्करी करके चीन भेज दिया जाता था। इस कारोबार से चीन की अर्थव्यवस्था—लाखों चीनियों की ज़िंदगी की बात तो रहने ही दें—नष्ट हो गई। इसी के साथ, लाखों भारतीयों की मृत्यु खाद्य पदार्थों की जगह बलपूर्वक अफ़ीम की (साथ ही अंग्रेज़ों के कारोबार के लिए लाभदायक कुछ दूसरी नक़दी फ़सलों की) खेती करवाए जाने से हो गई, जिससे खाद्यान्नों की निरंतर कमी होती गई और अकाल पड़ने लगे।

भारतीय इतिहास की पुस्तकों में इन घटनाओं पर बड़ी सावधानी से लीपापोती कर दी गई है। क्यों? कुछ उत्साही लोगों का आरोप है कि भारत के स्वतंत्र इतिहास के अधिकांश भाग में भारतीय कल्पनाशीलता पर जिन लोगों का क़ब्ज़ा रहा है—भारत का अंग्रेज़ीदां वर्ग—उसने अपने 'सांस्कृतिक' पूर्वजों के देश: ग्रेट ब्रिटेन के प्रति वफ़ादारी जताते हुए जानबूझकर इन तथ्यों को नज़रअंदाज़ कर दिया। लेकिन यह बहुत ही गंभीर और जोखिम भरा आरोप है। अंग्रेज़ीदां वर्ग के अनेक लोगों के साथ मेरी बात हुई है। मैं मानता हूं कि कभी-कभी उनकी विचित्र रूप से सनकी संस्कृति को समझना मुश्किल होता है, मगर वे ग़द्दार नहीं हैं। वे अपने अलग अंदाज़ में भारत से प्रेम करते हैं; हालांकि उनमें से अनेक यह मानते हैं कि भारतीय सच का सामना नहीं कर सकते और कुछ बदसूरत हिस्सों को हटाने के लिए इतिहास में 'लीपापोती' करके ही 'सामाजिक शांति' बरक़रार रह सकती है। ब्रिटिश युग के अलावा, कुछ दूसरी तकलीफ़देह ऐतिहासिक घटनाओं पर भी 'फ़ोटोशॉपिंग' का यह संरक्षण भरा प्रयास किया गया है, जैसे मध्ययुग में भारत पर हुए बर्बर तुर्क आक्रमण, जिन्हें इतिहास की सबसे ख़ूनी विजयों में से एक कहा गया है (और अधिक जानकारी के लिए पढ़ें *तारीख़-ए-फरिश्ता*)।

खंडन निरपवाद रूप से सच का दमन करता है जो घृणा और क्रोध की कुरूपता में अभिव्यक्ति पाता है, जैसा हम आज भारत के कुछ हिस्सों में देख

सकते हैं। यह दीर्घावधि में समाजों के ही हित में होता है कि वे सच को स्वीकार करें, उसका सामना करें और फिर उसके साथ तालमेल बिठाना सीखें। क्षमा करें, मगर भूलें नहीं। हमारी इतिहास की पुस्तकों को ब्रिटिश नीतियों के कारण पड़े अकालों को विस्तार में तथ्यों के साथ देना चाहिए; साथ ही अंग्रेज़ों के मादक द्रव्यों की तस्करी के व्यापक कारोबार को भी। भारतीय विद्यार्थियों के सामने सच्चाई के साथ मध्ययुगीन तुर्क हमलावरों की भयानक बर्बरता को भी उजागर करना चाहिए। मगर हमें यह भी सिखाना चाहिए कि इतिहास को अपने पांव वर्तमान में नहीं पसारने चाहिए और आज किसी समुदाय के बारे में हमारे नज़रिए को भ्रमित नहीं करना चाहिए। उदाहरण के लिए, हमें आज के इंग्लैंड से उनके पूर्वजों के कार्यों का बदला लेने की ज़रूरत नहीं है। और इसके अलावा, अगर सिर्फ़ इसलिए कि अंग्रेज़ ईसाई थे, हमें उनकी ज़्यादतियों के लिए भारतीय ईसाइयों को दोष नहीं देना चाहिए, तो बर्बर तुर्क/मुग़ल/फ़ारसी विजयों के लिए भारतीय मुसलमानों को क्यों दोष दिया जाए? हम सदियों विदेशी सत्ता के ग़ुलाम रहे थे। उन बर्बर विदेशियों के अपराधों के लिए हमें अपने साथी भारतीयों को दोष नहीं देना चाहिए।

अनेक संस्कृतियां किसी मोड़ पर पीड़ित रही हैं, तो दूसरे मौक़ों पर दमनकारी। अगर करना ही है, तो पिछले कार्यों की बजाय वर्तमान आचरण से तय करना चाहिए कि किसी समुदाय का आकलन कैसे किया जाए।

मेरी सलाह हैः अपने इतिहास की मुश्किल भरी घटनाओं का ईमानदारी से विश्लेषण करें; सच को स्वीकार करें और उससे सीखें। क्षमा करें, मगर भूलें नहीं। यह सच उस ज़हर की काट करेगा जो भारत के कुछ चरमपंथियों की रग़ों में दौड़ रहा है।

अस्वीकृति ऐतिहासिक दोषों का इलाज नहीं है। सच है। सत्यमेव जयते।

हिंदुस्तान टाइम्स, नवंबर 2014 में सर्वप्रथम प्रकाशित

राज्य बनाम केंद्र

'हम ग़लत दिशा में जा रहे हैं!' पिछले कुछ समय से जब भी भारत के भविष्य की बात चलती है तो कितनी बार हम यह सुनते हैं? आज निराशा का एक प्रबल और सर्वव्यापी वातावरण हमें घेरे हुए है। इसमें कोई संदेह नहीं कि कुछ लघुकालिक राजनीतिक मुद्दे हैं, और ऐसे लोग विस्तार से इनका विश्लेषण कर रहे हैं जो इन मामलों में मुझसे कहीं ज़्यादा बुद्धिमान हैं। मुझे यक़ीन है कि एक देश के रूप में हम अपनी राजनीतिक समस्याओं के लिए हल ढूंढ़ लेंगे।

इसके बजाय इस लेख में मैं एक दीर्घकालिक मुद्दे पर फ़ोकस करता हूं। इस बात पर बहुत दुख जताया जाता है कि हमारे कुप्रशासन का मूल कारण गठबंधन युग है जिसे अपनाने के लिए हम मजबूर हैं। विवेकशील, विचारशील व्यक्तियों के बीच भी दिल्ली से शक्ति खिंचकर राज्यों के पास आने को लेकर भी गहन चिंता व्याप्त है। हम एक पार्टी के प्रभाव में आने की आकांक्षा कर रहे हैं क्योंकि हमें विश्वास है कि तभी हमें परिणाम देखने को मिलेंगे। क्या मैं सहमत हूं? सच कहूं तो नहीं।

हमारी सभ्यता के इतिहास में कितनी बार किसी शक्तिशाली शासक ने भारतीय उपमहाद्वीप के एक बड़े भाग पर अपनी छाप छोड़ी है? बहुत बार नहीं।

पिछले ढाई हज़ार साल में किसी स्थिर, केंद्रीकृत सत्ता ने आठ सौ से ज़्यादा साल हमारे आधे से ज़्यादा देश पर शासन नहीं किया होगाः मौर्यवंश, गुप्तवंश, मुग़ल, मराठे, अंग्रेज़ और स्वतंत्रता के बाद पहले चालीस साल।

इस ऐतिहासिक तथ्य की कुछ हैरतअंगेज़ व्याख्याएं पेश की गई हैं, जिनका आशय होता है कि भारत वास्तव में कभी कोई देश था ही नहीं, और कि इसे अंग्रेज़ों ने हमारे लिए बनाया था। मेरी राय में यह एक संकीर्ण नज़रिया है। सत्रहवीं शताब्दी में वैस्टफ़ेलिया की विभिन्न संधियों से पहले राष्ट्र-राज्य की कोई अवधारणा ही नहीं थी। सोलहवीं शताब्दी के लंदन में अगर आप कहते कि आप किंग हेनरी के नहीं, इंग्लैंड के प्रति वफ़ादार हैं तो ग़द्दार मानकर आपका सिर क़लम कर दिया जाता। प्रारंभिक और मध्ययुगीन इतिहास में, 'राष्ट्र' सांस्कृतिक, सभ्यतागत या जनजातीय सत्ताएं हुआ करते थे, अनिवार्यतः राजनीतिक इकाइयां नहीं। सांस्कृतिक रूप से भारत हमेशा से एक 'देश' या सभ्यता रहा है। राजनीतिक रूप से हम प्रायः विभाजित रहे थे।

वह राजनीतिक विभाजन हमारी प्रतिस्पर्धात्मक ताक़त था, क्योंकि यह नवीन खोजों की प्रेरणा देता है जो कि धनार्जन का सबसे शक्तिशाली साधन है। हमारे अधिकांश इतिहास में भारत नवीन खोजों की भूमि रहा है, और इसने सदियों को प्रभावित करने वाली खोजों को जन्म दिया है, जैसे अंकों का सांख्यिक महत्व और कर्म की दार्शनिक अवधारणा के साथ ही वास्तुशिल्प, सर्जरी, पोतनिर्माण, सिंचाई तकनीकों और अन्य कई क्षेत्रों में व्यावहारिक, सरल उपाय। अपनी प्रकृति से ही नवीन खोज अशांतिकारक और विद्रोही होती है। हमारे राजनीतिक विभाजनों ने हमारे आविष्कारकों और मुक्त विचारकों को विकल्प खोजने का मौक़ा दिया। अगर पाल शासकों ने आपके विचार पसंद नहीं किए, तो आप चोल शासकों के पास जा सकते थे। अगर विजयनगर के तुलुवों ने आपके विचार पसंद नहीं किए तो आप बहमनी सुल्तानों के यहां निकल सकते थे। चूंकि सांस्कृतिक दृष्टि से हम एक देश थे इसलिए यात्राएं

करना सुगम था। विकेंद्रीकरण ने नई खोज करने में मदद की जिसने बदले में हमें समृद्ध बनाया।

तो क्या हम इसके विरोध में तर्क दे सकते हैं? क्या केंद्रीकरण नई खोजों को नुकसान पहुंचाता है? हां, अक्सर ऐसा होता है। एक चीनी सम्राट ने जिसकी चीन पर तानाशाही हुकूमत थी, एडमिरल ज़ेंग हे की पंद्रहवीं सदी की पथप्रदर्शक समुद्री यात्राओं के कुछ दशक बाद समुद्री गतिविधियों पर प्रतिबंध लगा दिया था। किसी चीनवासी में सम्राट के इस अन्वेषण विरोधी फ़ैसले के ख़िलाफ़ जाने की हिम्मत नहीं थी। लंबी अवधि में इसका प्रभाव यह था कि दुनिया में औपनिवेशीकरण को प्रेरित करने वाले जहाज़ चीन के नहीं, बल्कि यूरोप के थे। अति केंद्रीकरण के कालों के ऐसे उदाहरण भारत में भी भरे पड़े हैं, उदाहरण के लिए, सम्राट अकबर ने (जो वैसे बहुत अच्छे शासक थे) गुटेनबर्ग प्रेस को अनुमति नहीं दी या 1950 से 1991 तक की हमारी आत्मघाती आर्थिक नीतियां। अगर उस समय भारत राजनीतिक दृष्टि से बंटा हुआ या विकेंद्रित होता, तो इन दुर्भाग्यपूर्ण फ़ैसलों को चुनौती दी जा सकती थी।

तो एक विकेंद्रित, अव्यवस्थित और राजनीतिक दृष्टि से बंटा देश वस्तुतः नई खोजों के लिए अच्छा रहता है। मगर राजनीतिक विभाजन के साथ समस्या हिंसा और अराजकता का जोखिम रहने की है। लेकिन अब, हमारे प्रजातंत्र ने राजनीतिक विभाजनों से जुड़ी हिंसा के बगैर इनका बंदोबस्त करने के साधन प्रदान कर दिए हैं। तो मैं कहता हूं, हमारे राज्यों के पास शक्ति जाने दें! केंद्र को कमज़ोर होने दें। कुछ राज्यों की आश्चर्यजनक प्रगति एक प्रमाणगत प्रभाव पैदा करेगी जिससे विभिन्न मुख्यमंत्रियों के बीच एक स्वस्थ प्रतिस्पर्द्धा छिड़ सकती है। *ब्रेकआउट नेशन्स* के लेखक रुचिर शर्मा ने कहा है कि अगर आप भारत को लेकर निराशावादी होना चाहते हैं, तो देश की राजधानी में जाएं। अगर आप आशावादी महसूस करना चाहते हैं, तो राज्यों में जाएं।

जबरन किया गया विकेंद्रीकरण जो आज हम भारत में देख रहे हैं, आंशिक रूप से कमज़ोर गठबंधन सरकारों के कारण, हमारे लिए लाभकारी है। हमें इस चलन को संवैधानिक तौर पर मज़बूत करना होगा—बहुत ज़्यादा संवैधानिक शक्तियां अभी भी केंद्र के पास हैं। यह काम तो करवा नहीं सकता, लेकिन राज्यों के आगे बढ़ने में बाधा जरूर डाल सकता है। संविधान की संघ और संयुक्त सूची के बहुत से कामों को राज्यों की सूची में अंतरित कर दिया जाना चाहिए। अगर राज्य संवैधानिक रूप से मजबूत हो जाएंगे तो क्षेत्रीय दल केंद्र से अनुदान के लिए संघर्ष करने में समय बर्बाद नहीं करेंगे—इसके बजाय, वे उस समय का सदुपयोग अपने राज्यों के प्रशासन में लगकर करेंगे। और हमारा देश एक बार फिर नवीन खोजों का स्थान बन जाएगा।

अनुभवहीन दक्षता से तुलना करने पर नवीन खोज करने की क्षमता कहीं ज़्यादा फलप्रद और दीर्घकाल में प्रतिस्पर्द्धात्मक लाभ है। अमेरिका से पूछें। यह दिलचस्प है कि अमेरिकी संविधान ने संघीय सरकार को तुलनात्मक रूप से कमज़ोर रखते हुए राज्यों के अधिकारों पर फ़ोकस किया है। उतना ही दिलचस्प यह है कि भारत का आधुनिक, और स्वर्णिम आर्थिक काल (1991 के बाद) ऐसे राजनीतिक युग में आता है जब किसी एक दल ने अपने दम पर संसद में बहुमत नहीं पाया था। इत्तफ़ाक़? मुझे तो ऐसा नहीं लगता।

क्या 2014 के चुनावों ने, जिन्होंने पच्चीस साल में पहली बार एक पार्टी की बहुमत सरकार को चुना था, मेरी राय बदल दी है कि विकेंद्रित भारत ही आगे बढ़ने का सबसे अच्छा मार्ग है? नहीं। और यह देखकर मुझे ख़ुशी होती है कि पिछले पच्चीस साल से स्वाभाविक विकेंद्रीकरण की प्रक्रिया को मज़बूत करने के लिए सुव्यवस्थित यत्न किए जा रहे हैं। 14वें वित्त आयोग की सिफ़ारिशों को मान लिया गया है। न केवल राज्य ज़्यादा धन प्राप्त कर रहे हैं, बल्कि ज़्यादा अहम यह है कि उस धन पर उनका नियत्रंण है। दिल्ली में बनाई गई केंद्रीय योजना को लागू करने की जगह वे अपनी प्राथमिकताएं तय कर सकते हैं और

उनके अनुरूप ख़र्च कर सकते हैं। इस प्रक्रिया को आगे ले जाना होगा! शहरी प्रशासनों और ग्राम पंचायतों को भी इसी प्रकार की शक्तियां मिलनी चाहिए। दूसरी कई शक्तियों (और स्पष्ट रूप से दायित्व) का भी विकेंद्रीकरण होना चाहिए।

द *एशियन एज/डैक्कन क्रॉनिकल*, 2013 में सर्वप्रथम प्रकाशित

आपको शक्ति मिले!

आहें और कराहें! कुल मिलाकर यह प्रतिक्रिया होती है पुरानी पीढ़ी की जब बात निकलती है भारतीय युवाओं की और हमारी संस्कृति, धर्म और देश में उनकी बज़ाहिर अरुचि की। बड़ों की निगाह में, भारत का स्टैंडर्ड गिर रहा है क्योंकि युवा लोग पश्चिम के प्रति प्रेम में अंधे हुए जा रहे हैं। उन्हें यक़ीन है कि आधुनिकीकरण नाम के तूफ़ान, और 'बेहूदा' रियलिटी टीवी और बेलगाम इंटरनेट जैसे उसके बेक़ाबू नतीजों की तेज़ हवा में हमारी संस्कृति पत्तों की तरह उड़ जाएगी। क्या यह सही है? नहीं!

सच तो यह है कि पुरानी पीढ़ी के बहुत से लोग वास्तव में वे हैं जो भारत की प्राचीन संस्कृति के संपर्क में ही नहीं हैं, जो कि मूलतः बहुत आत्मविश्वासी और खुले दिमाग़ की थी। मैं आपको कुछ उदाहरण देता हूं (उदाहरण अनिवार्यतः बहुत पुराने होंगे क्योंकि मेरा मानना है कि पिछली कुछ सदियों में भारत अपनी प्राचीन संस्कृति के वास्तविक सार को भुला बैठा है)।

संस्कृत को एक अपरिवर्तनीय भाषा माना जाता है। ग़लत है। आज जिस संस्कृत को हम जानते हैं वह शास्त्रीय संस्कृत है। अपने प्राचीन रूप में एक सशक्त, गणितीय संरचना के साथ वैदिक संस्कृत एक जीवंत भाषा थी जिसमें लचीलापन था।

प्राचीन भारत दुनिया भर से आए शरणार्थियों और आप्रवासियों का स्वागत करता था। यूरोप के अधिकांश देशों में जाने से पहले ईसाई धर्म भारत में आया था। दो हज़ार वर्ष से ज़्यादा पहले से यहूदियों को भारत में समर्थन मिला। पारसियों को प्राचीन गुजरात ने अपना लिया। अरबों और पुर्तगालियों के ग़ुलामों के रूप में लाए गए सिद्दी मुसलमान अपने बंधन तुड़ाकर भाग निकले और उन्होंने पश्चिमी भारत में छोटे-छोटे राज्यों की स्थापना की। साहसियों, पीड़ितों, जांबाज़ों और यातनाग्रस्तों को, उन लोगों को जिनमें जोश और बेहतर जीवन तलाशने का जज़्बा था, अपनी आग़ोश में समेट लेने वाला भारत प्राचीन युग का अमेरिका था।

विदेशियों (जैसे दक्षिणपूर्वी एशियाइयों) ने भारतीय नाम, जीवनशैली और संस्कृति अपना ली क्योंकि वे इसकी जीवंतता के प्रति आकर्षित थे, ठीक वैसे ही जैसे दुनिया भर के लोग आज अपना अमेरिकीकरण कर रहे हैं। इसके अलावा, प्राचीन भारतीय अन्य संस्कृतियों के प्रति उदार थे। दो हज़ार से भी ज़्यादा वर्ष पहले जब यूनानियों ने हमारी भूमि को जीतने की कोशिश की थी, तब भले ही उन्हें खदेड़ दिया गया हो, मगर भारतीयों ने हेलेनिस्टिक युग के नाकाम हमलावरों से उत्कृष्ट गांधार कला सीख ली थी। मशहूर इडली, जो अविवादित रूप से भारतीय स्नैक्स की सबसे लोकप्रिय चीज़ों में से है, शायद इंडोनेशिया के तटीय क्षेत्रों से भारत में पहुंची थी।

हमारी उदारता धर्म के संवेदनशील क्षेत्र में भी पहुंची। भारत के महान महाकाव्य *रामायण* के सैकड़ों रूप हैं। इनमें से अनेक रूप महत्वपूर्ण रूप से एक-दूसरे से भिन्न हैं। कुछ रावण को घोर दुष्ट दानव के रूप में पेश करते हैं जबकि दूसरों में वह एक दक्ष महान राजा और समर्पित शिव भक्त है, अलबत्ता दोषों के साथ। देवी सीता कुछ रूपों में शांत और सीधी-सरल हैं, जबकि कुछ अन्यों में उन्हें उग्र और योद्धा रूप में दर्शाया गया है। *रामायण* के ये सभी भिन्न

रूप सद्भावपूर्ण ढंग से सहअस्तित्व में रहे हैं और सब समान रूप से प्रिय और सम्मानित हैं।

इस्लाम के महान सूफ़ी संतों ने हिंदू धर्म और इस्लाम के बीच गहरी समानताएं पाईं। अपनी पुस्तक, *मज़मा-अल-बहरेन*, में दारा शिकोह ने मुस्लिम अबु अरवाह (सभी आत्माओं के पिता) और हिंदू परमात्मा के बीच समानताएं खोजी हैं। हमारे महानतम सम्राटों में से एक अकबर द्वारा धारण की गई उपाधि 'जहांपनाह' सामान्य 'संसार विजेता' नहीं बल्कि 'दुनिया की शरण' थी। महान मौर्य वंश में, जो अपने काल का सबसे शक्तिशाली राजवंश था, परिवार के अंदर ही अनेक धर्मावलंबी थे; चंद्रगुप्त मौर्य संभवतः जैन था, बिंदुसार आजीविक और अशोक बौद्ध था। राजराज चोल कट्टर शैव हिंदू था जिसने बौद्ध विहारों के निर्माण को संरक्षण प्रदान किया।

ऐसे अनेक उदाहरण स्पष्ट करते हैं कि हम कभी खुले दिमाग़ के, उत्सुक और सरल समाज थे; और यही, वास्तव में, हमारी सफलता का रहस्य था। ऐसी सफलता जो हतप्रभ कर देने वाली थीः ब्रिटिश अर्थशास्त्री एंगस मैडिसन के व्यापक रूप से उद्धृत किए जाने वाले अनुमानों के अनुसार, अधिकांश दर्ज इतिहास में, भारत संसार की सबसे समृद्ध अर्थव्यवस्था थी, जिसका दुनिया के सकल घरेलू उत्पाद में 25 से 33 प्रतिशत के बीच योगदान था! रोम के सम्राट वैस्पेसियन ने भारत के साथ व्यापार पर रोक लगा दी थी क्योंकि भारतीय सामान का आयात करने और सोने/चांदी की ईंटों में उनका भुगतान करने से उसके साम्राज्य में करेंसी की कमी हो गई थी। सोने की विशाल खानें न होने के बावजूद भारत को निजी स्वामित्व में सोने की विशालतम मात्रा मौजूद होने वाले देशों में माना जाता है। कुछ इतिहासकारों का मानना है कि यह भारत में सदियों से होते आए सोने की ईंटों से होने वाले व्यापार से जमा धरोहर है।

फिर हमें क्या हो गया? चकरा देने वाली ऊंचाइयों से जहां हम हज़ारों साल से मौजूद थे, इतने नाटकीय ढंग से हम कैसे गिर गए? एक जनप्रिय धारणा है कि तुर्क और अंग्रेज़ों जैसे विदेशी विजेताओं ने हमारे साथ यह किया। ग़लत है। उन्होंने हमें नष्ट नहीं किया। हमने ख़ुद को नष्ट किया।

हमने अपना तिलिस्म खो दिया क्योंकि हम भूल गए थे कि हम कौन थे। हम अपनी मूल संस्कृति को भूल गए। हमने अपनी आत्मविश्वासपूर्ण उदारता खो दी। काले पानी की अवधारणा, जो विदेश यात्रा पर प्रतिबंध लगाती थी, हिंदू मानस में चली आई; विडंबना यह कि ऐसा उन लोगों के साथ हुआ जिन्होंने प्राचीन युग के सबसे बड़े नाविकों और व्यापारियों को पैदा किया था। धर्मों और संस्कृतियों के बेरोकटोक मेलजोल की जगह जो सदियों से चला आ रहा था, असुरक्षित, अलगाववादी विचारों ने ले ली। वैज्ञानिक सोच घट गई, हालांकि भारत में विज्ञान का धर्म से कभी टकराव नहीं रहा था। जापान के विपरीत, हमने पश्चिमी दुनिया की बड़ी औद्योगिक प्रगतियों का लाभ नहीं उठाया। धीरे-धीरे मगर निश्चित तौर पर जो हुआ वह हमारा सतत पतन था। इसके बावजूद, ब्रिटिश शासन के आरंभकाल में भारत दुनिया की दूसरी सबसे बड़ी अर्थव्यवस्था था। लेकिन प्रति व्यक्ति आय के आधार पर हम पहले ही तेज़ी से बढ़ते यूरोप से पीछे थे।

अंग्रेज़ों ने तो बस यह स्पष्ट कर दिया था कि हम घोर पतन में थे, एक ऐसा सच जो हमारी अतीत की सफलताओं की महान विरासत से छिप गया था। महज़ एक लाख अंग्रेज़ों ने क़रीब दो सौ साल तक तीस करोड़ भारतीयों पर राज किया। यह स्पष्ट रहे, यह महज़ विजय नहीं थी। यह ऐसा अपमान था जिसकी मानव इतिहास में मिसाल नहीं है। ऐसा इसलिए हुआ कि भारतीयों का एक वर्ग अंग्रेज़ों की ओर से भारत पर नियंत्रण करता था। भले ही जनरल डायर ने जलियांवाला बाग़ में निहत्थे भारतीयों पर गोली चलाने का आदेश

दिया था। लेकिन असल में जिन लोगों ने गोलियां चलाईं, वे तो हमारे अपने देशवासी ही थे।

पिछले कुछ समय में भारत में दो संकीर्ण सोच वाले गुट सामने आए हैं: भारत को नकारने वाले और भारत को सराहने वाले। मुझे इसे बताने की छूट दें ताकि मैं अपनी बात को स्पष्ट रख सकूं। भारत को नकारने वाले हमारे अतीत को नकारते हैं। वे शून्यवादी लोग हैं जो अपनी भारतीय विरासत को झुठलाते हैं और विदेशी मूल्यों और प्रभावों को थोपने की कोशिश करते हैं, जैसे अंग्रेज़ियत-प्रेमी, मार्क्सवादी। ऐसा लगता है जैसे वे यह मानते हों कि भारत के प्राचीन इतिहास में कुछ भी सार्थक नहीं था या बहुत कम था। भारत को नकारने वालों के इस तर्क का विरोध भारत को सराहने वाले यानी धार्मिक कट्टरपंथी करते हैं। भारत को सराहने वाले इन लोगों का मानना है कि प्राचीन भारत के बारे में हर चीज़ परफ़ेक्ट और खरी थी और उस पर सवाल उठाया ही नहीं जा सकता, उसे फिर से परखने की बात तो दूर है। वे यह भी मानते प्रतीत होते हैं कि ऐसी कोई ख़ास चीज़ नहीं है जो हम विदेशों से सीख या ले सकते हैं।

ये दोनों ही गुट, भारत को नकारने और सराहने वाले, वे नहीं हैं जिनकी भारत या भारतीय उपमहाद्वीप को भी जरूरत है। स्वतंत्रता के बाद के पहले चार दशकों में भारतीय कुलीनवर्ग में मुख्य रूप से वे लोग थे जो भारत को नकारते थे, और हमने देखा है कि उन्होंने देश में कैसी आर्थिक अव्यवस्था और बौद्धिक जड़ता पैदा की थी। दूसरी ओर अब तक पाकिस्तान एक प्रकार से मज़हबी कट्टरपंथियों के हाथ में आ चुका है और ईश्वर ही अब उस हतभागी देश का सहारा है। भारत की प्राचीन संस्कृति तो इन दोनों ही चरमपंथी गुटों को नकार देती।

पिछली पीढ़ी से एकदम उलट आज के नौजवान मेरे दिल में उम्मीद जगाते हैं। मैं बताता हूं क्यों: क्योंकि वे आत्मविश्वास से भरी ऐसी उदार मानसिकता

दर्शाते हैं जो अतीत में विशिष्ट रूप से भारतीय रही है। वे जो हैं, उस पर उन्हें गर्व है, लेकिन वे विरासत में मिली हमारी परंपराओं के कुछ ख़ास तत्वों से असहमत होने के भी इच्छुक हैं। उदाहरण के लिए, मेरे अधिकांश नौजवान पाठक इस बात को सराहते हैं कि मैं अपनी पुस्तकों के कवर पेज पर अपना जातिगत उपनाम नहीं लिखता हूं, लेकिन भगवान शिव की महिमा के बारे में जानने को उत्सुक रहते हैं। उन्हें अपनी संस्कृति पर गर्व है, मगर वे अन्य संस्कृतियों के बारे में जानने के भी इच्छुक हैं, उदाहरण के लिए, एक मुस्लिम युवक ने मुझे बताया कि वह स्वाभिमानी मुस्लिम है, मगर वह हर हर महादेव की धारणा से भी प्रेरित हुआ है! एक हिंदू नौजवान ने इस बात की प्रशंसा करते हुए लिखा कि मैं हिंदू होते हुए भी अक्सर इंशाअल्लाह कहता हूं। आज के नौजवान पश्चिम से सीखने को उत्सुक हैं, मगर भारतीय होने को लेकर उन्हें कोई शर्मिंदगी नहीं है, उदाहरण के लिए एमटीवी का वजूद केवल इसलिए बना रह पाया है क्योंकि उसने अपना भारतीयकरण कर लिया है। वे किसी बड़े कल्याण के लिए ग़ैर-सांप्रदायिक मुद्दों पर साथ खड़े होने के लिए तैयार रहते हैं। उस अथाह जुनून को देखें जो भ्रष्टाचार के मुद्दे ने जगाया है। अपनी पढ़ने की आदतों में वे अपने माता-पिता के मुक़ाबले कहीं ज़्यादा खुले दिमाग़ के हैं। कॉल सैंटरों से लेकर धार्मिक दर्शन तक की किताबों को भी बड़े पैमाने पर स्वीकृति और कामयाबी हासिल हुई है। हाल के बेस्टसेलर चार्टों में ज़्यादातर लेखक भारतीय रहे हैं। लेकिन ये नौजवान संकीर्ण मानसिकता के नहीं हैं। जब पाओलो कोएलो जैसा कोई विदेशी ऐसे फ़लसफ़े लेकर आता है जो उन्हें प्रेरित करें, तो वे उन्हें भी चुन लेते हैं।

आज के नौजवान उदारीकरण के युग की संतान हैं। वे वयस्क होंगे और एक दिन हमारा सिर ऊंचा करेंगे। वे एक बार फिर भारत को एक महान देश बनाएंगे। हमारे सामने अनेक ज़ाहिरी तौर पर दुर्गम चुनौतियां हैं। मगर सही प्रवृत्ति के साथ हम उन सबको भी हरा देंगे!

आउटलुक पत्रिका ने मुझसे कहा था कि मैं युवाओं के लिए संदेश दूं। मुझे यक़ीन नहीं है कि मैं इसके क़ाबिल हूं। लेकिन मैं आपके साथ हौसलाअफ़ज़ाई की एक पंक्ति बांटना चाहूंगा। यह मेरी किशोरावस्था के दिनों का एक शाश्वत कथन है! यह *स्टार वार्स* फ़िल्म का है, जिसे आज भी याद किया जाता है: आपके साथ बल रहे! वास्तव में, हम इसका थोड़ा सा भारतीयकरण कर सकते हैं। आपके साथ शक्ति रहे!

आउटलुक, 2011 में सर्वप्रथम प्रकाशित

वैदिक शिक्षा

बुद्धिमानी यही है कि केवल उन लेखों को पढ़ने के प्रलोभन का विरोध किया जाए जो हमारे वैश्विक दृष्टिकोण से मेल खाते हों। हर रंग के मतों के प्रति अपने दिमाग़ को खुला रखना ज्ञानवर्धक हो सकता है। अन्यथा हम खुद को बंद माहौल में रहते हुए पाएंगे, जो अरस्तू के परित्यक्त मध्य के नियम की दिलचस्प प्रस्तुति में, समाज में मुखर भेदभाव पैदा करेगा।

ऐसी ही एक चर्चा, जिसका बहुत ज़्यादा राजनीतिकरण हुआ है जिससे विवेकपूर्ण बहस नामुमकिन हो गई है, वैदिक ज्ञान का अध्ययन है: वैदिक विज्ञान, गणित, उदारवादी दर्शन, साहित्य, राजनीति, अर्थशास्त्र, नीति आदि। दिलचस्प यह है कि विदेशी विश्वविद्यालयों में इन विषयों के पूरे विभाग हैं! मगर ज़्यादातर सतही जानकारी से भरे हैं। भारतीय विश्वविद्यालयों के इन विषयों के विभागों में दुखद रूप से स्टाफ़ और संसाधनों की भारी कमी है।

लेख और मौखिक मत वैदिक अध्ययन के ख़तरों की गंभीर चेतावनी देते हैं! डर यह है कि इससे 'भगवाकरण' होगा। एक उत्साही मित्र ने टिप्पणी की कि 'वैदिक अध्ययन की यह दक्षिणपंथी गर्व-निर्माण परियोजना चरमवाद और घृणा को बल देगी! और याद रखें, पतन से पहले का चरण गर्व ही है।'

वैदिक अध्ययन को विशुद्ध 'दक्षिणपंथी परियोजना' तक सीमित कर देना हमारे अतीत की ज्ञान-संपदा का निरादर है। हमारी वैदिक धरोहर केवल 'दक्षिणपंथी हिंदुओं' की थाती नहीं है! यह भारतीय उपमहाद्वीप के प्रत्येक व्यक्ति की है। आनुवंशिक अध्ययनों ने उजागर किया है कि उपमहाद्वीप के अधिकांश लोगों में प्राचीन उत्तर भारतीय (एंसैस्ट्रल नॉर्थ इंडियन-एएनआई) और प्राचीन दक्षिण भारतीय (एंसैस्ट्रल साउथ इंडियन-एएसआई) आनुवंशिक समूहों का मेल है। ये समूह ज़्यादा नहीं तो कम से कम छह हज़ार साल से उपमहाद्वीप में रह रहे हैं, और प्राचीन इतिहास में उनमें परस्पर बहुत ज़्यादा मेलजोल रहा है।

'नस्लीय शुद्धता' के प्रचलित विश्वास के विपरीत उत्तर भारतीयों और दक्षिण भारतीयों, विशेषकर उत्तर भारतीयों, के जीन समूह में एएसआई का कुछ अनुपात, और दक्षिण भारतीयों में एएनआई का कुछ अनुपात मौजूद है। इसका मतलब है कि आज भारतीय उपमहाद्वीप के लगभग सभी समूह प्राचीन वैदिक लोगों के वंशज हैं। यह सभी धर्मों, भाषाओं, जातियों और यहां तक कि राष्ट्रीय सीमाओं के पार जाकर सच है। किसी भी समूह के लिए वैदिक ज्ञान पर अपना विशिष्ट दावा ठोकना ग़लत होगा! यह उपमहाद्वीप की धरोहर है। इसका अध्ययन कोई 'दक्षिणपंथी परियोजना' नहीं है। यह हम सबसे जुड़ा है।

अब इस 'गर्व' के मुद्दे पर चर्चा करते हैं। माना जाता है कि वैदिक जीवन का अध्ययन हमारे भीतर एक गर्व का संचार करेगा, और यह अनुचित, यहां तक कि ख़तरनाक भी है। इसके बजाय हमें भविष्य पर ध्यान केंद्रित करना चाहिए। यक़ीनन अपने अतीत को लेकर जुनूनी होना और भविष्य को नज़रअंदाज़ करना अपरिपक्वता है। मगर, क्या हमें दूसरे चरम पर जाकर अपने अतीत को पूरी तरह से नज़रअंदाज़ कर देना चाहिए? क्या गर्व इतना ही सर्वग्राही नकारात्मक गुण है?

कहते हैं कि पतन से पहले का चरण गर्व है। लेकिन कोई तब तक गिर नहीं सकता जब तक कि वह ऊपर चढ़ता नहीं है, या बुजदिली के बोझ तले

दब नहीं जाता। गर्व के हावी होने के भी चरण होते हैं। ये आत्मविश्वास और आत्मसम्मान से शुरू होता है जो सफल होने में आपकी मदद करते हैं। समय के साथ यह गर्व में, और दुखद रूप से अहंकार तक में बदल सकता है! तब जाकर आपका पतन होता है।

सभी महान नेताओं और राष्ट्रों ने सफलता हासिल करने में आत्मसम्मान द्वारा निभाई जाने वाली भूमिका को समझा है। उन्होंने अपने समाजों और अपने अतीत को लेकर मिथक गढ़े। बहुधा, ये मिथक ज्ञात तथ्यों पर आधारित नहीं होते हैं। मगर, जब तक लोग उनमें विश्वास करते हैं, समाज गर्व से सशक्त होकर आगे बढ़ता रहता है। यूएस और ग्रेट ब्रिटेन के एंग्लो-सैक्सन लोगों ने अनेक ग्रीक मिथक रचे थे, हालांकि वे एक भिन्न जातीय समूह के थे! वे सांस्कृतिक रूप से भी भिन्न थे, क्योंकि प्राचीन ग्रीक लोग ईसाई नहीं, बल्कि 'मूर्ति पूजक' थे।

आर्यों के आक्रमण के सिद्धांत का (अब अनेक लोग इसे काल्पनिक मानते हैं) प्रतिपादन समान उद्देश्यों से जर्मनों और अंग्रेज़ों द्वारा किया गया था। जर्मन ख़ुद को वैदिक जीवनशैली में स्थापित करके एक महान अतीत से जुड़ना चाहते थे। याद रहे, वे रोमन विरासत पर तो दावा ठोक नहीं सकते थे क्योंकि इतिहास में यह दर्ज है कि जर्मन जनजातियों ने रोम के साम्राज्य को नष्ट किया था। आर्यों का मिथक अंग्रेज़ों के लिए भी बेहद कामयाब रहा था, जिसे उनके अधीन रह रहे औपनिवेशिक भारतीयों के ख़िलाफ़ इस्तेमाल किया गया। उन्हें दबाने के लिए मनोवैज्ञानिक रूप से सशक्त तरीक़ा उन्हें यह यकीन दिलाना था कि जिसे वे अपनी सबसे बड़ी उपलब्धि मानते थे, वैदिक जीवनशैली, वह वास्तव में आक्रमणकारी 'श्वेत लोगों' की भेंट थी। नष्ट हुए गर्व ने आज्ञाकारी प्रजा का निर्माण किया।

गर्व अच्छा है। सभी महान राष्ट्र यह जानते थे। हमारे मामले में, हमें अपने अंदर गर्व का संचार करने के लिए कल्पना का सहारा लेने की ज़रूरत नहीं है। वैदिक काल के लोग हमारे पूर्वज थे। उनकी उपलब्धियों में हमें उचित रूप से

गर्व होना चाहिए और उनके द्वारा छोड़े गए विशाल ज्ञान-भंडार से लाभ उठाना चाहिए। जहां तक घमंड पैदा होने के जोखिम की बात है, तो अपने आदर्शों के समृद्ध कोश की मदद से इन जोखिमों से बचा जा सकता है। अविभाज्य एकता और अखंडता जैसी धारणाएं हमें सिखाती हैं कि दूसरों के प्रति नफ़रत और इससे उपजने वाले घमंड से बचे रहना हमारे अपने ही हित में है। लेकिन फ़िलहाल, अपने गर्व का निर्माण करना महत्वपूर्ण है! क्योंकि यही वह ईंधन है जो अपने राष्ट्र के निर्माण में हमारी सहायता करेगा।

हम अपने वैदिक पूर्वजों के कार्यों का अध्ययन करें। अपने अतीत से लाभ उठाएं, आत्मविश्वास से भविष्य को देखें और, एक बार फिर एक महान, वास्तव में उदार, समृद्ध और न्यायपूर्ण समाज की रचना करें।

द टाइम्स ऑफ इंडिया, सितंबर 2014 में सर्वप्रथम प्रकाशित

कलामर्मज्ञः वाजिद अली शाह

निस्संदेह ब्रिटिश राज ने विरासत में कुछ धरोहरें, प्रत्यक्ष-अप्रत्यक्ष दोनों, हमें सौंपी हैं जिनमें मुखर रूप से वह भाषा है जिसमें मैं अपने विचार व्यक्त करता हूं। जो भी हो, यह तो मानना ही पड़ेगा कि इसके अनेक घातक परिणाम हुए हैं। आकलनों में भिन्नता है, मगर ब्रिटिश राज के अधिकारियों के संवेदनाहीन प्रशासन के कारण पड़े अकालों में चार से छह करोड़ भारतीयों को जान गंवानी पड़ी! इतिहास में दर्ज है कि ब्रिटिश शासन से पहले अकाल अपेक्षाकृत रूप से बहुत कम पड़ा करते थे।

अकाल भले ही पीछे छूट गए हों, लेकिन औपनिवेशवाद के दूसरे कपटपूर्ण प्रभावों ने हमें परेशान करना जारी रखा है। जॉर्ज ऑरवेल ने कहा था, 'किसी देश को नष्ट करने का सबसे ज़्यादा प्रभावी तरीक़ा वहां की जनता के दिमाग़ से अपने इतिहास की समझ को नकारना और मिटा देना है।' दुखद रूप से, स्वतंत्रता प्राप्ति के बाद के अनेक भारतीय इतिहासकारों की सैद्धांतिक शिक्षा के कारण औपनिवेशिक ऐतिहासिक दृष्टिकोण हावी रहा। मैंने इस पुस्तक में काल्पनिक 'आर्यों के आक्रमण का मिथक' के विषय में लिखा है।

इस लेख में, मैं एक ऐसे विषय पर फ़ोकस करूंगा जिसकी ओर भारतीय शास्त्रीय संगीत के जानकार मेरे बहनोई हिमांशु ने मेरा ध्यान खींचा था। मैं

आपका ध्यान अंग्रेज़ों द्वारा बनाई नवाब वाजिद अली शाह की छवि की ओर ला रहा हूं। दुर्भाग्य से, हममें से अनेक लोग (लखनऊवासियों के अलावा) या तो अवध के इस मुस्लिम शासक को भूल चुके हैं या अंग्रेज़ों द्वारा एक पतनशील, ज़नाने वस्त्र पहनने वाले विचित्र पुरुष के रूप में खींची उनकी तस्वीर को दिमाग़ में संजोए बैठे हैं। यह भारत के एक महान सुपुत्र का दुखद तिरस्कार है।

विभिन्न कारणों से उत्तर भारत में मुग़ल काल के बाद के दौर में प्राचीन भारतीय संगीत-नृत्य कलाओं का बुरी तरह से पतन हुआ था। बाद में आए ब्रिटिश शासन के निर्मम करों और सांस्कृतिक नीतियों ने इस पतन में तेज़ी ला दी।

हिंदुस्तानी और कर्नाटक संगीत की बुनियाद हज़ारों साल पुरानी है, जैसा कि *सामवेद* में सन्निहित है। अपनी संकल्पना में प्राचीन, रागों की संरचना में गणितीय बारीकी और संतुलन निहित है। मगर, इस व्यापक संरचना के भीतर अनेक प्रयोग किए जा सकते हैं। विभिन्न कलाकारों द्वारा प्रस्तुत किए जाने वाले एक ही राग में भिन्नता दिखाई देती है। आश्चर्यजनक रूप से, एक कलाकार विभिन्न समय बिंदुओं पर एक ही राग का विवेचन भिन्न तरीके से करता है। इसलिए, भारतीय शास्त्रीय संगीत की हरेक प्रस्तुति अनूठी होती है। इस परंपरा को जीवित और सक्रिय रखने में गुरु-शिष्य परंपरा एक अहम कारक है! उस काल में इसे पोसने वाले संरक्षण के अभाव में इसका दुखद रूप से क्षय हुआ।

और जब यह विरासत जीवित रहने के लिए संघर्ष कर रही थी, तब नवाब ने अपनी दरियादिली से इसे फिर से जिलाया। भले ही वे अच्छे योद्धा न रहे हों, लेकिन ज़रूरी नहीं है हरेक महान शासक रणभूमि में शौर्य प्रदर्शन के ज़रिए ही प्रामाणिकता पाए। अनेक ने अपनी भूमि की सांस्कृतिक विरासत में योगदान के माध्यम से महानता हासिल की है। वाजिद अली शाह कलाकारों, संगीतज्ञों, नाटककारों, कवियों और नर्तकों पर खुले हाथ से धन खर्च करते थे। वे उनकी लकदक करती राजधानी लखनऊ में जमा रहते थे। बहुत से नष्टप्राय

घराने पुनर्जीवित हुए। गहन कलात्मक मेलजोल ने नए रागों के साथ ही नवीन अभिव्यक्तियों को भी जन्म दिया। ठुमरी का एक नया रूप, जो अधिकांशतया भगवान कृष्ण से प्रेरित था, भी नवाब के दरबार की ही खोज माना जाता है, जबकि उस्ताद बसित ख़ां, उस्ताद प्यारे ख़ां और उस्ताद जाफ़र ख़ां महान शासक की संगत की उदार आबोहवा में सांस लेते थे। जब प्रतिभाशाली दुर्गा प्रसादजी एवं ठाकुर प्रसादजी को संरक्षण प्रदान किया गया तो भारत के मनमोहक नृत्य कथक ने भी नवाब के मार्गदर्शन में नया जीवन पाया।

ख़ुद वाजिद अली शाह भी उत्कृष्ट कलाकार थे। उन्होंने चालीस कृतियां लिखी थींः कविताएं, गद्य और नाटक। उन्होंने जोगी और जूही जैसे कई नए राग भी तैयार किए थे। माना जाता है कि वे, अपनी कमर के घेरे के बावजूद, बहुत प्रतिभाशाली नर्तक थे।

इतिहासकार जी.डी. भटनागर की पुस्तकों को पढ़ने से यह स्पष्ट होगा कि उनकी 'कामुकतापूर्ण', शराबी जीवनशैली की ब्रिटिश कहानियां सिरे से झूठ थीं और पूरी संभावना है कि उस समय के अत्यंत समृद्ध राज्य अवध को हड़पने को न्यायसंगत ठहराने के लिए फैलाया गया दुष्प्रचार थीं। वाजिद अली शाह दीनदार मुसलमान थे। वे हिंदू भगवान कृष्ण का भी सम्मान करते थे। उन्होंने कृष्ण रास लीला पर कुछ शानदार नाटक लिखे थे और ऐसा माना जाता है कि कुछ अवसरों पर उन्होंने स्वयं उनमें अभिनय भी किया था। उन्होंने पिता के घर से विदा होती दुल्हन की पीड़ा को व्यक्त करता मार्मिक गीत *बाबुल मोरा नैहर छूटो जाए* भी लिखा था। अप्रमाणिक तौर पर, यह अपने प्रिय लखनऊ से नवाब के निष्कासन का रूपक भी बना।

इतिहासकारों ने उनके कुछ बुद्धिमानी भरे प्रशासनिक सुधारों को भी दर्ज किया है, हालांकि ब्रिटिश रेज़ीडेंट जनरल स्लीमैन ने बहुत बाधाएं डाली थीं, जिसने वाजिद अली शाह को बदनाम करने में अहम भूमिका निभाई थी। जी.डी. भटनागर ने दर्ज किया है कि पतनशीलता और फ़िज़ूलख़र्ची के तमाम ब्रिटिश

आरोपों के बावजूद नवाब ने कभी कोई बक़ाया चुकाने के लिए किसी महाजन या औपनिवेशिक स्वामियों से ऋण नहीं मांगा। अपने निष्कासन के बाद उन्होंने कोई बहुत बड़ी देनदारी या ऋण की राशि नहीं छोड़ी थी। अवध, यक़ीनन, ज़बरदस्त रूप से समृद्ध राज्य था, और इसीलिए अंग्रेज़ों ने इस 'भारतीय क्वीन प्रांत' पर क़ब्ज़ा कर लिया।

तो मुझे बताएं कि हमें भारत के इस महान सपूत को याद करना चाहिए या नहीं जिसने एक बहुत मुश्किल दौर में हमारी संस्कृति के एक अहम पक्ष को जीवित रखा?

आप जानते हैं मैं क्या करने वाला हूं? मैं आराम से बैठूंगा और एक बार फिर राग मालकौंस सुनूंगा। और जब मैं अपने आराध्य प्रभु शिव के प्रति समर्पित इस राग के आलाप-तानें सुन रहा होऊंगा तो मैं लखनऊ के एक ज़माने पहले गुज़र चुके, बहुत ज़्यादा ग़लत समझे गए एक मुसलमान को धन्यवाद दूंगा जिसने यह सुनिश्चित करने में उल्लेखनीय भूमिका निभाई थी कि हमारी विरासत का एक कोमल, ख़ूबसूरत पक्ष जीवित रहे।

द टाइम्स ऑफ इंडिया, मार्च 2016 में सर्वप्रथम प्रकाशित

जहां अभिव्यक्ति भयमुक्त है...

हर हिंदुस्तानी के दिलो-दिमाग़ में पंडित जवाहरलाल नेहरू के वे शब्द अंकित हैं जो उन्होंने उस सबसे महत्वपूर्ण दिन रात के बारह बजने पर कहे थेः जब लंबे समय से दमित राष्ट्र की आत्मा को आवाज़ मिली थी। उस अनमोल पल में हर हिंदुस्तानी दिल ने चाहा होगा कि उसके प्यारे हिंदुस्तान को पंख लग जाएं और वह उड़ चले। और आज मैं सोच रहा हूं, अगर पंखों का इस्तेमाल ग़लत दिशा में उड़ने के लिए ही होना था तो इस सबके आख़िर क्या मायने थे? उस दिशा में जो हमारी सहज संस्कृति के अनुकूल नहीं है? स्वतंत्रता के बाद के अपने इतिहास में जल्दी ही हमने ऐसा ही एक दुर्भाग्यपूर्ण मोड़ ले लिया था।

हम स्वतंत्रता-प्रेमी उदारवादियों को वह दुर्भाग्यपूर्ण मोड़ याद होगा और हम अपने सिर शर्म से झुका लेते होंगे जो हमने दस मई 1951 को लिया था। यही दिन था जब पंडित जवाहरलाल नेहरू ने भारतीय संविधान के प्रथम संशोधन का प्रस्ताव रखा था (जो अगले कुछ ही हफ़्तों में पारित भी हो गया था)। हमारे मौलिक अधिकारों पर अन्य प्रतिबंधों के साथ ही इसने अभिव्यक्ति की आज़ादी को भी प्रतिबंधित कर दिया।

माना जाता है कि यह 1950 में 'रोमेश थापर बनाम मद्रास राज्य' मुक़द्दमे पर सर्वोच्च न्यायालय के निर्णय की प्रतिक्रिया में किया गया था, जिसके द्वारा

रोमेश थापर की पत्रिका (*क्रॉसरोड्स* नामक एक मार्क्सवादी पत्रिका) पर लगा प्रतिबंध हटा दिया गया था। अनेक वकीलों का मानना है कि वस्तुतः सर्वोच्च न्यायालय ने हमारे मूल संविधान के अनुरूप बंधनमुक्त अभिव्यक्ति की स्वतंत्रता को मान्यता दी थी! यूनाइटेड स्टेट्स की तरह ही, और वास्तव में जो तत्कालीन यूरोप से कहीं बेहतर थी। क़ानून के विशेषज्ञ यह भी मानते हैं कि चूंकि बंधनमुक्त अभिव्यक्ति की स्वतंत्रता ने स्वयं को मौलिक अधिकार के रूप में स्थापित कर लिया था, तो भारतीय दंड संहिता की अनुदारवादी धारा 295 (ए), ब्रिटिश राज का वसीयत में दिया गया एक तोहफ़ा, जिसके द्वारा अनेक पुस्तकों पर प्रतिबंध लगाया गया था, भी रद्द हो जाती।

नेहरू सरकार ने पहला संशोधन पास ही क्यों किया था? प्रधानमंत्री नेहरू के आलोचक इसे इस सुबूत के तौर पर लेंगे कि वे सही मायनों में उदारवादी (सबके लिए राजनीतिक एवं आर्थिक स्वतंत्रताओं का रक्षक के रूप में परिभाषित) नहीं थे। प्रधानमंत्री नेहरू के समर्थक कहेंगे कि देश में स्थिरता लाने के लिए उन्हें स्वतंत्र भारत के शुरुआती वर्षों में उद्देश्य की एकता को सुनिश्चित करना था! और व्यवस्था की उच्चतर आवश्यकता के हित में कुछ स्वतंत्रताओं की बलि एक छोटी सी क़ीमत थी। इस मुद्दे पर निर्णय मैं इतिहासकारों पर छोड़ता हूं।

मैं तो बस उस समय घटी घटनाओं पर अपना विनम्र नज़रिया पेश कर रहा हूं! एक अवलोकन जो अभिव्यक्ति की स्वतंत्रता पर मेरे विश्वासों पर आधारित है। और ये केवल एक उदारवादी के रूप में ही नहीं, बल्कि एक ऐसी संस्कृति के उत्तराधिकारी के तौर पर भी हैं जिसमें विचारात्मक स्वतंत्रता की हज़ारों साल पुरानी गौरवान्वित परंपरा है।

वास्तव में, अभिव्यक्ति की स्वतंत्रता पूरी तरह से भारतीय मूल्य है! जिसका स्वयं भगवान ब्रह्म ने *नाट्य शास्त्र* में दृढ़ता से समर्थन किया है। प्राचीन भारत रचनात्मक स्वतंत्रता प्रदान करता था, और *रामायण* और *महाभारत* जैसे पवित्रतम महाकाव्यों के अनेक संस्करणों को प्रोत्साहित करता था! और सभी

संस्करणों को, उनमें से कुछ तो अपारंपरिक भी थे, सराहा जाता था। वास्तव में, प्राचीन भारत में तो आप नास्तिक भी हो सकते थे, जैसे चार्वाक थे, और कोई उन्हें दार्शनिक अध्ययन के दायरे से बाहर नहीं करता था, उनके 'अधर्मी' होने को लेकर उनके ख़िलाफ़ द्वेषपूर्ण हिंसा तो दूर की बात है। लोग ऐसे अनुष्ठान भी कर सकते थे जो आम नहीं थे, जैसे अघोरों का आनुष्ठानिक सैक्स करना। आज के भारत के विपरीत, कोई उनके क्रियाकलापों को प्रतिबंधित नहीं करता था, जब तक कि वे किसी और को नुकसान न पहुंचा रहे हों। हर कोई अपने सत्य के अधिकार का पालन करता था, ऋग्वेद की इस ऋचा की भावना के अनुरूपः *एकम् सत् विप्राः बहुधा वदन्ति।* सत्य एक है, किंतु ज्ञानी लोग इसे अनेक रूपों में कहते हैं।

मैं अभिव्यक्ति की स्वतंत्रता पर केवल दो प्रतिबंध लगाए जाने की मांग करूंगाः अगर इसका प्रयोग किसी अन्य की अभिव्यक्ति की स्वतंत्रता को दबाने के लिए किया जाए। या अगर इसका प्रयोग हिंसा को भड़काने के लिए किया जाए। अन्य सभी मामलों में एक सभ्य समाज में पूर्ण और बंधनरहित अभिव्यक्ति की स्वतंत्रता प्रदान की जानी चाहिए। हर प्रतिबंधित पुस्तक को अप्रतिबंधित किया जाना चाहिए। हरेक तर्क को, चाहे वह कितना भी चिंताजनक या 'अप्रिय' ही क्यों न हो, अभिव्यक्ति की अनुमति होनी चाहिए। इस संदर्भ में, सिग्मंड फ़्रायड को उद्धृत करना उचित होगा, जिन्होंने कहा था कि वह पहला इंसान सभ्यता का संस्थापक रहा होगा जिसने पत्थर मारने की जगह गाली दी होगी।

हम सब लोगों को जो अपनी गिनती उदारवादियों में करते हैं, और गर्वित भारतीय हैं, पहले संशोधन को निरस्त करने की मांग करनी चाहिए। इसके अलावा, हमें उस तरह की पाखंडपूर्ण अभिव्यक्ति की स्वतंत्रता का पालन भी नहीं करना चाहिए जैसे पश्चिमी देशों के लोग करते हैं, जिसमें प्रचलित रूढ़िवादिता से भिन्न मतों को दबाया जाता है! हिंसा से नहीं, बल्कि यह सुनिश्चित करके कि उस व्यक्ति को विभिन्न सार्वजनिक मंचों से बाहर रखा जाए

या उसकी कृतियों को प्रकाशित न किया जाए, मसलन अयान हिरसी अली की आवाज दबाना और उन्हें बहिष्कृत करना। मैं उन बहुत सी बातों से सहमत नहीं हूं जो सुश्री अली कहती हैं, लेकिन हमें उन लोगों के बोलने के अधिकार की भी रक्षा करनी चाहिए जिनके विचार बहुत ज़्यादा चिंताजनक हैं! बशर्ते हिंसा को न भड़काया जा रहा हो।

विचारों के मुक्त प्रवाह को रोकना भारत की सहज संस्कृति और धरोहर के ख़िलाफ़ है। अगर हम बंधनरहित अभिव्यक्ति की स्वतंत्रता की मांग करते हैं तो हम किसी भी मायने में 'पश्चिमी' नहीं हो रहे हैं। वास्तव में हम तो *अत्यंत* भारतीय ही हो रहे हैं।

इसके अलावा, जैसा कि हमारे पूर्वज हज़ारों साल पहले जानते थे, स्वतंत्रता की अभिव्यक्ति एक उदारवादी और सभ्य समाज की बुनियाद है। जैसा ऋग्वेद में भी कहा गया हैः 'वाणी में श्री विराजमान है, स्वयं मां लक्ष्मी विराजमान हैं।'

द टाइम्स ऑफ इंडिया, नवंबर 2014 में सर्वप्रथम प्रकाशित

एक शांत विद्रोह

सच कहूं तो यह अविश्वसनीय ही है कि मेरी पृष्ठभूमि का कोई बंदा यहां खड़ा, कथित रूप से एक सफल लेखक के रूप में आपसे बात कर रहा है। सबसे पहले तो मैं भारत में अंग्रेज़ी प्रकाशन की दुनिया के लिए नहीं जन्मा था। ऐसा क्यों है? मैं उच्चवर्गीय पृष्ठभूमि का नहीं हूं जिनके भारतीय समाज के संभ्रांत तबक़े से संपर्क और संबंध होते हैं। इसके अलावा, मैं हिंदी बोलता था, और अपने माता-पिता से हिंदी में ही बात करता हूं। इसलिए, मैं हिंदी और अंग्रेज़ी की मिश्रित भाषा में सोचता हूं, जो भारतीय उच्चवर्ग की तुलना में मेरी अंग्रेज़ी भाषा की क्षमताओं को बाधित करता है। साथ ही, मेरी उच्च शिक्षा भी भारत में अंग्रेज़ी भाषा के प्रकाशन उद्योग के लिए उपयुक्त नहीं थी। मैंने मैथमेटिक्स में ग्रेजुएशन किया, आईआईएम कोलकाता से एमबीए किया, जिसके बाद मैं बैंकर बन गया। दुनिया में बहुत सारे बैंकर हैं! इस स्टेज पर भी! और मुझे बताया गया था कि मैथमेटिक्स और एमबीए बहुत बुरी अर्हताएं भी नहीं हैं। या ज़्यादा स्पष्ट रूप से, बैंकिंग के लिए तो कतई बुरी नहीं थीं। लेकिन अंग्रेज़ी भाषा के प्रकाशन उद्योग के लिए, शायद नहीं। आज भी, एमबीए किए लोगों को ऊपरी पायदान पर चढ़ते नए-नवेले माना जाता है जो सांस्कृतिक जगत से जुड़े हुए नहीं होते हैं। इसके अलावा, मेरे सफल लेखक न बनने की सबसे अहम वजह

यह होती कि लेखन में मुझे पहले से कोई अनुभव नहीं है। *मेलूहा के मृत्युंजय* से पहले मैंने कभी कोई कहानी नहीं लिखी थी। कॉलेज के दिनों में कविता में थोड़ी ज़ोर आज़माइश की थी, लेकिन वह बस नौसिखिए की कोशिश भर थीं। उन्हें पसंद करने वाली इकलौती शख़्स मेरी पत्नी थीं, जो उन दिनों मेरी गर्लफ्रेंड थीं। तो न तो मेरे पास लेखक बनने के लिए माक़ूल पृष्ठभूमि थी, न शिक्षा और न ही अनुभव। और फिर भी किसी तरह मैं यह कर पाया। मैं इस सफलता का श्रेय लेने की कोशिश कर सकता हूं, लेकिन ईमानदारी से देखा जाए तो यह झूठ होगा। आपमें से कुछ लोगों को यह अजीब सा लगेगा मगर मेरा मानना है कि यह भगवान शिव की कृपा है क्योंकि उन्होंने ही यह सुनिश्चित किया कि मैं सही समय पर सही जगह पर होऊं।

आज भारत में विद्रोह की भावना व्याप्त है। दरवाज़े को पीटता एक बाहरी व्यक्ति समर्थन पा लेता है। और मैं वह सौभाग्यशाली बाहरी व्यक्ति हूं जिसने आदि बाहरी देवता पर एक किताब लिखी। विद्रोहियों के देवता। कुलीन विरोधी देवता, भगवान शिव। तो, वास्तव में, मैं विद्रोह की इस भावना से, कुलीनवर्ग के खिलाफ पनप रहे ग़ुस्से से उपकृत होने वाला सौभाग्यशाली इंसान हूं जो आज देश में खदबदा रहा है। इसलिए मुझे तो विद्रोह की इस भावना के पक्ष में होना चाहिए, है न? मुझे कहना चाहिए, हां, आगे बढ़ो, विद्रोही बनो, इंसान। बेवजह विद्रोही बनो।

लेकिन मैं यहां ज़रा सी अलग बात कहने जा रहा हूं—कि शायद, हमें इस विद्रोहीभाव को थोड़ा सा हल्का करना होगा। मैं जानता हूं कि हम हिंदुस्तानी हैं, हम भावुक होते हैं, और हम 'शांति बनाए रहें' पर नहीं चलते हैं, लेकिन शायद हमें यह करके देखना चाहिए। मैं यह सलाह क्यों दे रहा हूं? क्रोध के अपने लाभ हैं, आख़िरकार। लेकिन अगर ऐसे मौक़ों पर हम अपने शांति भाव को बनाए न रखें तो असली मुद्दों से फ़ोकस खो सकते हैं। परिणामस्वरूप, हम ऐसे मुद्दों पर अपना क्रोध बर्बाद कर सकते हैं जिन पर हमें ज़्यादा क्रोध नहीं

करना चाहिए। मैं इसे उन तीन अहम मुद्दों के ज़रिए समझाता हूं जिन पर आज भारत में हमें क्रोध आता है।

पहला है भ्रष्टाचार। कुछ लोग मानते हैं कि एक सभ्यता के तौर पर हम बुनियादी रूप से भ्रष्ट हैं। वे कहते हैं कि हम तो कृपा पाने और अपनी प्रार्थनाएं सुने जाने के एवज़ में भगवान तक को रिश्वत देते हैं। इसलिए, दावा किया जाता है कि हम मूलतः एक भ्रष्ट संस्कृति हैं और इस बारे में कुछ नहीं किया जा सकता। भारत में इस मुद्दे पर बहुत ज़्यादा रोष है, है न? मैं यह बिंदु रखना चाहता हूं कि अपने विकास के इस चरण पर हम दूसरे लोगों से बहुत भिन्न नहीं हैं। लगभग हरेक देश ने ज़बरदस्त और दूर तक फैले भ्रष्टाचार के दौर देखे हैंः अठारहवीं और उन्नीसवीं सदी में यूके ने, उन्नीसवीं सदी के शुरू और बीसवीं सदी में यूएस ने, और फ़िलहाल चीन ने। दिलचस्प बात यह है कि घोर भ्रष्टाचार का यह चरण आमतौर पर तीव्र आर्थिक विकास के शुरुआती रेले के साथ आता था। इन देशों ने समय के साथ भ्रष्टाचार को संभाल लिया, और इसे एक वाजिब स्तर तक ले आए। चीन इस राह पर है, अलबत्ता हमसे आगे है। इसका अर्थ है कि हम भी यह कर सकते हैं। यह एक चरण है, शायद उस तेज़ आर्थिक विकास के कारण जिससे हम गुज़र रहे हैं। उदाहरण के लिए, टेलीकॉम घोटाला पहले के दौर में नहीं हुआ, क्योंकि जब हम दरिद्र थे तब स्पेक्ट्रम की कोई अहमियत नहीं थी! एक फलते-फूलते टेलीकॉम उद्योग ने एक अवसर पेश कर दिया। इस भ्रष्टाचार में शामिल अपराधियों को उचित क़ानूनी कार्रवाई के ज़रिए दंडित किया जाना चाहिए। भ्रष्टाचार के और भी अनेक उदाहरण हैं, और अगर हम उनसे छुटकारा पाना चाहते हैं तो हमें क़ानून की उचित प्रक्रिया का पालन करना चाहिए। मगर, भीड़तंत्र के न्याय की इच्छा से प्रेरित, ज़रूरत से ज़्यादा क्रोध वास्तव में हमारे अपने देश को ही नुकसान पहुंचाएगा।

मैं इससे इंकार नहीं कर रहा हूं कि भ्रष्टाचार पर हमला करना अहम है। लेकिन मुझे यक़ीन है कि हम सभी यह मानेंगे कि तीव्र आर्थिक विकास कहीं

ज़्यादा अहम है। हमें भारत के नौजवानों के लिए पर्याप्त नौकरियां उत्पन्न करनी हैं। तक़रीबन एक करोड़ तीस लाख नौजवान हर साल कार्यबल में शामिल होते हैं। अगर हम उनके लिए नौकरियां उत्पन्न नहीं करेंगे तो बहुत जल्दी ही हमारा जनसांख्यिकी लाभ जनसांख्यिकी शाप में बदल जाएगा, जिसका परिणाम हिंसा और अस्तव्यस्तता होगा। इसलिए हमें भ्रष्टाचार पर हमला करना चाहिए, मगर भीड़तंत्र के न्याय की दृष्टि से नहीं जो हमारी अर्थव्यवस्था को पटरी से उतार देगा।

एक और मसला है जिसकी ओर मैं आपका ध्यान खींचना चाहूंगाः सांप्रदायिक हिंसा। यह एक ऐसी चीज़ है जो हम सबको परेशान कर रही है। इस संदर्भ में मेरे ख़्याल से बिना विचारे 'जाति-संहार' जैसे शब्द उछाले जाते हैं (देखें *भारत में धार्मिक हिंसा*)। पिछले पचास साल में भारत में धार्मिक हिंसा की साठ बड़ी घटनाएं (ऐसी घटनाएं जिनमें पांच से अधिक लोग मारे गए) हुई हैं। इनमें से पांच बड़े दंगे थे जिनमें हज़ार से ज़्यादा लोगों की मौत हुई। मैं इस बात पर फिर से बल दूंगा कि धार्मिक हिंसा में एक भी मृत्यु स्वीकार्य नहीं है। क्या हमारे पुलिस और नागरिक प्रशासन को चुस्त किया जा सकता है ताकि यह सुनिश्चित हो सके कि ये दंगे न हों? बिल्कुल। क्या हमारी न्यायिक प्रणाली और अदालतों में सुधार लाया जा सकता है ताकि गुनाहगारों को झटपट दंड दिया जा सके? हां, यक़ीनन। लेकिन अगर हम ज़रा सा पीछे हटें और शांति से सोचें तो क्या इनमें से किसी भी दंगे को जातीय संहार कहा जा सकता है? सच कहूं तो, नहीं। जातीय संहार वह होता है जिसमें हज़ारों या लाखों लोग मारे जाएं। अगर हम भारत में होने वाली अस्वाभाविक मृत्युओं पर नज़र डालें तो धार्मिक हिंसा का वास्तव में बहुत छोटा सा अंश है। बेशक, धार्मिक हिंसा के इस मसले से हमें सीधे तौर पर निबटना होगा! लेकिन क्या यह उस स्तर के क्रोध का हक़दार है जो यह हमारे नागरिक समाज में भड़काता है? धार्मिक असहिष्णुता एक ऐसी समस्या है जिसका सामना सारी मानवजाति कर रही है और हमें इसे हल करना है। लेकिन मुझे नहीं लगता कि भारत धार्मिक हिंसा के नंगे नाच में ख़ुद को नष्ट

करने के लिए तत्पर है? हम उस स्थिति को पार कर चुके हैं। इस मुद्दे पर अपने ग़ुस्से को हमें शांत कर देना चाहिए।

मेरा तीसरा बिंदु ऐसे मुद्दे से जुड़ा है जिसे मैं कहूंगा कि क्रोध की स्वस्थ मात्रा को उत्पन्न करना चाहिए। अगर आप आज हमारे देश में जातीय संहार को तलाश रहे हैं तो यह भारत की महिलाओं के साथ हो रहा है। पिछले बीस साल में एक करोड़ कन्या भ्रूणों का नाजायज़ तौर पर गर्भपात किया गया है। पिछले दो दशकों में एक करोड़ लड़कियों को गर्भ में ही मार डाला गया! यह जातीय संहार है। और इसे लेकर हमारे अंदर कोई ग़ुस्सा ही नहीं है। यह कहना कोई बहाना नहीं है कि चीन हमसे बदतर है। वास्तव में, इस मामले में हम अपने एक दूसरे पड़ोसी बांग्लादेश से सीख ले सकते हैं, जिसे मानवता के इतिहास में सामाजिक सूचकांकों पर तीव्रतम सुधारों में जापान के मेइजी पुनर्स्थापन युग के साथ दिखाया गया है। और उन्होंने यह बहुत बुरी तरह से निर्धन होते हुए हासिल किया है। उनकी सफलता का राज़ महिला सशक्तीकरण है। यही वह चमत्कारी बूटी है जिससे वे यह कर पाए। विकासशील देशों में बार-बार किए गए सर्वेक्षणों में यह सामने आया है कि अगर आप किसी पुरुष के बजाय किसी महिला को ऋण देते हैं, तो उसके बेहतर सामाजिक परिणाम हासिल होते हैं। महिलाएं उस पूंजी का प्रयोग सोच-समझकर करती हैं, परिवार के बेहतर पोषण पर या बच्चों की शिक्षा पर। जिस दिन हम अपनी महिलाओं को सशक्त कर देंगे, हम एक बेहतर समाज बना लेंगे।

तो, क्रोध और विद्रोह की अपनी मौजूदा मनोस्थिति में हम इस समस्या के लिए सरकार को दोष देना चाहते हैं। हम अपेक्षा करते हैं कि वह भारत में महिलाओं के उत्पीड़न के मसले को हल करे। वास्तव में, अगर देश और राज्यों की सरकारें बुनियादी सुविधाओं की कमी और वित्तीय घाटे जैसे प्रशासनिक मसलों पर ही ध्यान दे लें तो हमारा बहुत भला होगा। अगर पारंपरिक चाणक्यकालीन राज्य के आदर्श पर चला जाए तो सामाजिक मसलों को समाज

पर छोड़ देना चाहिए। वैसे भी, समस्या भी समाज के द्वारा पैदा की गई है, सरकार के द्वारा नहीं। तो, इस तरह की समस्या को हल करने का दायित्व पुलिस या सरकार के किसी अन्य अंग के ऊपर नहीं होना चाहिए! यह तो समाज को ही आगे आना और इसे सुधारना होगा। हम सबको दुनिया के अपने छोटे-छोटे कोनों में इस नेक लड़ाई को लड़ना होगा। मिसाल के लिए, अगर आपके पिता आपकी मां के साथ दुर्व्यवहार करते हैं तो आपको विद्रोह करना होगा। अगर आप देखते हैं कि कोई सास अपनी बहू को सता रही है (या इसका उलट हो रहा है, जो कि, दुर्भाग्य से, बहुत आम है), तो आपको उस स्त्री के हक़ के लिए खड़ा होना होगा। अगर आपके घर के सेवक-सेविका अपनी बेटी को पढ़ा नहीं पा रहे हैं, तो अपना फ़र्ज़ पूरा करने में आपको उनकी मदद करनी चाहिए। केवल अपने घर के भीतर ही नहीं, बल्कि अपनी ज़िंदगी के हर क्षेत्र में आपको इस मसले से निबटना होगा। सब जगह, हम सबको यह लड़ाई लड़नी होगी। बदलाव लाने का यही एक तरीक़ा है। यह एक ऐसा मुद्दा है जिस पर हमें ग़ुस्सा होना चाहिए।

हमारे प्राचीन शास्त्र कहते हैं कि देवता भी उस स्थान को त्याग देते हैं जहां स्त्रियों का सम्मान नहीं होता। तो, मेरा विश्वास है कि इस मुद्दे पर लड़ना देशभक्ति का कार्य है।

अपने जीवन में मैंने जो बातें सीखी हैं, उनमें से एक यह है कि कभी-कभी दिमाग़ को शांत रखना और सावधानीपूर्वक ऐसे मुद्दों को चुनना लाभकारी होता है जिन्हें तुरंत हमारे विद्रोह और क्रोध की ज़रूरत होती है।

बाकी मौक़ों पर 'शांत रहना' बहुत बुरा विचार नहीं है।

यूएन यंग चेंजमेकर्स कॉन्क्लेव, जून, 2014

एक मंदिर का पुनर्निर्माण। एक प्राचीन कर्तव्य की पूर्ति।

अयोध्या में राम जन्मभूमि मंदिर का पुनर्निर्माण शुरू हो रहा है तो मेरा ध्यान, आधी दुनिया पार, एक और समाचार की ओर खिंच रहा है। इस्तंबूल में हागिया सोफ़िया म्यूज़ियम को वापस मस्जिद में बदल दिया गया है। यह उनके सर्वोच्च न्यायालय का फ़ैसला है, जिसने 1935 में कमाल अतातुर्क (तुर्किए रिपब्लिक के संस्थापक) द्वारा धर्मनिरपेक्ष स्वरूप देने के पिछले फ़ैसले को बदल दिया है। दो साल पहले मैं तुर्किए गया था और मैं महसूस कर सकता था कि यह तुर्कों के लिए एक भावनात्मक मुद्दा है। मैंने देखा कि वे फिर से अपने पवित्र स्थल पर अकेले, पर्यटकों से घिरे बिना, नमाज़ पढ़ने के लिए बेताब थे (कुछ समय पहले ही म्यूज़ियम में नमाज़ पढ़ने की अनुमति दी गई थी)। अधिकांश तुर्कों के नज़रिए से यह फ़ैसला उचित ही था। मगर, मैं ग्रीक ऑर्थोडॉक्स क्रिश्चियंस की पीड़ा को भी समझ सकता हूं। पोप फ्रांसिस ने कहा कि उन्हें 'गहरी' पीड़ा हुई है। क्योंकि हागिया सोफ़िया कभी चर्च था। 1453 में, तुर्कों ने कॉन्स्टैंटिनोपल (एक हज़ार साल से ग्रीक ऑर्थोडॉक्स चर्च का केंद्र) को जीता, उसका नाम तक मिटा दिया, इस्तंबूल शहर को जन्म दिया, और हागिया सोफ़िया को मस्जिद

में बदल दिया। क्या ग्रीक ऑर्थोडॉक्स क्रिश्चियंस भी वहां प्रार्थना करने के लिए तरसते नहीं होंगे? और बहुत से रोमन कैथोलिक क्रिश्चियन भी, क्योंकि हागिया सोफ़िया कभी रोमन कैथोलिक चर्च भी रहा था, अलबत्ता बहुत कम समय के लिए? लेकिन मैं अपने चिंतन को थोड़ा आगे ले जाऊंगा। सबसे बड़ी विडंबना यह है कि कोई उस पेगन मंदिर की पीड़ा को महसूस नहीं करता जिसकी नींव पर 1500 साल पहले हागिया सोफ़िया का निर्माण हुआ था। तो क्या हमें यह बताया जा रहा है कि ऐतिहासिक ग़लतियां काल में बस इतने पीछे तक ही जा सकती हैं? इससे आगे नहीं? क्यों? क्योंकि यूरोप में लगभग कोई मूर्ति-पूजक नहीं बचा है जो इस ऐतिहासिक ग़लती की पीड़ा और अपमान को महसूस कर सके।

पेगन अपमानजनक शब्द है, इसका प्रयोग उन लोगों के बारे में बताने के लिए किया जाता है जो इब्राहीमी नहीं हैं, यानी जो यहूदी, ईसाई या इस्लाम धर्म को नहीं मानते हैं। मैं पूरे दायित्व के साथ इस 'निंदनीय' शब्द को अंगीकार करता हूं। यह भुला दिया गया है कि लगभग सारी प्राचीन दुनिया कभी 'पेगन' थी; मूर्ति-पूजक, देवी-पूजक, प्रकृति-पूजक लोग जो अनेक सत्यों और दिव्यात्मा के अनेक रूपों के साथ सहज थे; नास्तिकों के समेत भी। बहुत से लोग अनेक 'धर्मों' का पालन करते थे, जो कि कठोर इब्राहीमी धर्मों के लिए अकल्पनीय था। इन सभी संस्कृतियों को मिटा दिया गया, अधिकांश को बहुत हिंसक तरीक़े से। यहूदी धर्म कभी बहुत साम्राज्यवादी नहीं रहा। लेकिन धर्म-प्रचारक ईसाई और मुसलमानों ने बुतपरस्तों के साथ बेपनाह नरसंहारीय हिंसा की, जिसके बारे में दूसरी बहुत सी किताबों के साथ ही कैथरीन निक्सी की *द डार्केनिंग एज* में विस्तार से बताया गया है। लेकिन इसे बलपूर्वक कहा जाना चाहिए कि सभी ईसाई या मुसलमान बुतपरस्तों के दमनकारी नहीं थे। बस कुछ ही समूह थे जिन्होंने इस हिंसा को अंजाम दिया था: सबसे मुख्य रूप से यूरोपीय ईसाई और तुर्किए मुसलमान। मिसाल के लिए, यह हिंसक विस्तारवादी हठ अफ़्रीकी ईसाइयों और इंडोनेशियाई मुसलमानों में मौजूद नहीं थी। और बेशक,

ज़ाहिर सी बात है, आज के यूरोपीय और तुर्की लोगों का उस सबसे कोई लेना-देना नहीं है जो उनके पूर्वजों ने किया था।

यह ऐतिहासिक विध्वंस हम भारतीयों के लिए क्यों महत्वपूर्ण है? क्योंकि हम उन कुछ 'पेगन संस्कृतियों' में से हैं जो बची रह पाईं। हम एकमात्र पूर्व-कांस्य युग की सभ्यता हैं जिसकी एक जीवित, निरंतर जारी संस्कृति है (हालांकि चीन भी 'पेगन संस्कृति' है, मगर वह पूर्व-कांस्य युग का नहीं है)। और हमने भी पीड़ा सही, जैसे दूसरे मूर्ति-पूजकों ने सही थी। वर्तमान युग की दूसरी सहस्राब्दी में लगातार आक्रमण होते रहे थे, पहले विभिन्न तुर्किए क़बीलों के और फिर यूरोपीय उपनिवेशवादियों के। पुराने अभिजात्य वर्ग द्वारा संस्थापित भारतीय इतिहासकार तुर्किए आक्रमणों को तो इस्लामिक आक्रमण कहते हैं, मगर यूरोपीय विजयों को ईसाई विजय नहीं कहते। यह उनका पूर्वाग्रह दर्शाता है। मेरा मानना है कि उन्हें तुर्किए और यूरोपीय आक्रमण कहा जाना चाहिए; क्योंकि विदेशी आक्रमणकारियों का भारतीय मुसलमानों या भारतीय ईसाइयों से कोई लेना-देना नहीं था। मगर विदेशी स्वघोषित तौर पर मूर्तिभंजक अवधारणाओं से भरे हुए थे। हज़ारों मंदिरों को नष्ट कर दिया गया, और उसी ज़मीन पर मस्जिद और चर्च बना दिए गए, कभी-कभी तो नष्ट किए गए मंदिर के मलबे से ही। सीता राम गोयल ने अपनी प्रभावशाली किताब *हिंदू टैंपल्स: व्हाट हैपन्ड टु दैम* में ऐसे अनेक उदाहरण दिए हैं। दसियों विश्वविद्यालय जलाकर राख कर दिए गए। इतनी सदियों में लाखों लोगों को मार डाला गया। अमेरिकी इतिहासकार विल डूरंट ने कहा था कि मानव इतिहास में भारत पर हुए तुर्किए आक्रमण सबसे ज़्यादा हिंसक थे। मगर यूरोपीय भी कुछ कम पाशविक नहीं थे, जैसा कि गोआ इक्विज़िशन का वास्तविक इतिहास दर्शाता है... बहरहाल, हमारे साथ जो हुआ वह अनूठा नहीं था। ऐसा दुनिया की लगभग हर प्राचीन और श्रेष्ठ संस्कृति के साथ हुआ था। अनूठा यह है कि हम शेष रहे। कैसे और क्यों? एक वजह तो यह है कि हमारे पूर्वजों ने आत्मसमर्पण नहीं किया।

मुल्तान का सूर्य मंदिर प्राचीन भारत का पहला बड़ा मंदिर था जिस पर आठवीं सदी के शुरू में एक विदेशी हमलावर ने हमला किया था। इसके बाद हमलावरों ने अयोध्या के राम जन्मभूमि मंदिर, काशी के विश्वनाथजी मंदिर और मथुरा के केशव देवजी मंदिर जैसे पवित्रतम स्थलों समेत हज़ारों हिंदू और जैन मंदिरों, बौद्ध विहारों और गुरुद्वारों को नष्ट किया। कुछ लोग कह सकते हैं कि पेगन आक्रमणकारियों ने भी धर्मस्थलों को नष्ट किया था, अधिकांशत: रोमनों ने जिन्होंने येरुशलम में यहूदी मंदिर को नष्ट किया था। मगर इतिहास बताता है कि ऐसी घटनाएं दुर्लभ थीं, और धर्मशास्त्रों से प्रेरित नहीं थीं। मूर्तिभंजकों की भारी संख्या को देखते हुए इनमें समानताएं दर्शाने की चेष्टा श्रमसाध्य और कपटपूर्ण लगती है। पिछले डेढ़ हज़ार साल में पूर्व-आधुनिक यूरोपियनों, तुर्कों, और कुछ अन्य हमलावर समूहों के हमलों के पैमाने के सामने मूर्ति-पूजकों द्वारा अन्य धर्मस्थलों पर किए गए हमले न के बराबर हैं। एक वीभत्स हत्या को, चाहे वह कितनी भी भयानक हो, बड़े पैमाने पर किए गए नरसंहार के बराबर नहीं रखा जा सकता। कुछ इतिहासकारों द्वारा यह सिद्धांत सामने रखा गया कि इन बर्बर विदेशी हमलावरों ने बस मंदिरों की अथाह संपत्ति के लिए ही उन पर हमला किया था, और विनाश एक ग़ैर-इरादतन परिणाम था। अगर यह सच होता, तो केवल लूटमार ही पर्याप्त होती, और मंदिरों/विहारों को नष्ट करके उन्हें मंदिरों या चर्चों में बदलने की ज़रूरत नहीं होती। और विश्वविद्यालयों को नष्ट करके क्या धन-लाभ हासिल किया जा सकता था? निर्दयी तुर्क बख़्तियार ख़िलजी ने नालंदा विश्वविद्यालय में इतनी किताबों को जलाया था कि आग कई महीने सुलगती रही थी। विजेताओं ने ख़ुद अपने मूर्तिभंजक उद्देश्यों के साथ ही विनाशकारी कामों को भी गर्व से *बाबरनामा* और *तारीख़-ए-फ़रिश्ता* जैसी अनेक किताबों में दर्ज किया है।

भारतीय राजा-रानियों को इन हमलों की प्रकृति और चरित्र को समझने में कुछ समय लगा। कुछ ने क्रूर तरीक़ों से यह जाना कि युद्ध में शौर्य के प्राचीन

नियम ऐसे दुश्मनों के सामने पुराने पड़ चुके हैं (मिसाल के लिए पृथ्वीराज चौहान)। कई दूसरे राजा वीरता से लड़े और विजयी हुए (राजा सुहेलदेव, छत्रपति शिवाजी महाराज, लाचित बोड़फूकन, महाराजा रणजीत सिंह, राजा मार्तंड वर्मा, रानी अब्बक्का आदि)। कई दूसरे राजा वीरता के साथ लड़े मगर हार गए (सिंध के राजा दाहिर, काबुल के हिंदूशाही महाराज जयपाल एवं अन्य अनेक)। कुछ जीते, कुछ हारे, बहुत से युद्धों में मारे गए, मगर हमारे पूर्वजों ने कभी आत्मसमर्पण नहीं किया। और क्योंकि उन्होंने कभी आत्मसमर्पण नहीं किया, इसलिए पूर्व-कांस्य युग के मूर्ति-पूजकों में केवल वही लोग थे जो सबसे अनमोल चीज़ को सुरक्षित रखने में सफल हुए थे: अपनी जीवनशैली।

मुझे ये बेहतरीन पंक्तियां याद आती हैं जिन्हें, विडंबनापूर्ण ढंग से, भारत के लिए एक क्रूर इंसान बैरन मैकॉले ने लिखा था, 'और एक आदमी के लिए इससे बेहतर मौत क्या होगी/ कि अपने डरों का सामना करे/ अपने पुरखों की राख/ और अपने देवताओं के मंदिरों की ख़ातिर।'

मरने का काम हमारे पूर्वजों ने किया था। अब पुनर्निर्माण की ज़िम्मेदारी हमारे ऊपर है।

जब हम पुनर्निर्माण करें, तो हमें याद रखना होगा कि हम अपने पूर्वजों या उनकी जीवनशैली का अनादर न करें। हमें धर्म के अनुसार चलना होगा। हमारी सभ्यता के साथ जो हुआ, उस सच को हमें बताना होगा मगर नफ़रत फैलाए बिना। हमें काम करना होगा, मगर शांत सामूहिक संकल्प के साथ, असुरक्षित आक्रामकता के साथ नहीं। हमें समझना होगा कि वर्तमान भारतीय मुसलमानों और ईसाइयों का उससे कोई लेना-देना नहीं है जो पूर्व-आधुनिक काल के यूरोपीय, तुर्क, और दूसरे विदेशी आक्रमणकारियों ने किया था। हमें एक होकर अपने मंदिरों और विहारों का पुनर्निर्माण करना होगा। आपसी विश्वास और प्रेम के साथ। समावेशिता के साथ। हमें उन्हें फिर से बनाना होगा, केवल पूजा-स्थलों के ही नहीं, बल्कि ज्ञान और सामाजिक एकजुटता के केंद्र के रूप में भी जैसे वे

प्राचीन काल में हुआ करते थे। हमें राम जन्मभूमि मंदिर पर ही नहीं रुकना होगा। हमें और भी बहुत कुछ फिर से बनाना है; उदाहरण के लिए कश्मीर में मार्तंड सूर्य मंदिर और बिहार में विक्रमशिला विश्वविद्यालय।

पुनर्निर्माण हमारा अपने प्रति—उससे भी महत्वपूर्ण रूप से अपने पूर्वजों, और साथ ही भावी पीढ़ियों के प्रति भी—एक सभ्यतागत दायित्व है। यह विश्व के लिए एक संदेश है। कि हम मरेंगे नहीं। हम सनातन हैं। हम शाश्वत हैं। और सबसे महत्वपूर्ण, हम एक हैं। हम सभी 1.3 अरब भारतीय।

जय श्री राम। जय मां भारती।

द *प्रिंट*, अप्रैल 2020 में सर्वप्रथम प्रकाशित

चिंतन

मैं क्यों लिखता हूं

आज मेरी एक पहचान लेखक की भी है। छह महीने पहले मेरी व्यावसायिक पहचान भिन्न थी। मैं एक बैंकर था: एक पारंपरिक एमबीए, सूटेड-बूटेड, जुमलों में बात करने वाला वित्तीय टाइप का बंदा। यह एक लंबा और विचित्र सा सफ़र रहा है: वित्त से कथा-साहित्य लेखन का। आप में से कुछ लोग कह सकते हैं, लंबा? ठीक है, मैं इस बिंदु को मानता हूं! मगर विचित्र! तो, इसकी वजहें हैं, अब अगर आप इजाज़त दें तो...

पहली वजह यह है कि मेरी किताबें ऐतिहासिक हैं! वे चार हज़ार साल पहले के भारत में स्थापित हैं। विचित्र भाग यह है कि मैंने उच्चतर स्तर पर इतिहास का अध्ययन नहीं किया था! मैं मैथमेटिक्स में ग्रेजुएट हूं। इसके लिए कुछ लोग कह सकते हैं कि मैं आत्मपीड़क हूं! दूसरी अजीब बात यह है कि मैं कहानी लिखता हूं। लेकिन पिछले साल मेरी पहली किताब, द *इमॉर्टल्स ऑफ़ मेलूहा* के आने से पहले मैंने ज़िंदगी में कभी कोई कहानी नहीं लिखी थी। स्कूल में छोटी कहानी तक नहीं! कॉलेज के दिनों में बहुत बुरी कविताओं के अलावा कुछ नहीं, जिन्हें कोई पसंद नहीं करता था। एकमात्र शख़्स जो मेरा मन रखता था और मेरी कविताओं को पसंद करता था, वह मेरी गर्लफ्रेंड थी! आज वह मेरी पत्नी हैं। तीसरी अजीब बात यह है कि मैंने हिंदू देवता भगवान शिव के एडवेंचर्स के विषय में लिखा है। मेरी किताबें इस धारणा पर आधारित हैं कि

भगवान शिव एक ऐतिहासिक व्यक्ति थे जो चार हज़ार वर्ष पहले जीवित थे और अपने शानदार कृत्यों और कर्मों के कारण देवता बन गए। मगर आठ-नौ बरस पहले तक मैं नास्तिक था। आज, बेशक, मैं समर्पित शिव-उपासक हूं। मगर अपनी नौजवानी में मुझे मंदिरों में जाने तक की ज़रूरत महसूस नहीं होती थी। यह वाक़ई एक लंबा और अजीब सा सफ़र रहा है। तो यह हुआ कैसे? मुझ जैसा कोई नास्तिक, मैथमेटिक्स में ग्रेजुएट इंसान, जिसमें किसी भी तरह की शून्य कल्पनाशीलता थी, कैसे किसी देवता के बारे में ऐतिहासिक कहानी लिखने लगा?

मेरी एक थ्योरी है। मेरा मानना है कि मेरी किताबें एक वरदान हैं। और मेरी आत्मा ने पिछले दशकों में मुझे इस वरदान को ग्रहण करने के लिए तैयार किया था। इसके अलावा, यह मेरी चेतन जानकारी में आए बिना किया गया। ऐसा कैसे हुआ? पहले मैं इतिहास के 'खंड' पर बात करता हूं। जहां तक मुझे याद पड़ता है, अपने बचपन तक, मैं हमेशा इतिहास की ओर आकर्षित रहा था। क्यों? मैं नहीं जानता। अब, मैं एक व्यावहारिक इंसान हूं। आप बैंकर की प्रोफ़ाइल तो जानते ही हैं, है न? मैं जानता था कि इतिहासकार होना कोई अच्छी तनख़ाह वाला कैरियर नहीं है! कम से कम नब्बे के दशक के शुरू में तो नहीं था जब मैं बड़ा हो रहा था। और मेरे पास कोई पैतृक संपत्ति भी नहीं थी जिसका आसरा होता। तो मैंने एमबीए किया और बैंकिंग की लुभावनी दुनिया में शामिल हो गया। लेकिन ज़िंदगी को 'या यह या वह' होना ज़रूरी नहीं होता। आप किसी शौक़ को पूरा करने का समय हमेशा निकाल सकते हैं। तो मैं भुक्खड़ों की तरह इतिहास पर अनेक किताबें पढ़ता रहा। इसलिए नहीं कि इससे मुझे मेरे कैरियर में कोई मदद मिलती या मुझे अच्छे ग्रेड मिलते, बल्कि केवल इसलिए कि हाथ में ऐसी किसी किताब के होने से मुझे ख़ुशी मिलती थी।

अब दूसरी अजीब बातः लेखन। कोई आठ-नौ साल पहले मेरे दिमाग़ में एक विचार आया था! मैंने उसके बारे में लिखने की ज़रूरत महसूस की।

लेकिन मैं अनिश्चित था। मेरे परिवार ने ज़ोरदारी से मेरा हौसला बढ़ाया। उन्होंने मुझसे कहा, 'यार, यह अच्छा सुनाई दे रहा है, इसे लिख डालो।' और मैं उनकी बात सुनने के लिए मजबूर हो गया। इसलिए नहीं कि मैं हमेशा वही करता हूं जो मेरा परिवार करने को कहता है। असली वजह यह थी कि जब मैं अपनी किताब पर काम नहीं कर रहा होता था तो मैं बेहद नाख़ुश रहता था। उस दौरान मैं बहुत ज़बरदस्त दबाव वाली नौकरी में था। मैं बैंकिंग सैक्टर में काम करता था! हम वित्तीय दुनिया को तबाह करने में मसरूफ़ थे! इसमें बहुत समय और मेहनत लगती है, सही? मेरे पास किताब लिखने के लिए वक़्त ही नहीं होता था। व्यावहारिक आदमी होने के कारण मैंने तर्कसम्मत काम किया! मैंने अपनी ज़िंदगी से 'वक़्त बर्बाद करने वाली हर गतिविधि' को निकाल बाहर किया और ख़ुद को बस तीन चीज़ों तक सीमित कर लिया: अपनी नौकरी करना, अपने परिवार के साथ वक़्त बिताना और अपनी किताब लिखना। मैंने टीवी देखना, पार्टियों में जाना, यहां तक कि व्यायाम करना तक बंद कर दिया। मगर फिर भी मुझे इतना वक़्त नहीं मिल पा रहा था कि लिख सकूं। वास्तव में मैं केवल इतवारों को लिख रहा था।

फिर मेरी पत्नी को कुछ सूझा। उन्होंने कहा कि मैं रोज़ाना ऑफ़िस आने-जाने में दो-तीन घंटे बर्बाद कर रहा हूं। मैं मुंबई में था, और रोज़ाना ड्राइव करके काम पर आता-जाता था। और कुछ कहना ज़रूरी है? उन्होंने राय दी कि हम एक ड्राइवर रख लें। उन दिनों ड्राइवर आसानी से उपलब्ध थे, और प्रतिमाह वे पांच हज़ार रुपए बेहतरीन निवेश था जो मैंने अपनी ज़िंदगी में कभी किया होगा। जल्दी ही मैं अपनी कार की पिछली सीट पर अपनी किताब लिख रहा था। इसमें मुझे चार-पांच साल लगे, लेकिन आख़िरकार किताब सामने आ गई।

मुझे बताया गया है कि इस कमरे में कुछ लेखक भी हैं। ग़ैर-लेखकों को ऐसा लग सकता है कि एक बार किताब लिख ली गई तो बस काम ख़त्म। दरअसल नहीं, दूर-दूर तक नहीं। आपको इसे प्रकाशित करवाना होता है, जो अपने आप

में एक नई कहानी है। मेरे एजेंट और मैंने भारतीय प्रकाशन उद्योग के गलियारों में बेहिसाब चक्कर लगाए। मुझे चेतावनी दी गई थी कि भारतीय प्रकाशन जगत बहुत विचित्र है। आप ग्यारह प्रकाशकों को एक कमरे में बंद कर दें और मुमकिन है कि आपको बारह राय मिलें! लेकिन मुझे घोर आश्चर्य हुआ! मेरी किताब पर दुर्लभ एक राय थी।

हर उस प्रकाशक का, जिसने मेरी किताब पढ़ी थी, ख़्याल था कि यह किसी भी सूरत में चलने वाली नहीं थी। सबने इंकार कर दिया। कितनों ने? सच कहूं तो बीस के बाद मैंने गिनना ही बंद कर दिया था। बात कहीं नहीं पहुंच रही थी। कुछेक प्रकाशक इतने मेहरबान थे कि उन्होंने मुझे मेरी किताब को रिजेक्ट करने की वजह बताई। एक ने राय दी कि मैं अपनी किताब से हर पाठकवर्ग को अलग कर दूं। मैंने कहाः ठीक है, कैसे? उसने कहा, 'देखिए, आप धर्म पर लिख रहे हैं जिसमें युवावर्ग को रुचि नहीं होती। धर्म के विषय में आपका अपना नज़रिया है, आप अपारंपरिक हैं, और बड़े-बुज़ुर्गों को यह पसंद नहीं आएगा। अंत में, आपकी दिलचस्पी मॉडर्न, आसान अंग्रेज़ी में लिखने में है जिसका मतलब है कि विद्वान लोग इसे पसंद नहीं करेंगे। तो आख़िर आप लिख किसके लिए रहे हैं? आप इसे किस पाठकवर्ग को बेचने की योजना बना रहे हैं?' मैंने कहा, देखिए, अपनी किताब लिखने से पहले मैंने मार्केट रिसर्च तो की नहीं थी, मैंने तो किताब लिखी थी। ख़ैर, मुद्दे की बात यह थी कि मेरी किताब को सबने रिजेक्ट कर दिया था।

मगर, मेरी पत्नी बेहद अच्छी, सहयोगपूर्ण महिला हैं। मुझे लगता है कि मेरे जैसे रचनात्मक रूप से दिवालिया इंसान ने वाक़ई कोई किताब लिखी है, इस बात से वे इतनी हतप्रभ थीं कि वे हर मुमकिन तरीक़े से इसका साथ देने के लिए कटिबद्ध थीं। उन्होंने राय दी कि अगर ज़रूरत पड़ी तो हम अपने कुछ ख़र्चे कम कर देंगे, मगर ख़ुद किताब को प्रकाशित करवाएंगे। भले ही इसका मतलब यह हो कि हम केवल किताब को प्रकाशित करवा पाएंगे और उसे अपने परिवार और मित्रों में मुफ़्त बांटेंगे। मैंने कहाः 'ठीक है, अच्छा है, शुक्रिया, स्वीटहार्ट।'

मगर मेरे पिटारे में आश्चर्य अभी बाक़ी थे। मेरे एजेंट, बहुत समय से परेशान हो रहे मेरे एजेंट, जिन्होंने मेरी किताब हरेक प्रकाशक को भेजी थी और जिनके मुंह पर हर दरवाज़ा बंद कर दिया गया था, वे भी इस किताब में मेरे यक़ीन से प्रभावित थे। उन्होंने पेशकश रखी कि अगर मैं मार्केटिंग में निवेश करूं तो वे प्रिंटिंग में निवेश कर सकते हैं। मैंने कहाः 'ठीक है, शुक्रिया, दोस्त।' इस ईश्वरकृत साझेदारी से मेरी किताब, द *इमॉर्टल्स ऑफ़ मेलूहा* मार्च 2010 में लॉन्च की गई। मुझे क़तई कोई अपेक्षा नहीं थी, लेकिन लॉन्च के पहले हफ़्ते में ही किताब वास्तव में बैस्टसेलर्स के चार्ट में पहुंच गई थी।

तो मेरे कहने का मुद्दा क्या है? क्या यह कि अगर आप अपनी आत्मा की सलाह पर चलें तो यक़ीनन सफलता पा लेंगे? यह सच हो सकता है लेकिन इस मुद्दे को तो कितने लोग साबित कर चुके हैं, वे लोग जो मुझसे कहीं ज़्यादा ज्ञानी थे, उस भाषा में जो मेरी भाषा से कहीं ज़्यादा काव्यात्मक है। मेरा नुक़्ता पूरी तरह से अलग है। वह यह है कि अगर आप अपनी आत्मा की आवाज़ सुनें और अपने जीवन का उद्देश्य पा लें, तो सफलता या असफलता वास्तव में अपने मायने खो देती हैं। और यही वह शानदार स्थान है जो मैंने खोजा था।

जब मैं बैंकिंग में था, तब अगर मुझसे कहा जाता कि मैं सफलता के अपने सारे प्रलोभन छोड़ दूंः कांच की दीवारों वाला केबिन, बोनस, तन्ख़ाह, निजी सहायक, सीनियर मैनेजमेंट का ओहदा... और फिर पूछा जाता कि क्या अपने बैंकिंग कैरियर में मैं समान रूप से ख़ुश रहूंगा तो ईमानदारी भरा जवाब होता नहीं, मैं ख़ुश नहीं रहूंगा। मेरे लिए अपने बैंकिंग कैरियर को पसंद करने की पहली शर्त सफलता थी। ऐसे भी अवसर आए जब मुझे वे प्रमोशन नहीं मिले थे जिनके लिए मैं खुद को हक़दार मानता था, या वे बोनस जो उनसे कम थे जो मुझे मिलने चाहिए थे। ऐसे मौक़ों पर केवल मेरा हौसला ही नहीं, मेरी व्यक्तिगत ख़ुशी भी रसातल में गिर जाती थी। लेकिन मेरे लेखन के कैरियर में कहानी बिल्कुल अलग है। अगर कोई मुझसे कहता कि मेरी किताबें सुपर फ़्लॉप रहेंगी! कि द *इमॉर्टल्स*

ऑफ़ मेलूहा और द *सीक्रेट ऑफ़ द नागाज़* उस तरह नहीं बिकेंगी जिस तरह बिकी हैं, कि उनकी केवल पच्चीस-पच्चीस प्रतियां ही बिकेंगी! तब भी क्या मैं ख़ुश होता? ईमानदारी का जवाब है हां। लेखन के मेरे कैरियर में सफलता या असफलता वाक़ई बेमानी हो गई हैं। उस समय भी जब सारे प्रकाशक, वाम, दक्षिण और केंद्रीय, मेरी किताब को रिजेक्ट कर रहे थे, मैंने एक पल के लिए भी यह नहीं सोचा कि किताब लिखकर मैंने अपना वक़्त बर्बाद किया। तब भी जब लग रहा था कि मेरी किताब कभी प्रकाशित नहीं होगी, मैं अपनी दूसरी किताब लिखने लगा था। मैं जानता था कि अगर मेरी किताबें नाकाम भी रहती हैं तब भी मैं बैंकिंग सैक्टर में तो काम कर ही रहा होऊंगा। मगर मैं लिखता भी रहूंगा, भले ही मेरी किताबें मेरे लैपटॉप में ही रहें। भले ही मेरी किताबें पढ़ने वाले लोग केवल लंबे समय से त्रस्त मेरे परिवार के लोग ही हों! मैं लिखना जारी रखूंगा। और यह एक शानदार स्थिति है। क्योंकि तब सफ़र ख़ुद आनंदमय हो जाता है और मंज़िल बेमानी हो जाती है।

मेरी मां, जो कि बेहद ज़हीन महिला हैं, ने एक बार मुझसे कहा था कि अगर तुम्हें कभी पता लगे कि तुम्हारा काम ख़ुद तुम्हें आनंद दे रहा है और कि नाकामी तुम्हारे दिल को उदास नहीं करती है, और कामयाबी तुम्हारे मन में अहं भाव नहीं भरती तब तुम जान लोगे कि तुम अपनी आत्मा के उद्देश्य के साथ, अपने स्वधर्म के साथ तालमेल में काम कर रहे हो। मैं उसी शानदार स्थिति में हूं। जब भी मैं लिखता हूं या अपनी किताबों से जुड़ा कोई काम करता हूं, तो मैं अपने अंदर एक अथाह, गहन और सतत प्रसन्नता महसूस करता हूं। मेरे लिए, यह जीवन का सबसे बड़ा वरदान है। और यह वरदान हममें से प्रत्येक व्यक्ति के लिए उपलब्ध है! हमें करना बस यह है कि अपनी आत्मा की आवाज़ को सुनें और अपने जीवन के वास्तविक उद्देश्य को पाएं। धन्यवाद।

इंक टॉक्स, जयपुर, 2012

विज्ञान, आध्यात्मिकता और मेरा बेटा, नील

2013 में मैं, मेरी पत्नी प्रीति और मेरा चार साल का बेटा नील स्विट्ज़रलैंड गए थे। हम ऐसे कई स्थानों पर गए जिनमें प्रीति और मेरी कोई दिलचस्पी नहीं थी, लेकिन जिन्हें नील ने पसंद किया: परिवहन संग्रहालय, बीयर पार्क और टॉय ट्रेन की इतनी सारी राइड्स कि हमें याद भी नहीं। मगर उसकी ख़ुशी से भरी हंसी ने उन्हें हमारे लिए सहनीय बना दिया था।

लेकिन एक जगह थी जहां जाने के लिए मैं बहुत ज़्यादा उत्सुक था: सीईआरएन (यूरोपियन ऑर्गेनाइज़ेशन फ़ॉर न्यूक्लियर रिसर्च), जेनेवा। इसकी कई वजहें थीं। मैं विज्ञान-प्रेमी हूं और नियमित रूप से विज्ञान से जुड़े अनेक पेपर पढ़ता रहता हूं। साथ ही, सीईआरएन ने मेरे आराध्य भगवान शिव के अलौकिक नृत्य को सराहते हुए उनकी नटराज मुद्रा की एक बहुत सुंदर प्रतिमा भी स्थापित की है। मेरे लिए सीईआरएन जाना किसी तीर्थ पर जाने जैसा था। इसके अलावा, स्टैंडर्ड मॉडल ने भी मुझे काफ़ी प्रभावित किया है जिसके बारे में मैंने बहुत पढ़ा है और अपने एक कज़िन के साथ, जो पुणे में वैज्ञानिक हैं, इस विषय पर चर्चा करते हुए कई यादगार शामें गुज़ारी हैं। मुझे यक़ीन है आप जानते होंगे कि हमने

स्कूल में 'पदार्थ' के बारे में जो पढ़ा था, वह अपूर्ण था। पदार्थ के सभी अवयवों को वास्तव में फ़र्मियोन (इतालवी वैज्ञानिक एनरिको फ़र्मी के नाम पर) और बोसोन (हमारे अपने एस. एन. बोस के नाम पर) की संरचना के रूप में वर्गीकृत किया गया है। साथ ही, ब्रह्मांड में अन्योन्य क्रिया के चार बुनियादी बल हैं: विद्युत चुंबकीय, गुरुत्वाकर्षण, दुर्बल अन्योन्य क्रिया, प्रबल अन्योन्य क्रिया। 'प्रबल अन्योन्य क्रिया' बल सबसे ज़्यादा लुभावना है। विपरीत-सहजवृत्ति से, जब आप अणुओं को अलग करते हैं तो आकर्षण का यह बल कमज़ोर नहीं पड़ता। इसमें एक प्रकार से एक आध्यात्मिक सबक़ है। सीईआरएन में जाना इस विचार को और ज़्यादा परखने का एक अवसर था। लेकिन मैंने यह नहीं सोचा था कि मेरा बेटा मुझे बेहतर सबक़ सिखा देगा। कैसे?

ख़ैर, नील सीईआरएन नहीं जाना चाहता था। यह स्वाभाविक भी था। वह बस चार साल का बच्चा था जिसकी दिलचस्पी डायनासॉर और प्रकृति में ज़्यादा थी। उसे आणविक भौतिकी में दिलचस्पी अभी जगानी थी! तो हमने योजना बनाई कि मेरी पत्नी उसे लेकर एक पार्क चली जाएंगी जबकि मैं अकेला अपने 'विज्ञान अभियान' पर निकल पड़ूंगा। मगर, जाने वाले दिन सुबह को उसने भी सीईआरएन चलने का फ़ैसला कर लिया। मैं वाक़ई हैरान था। और मेरी पत्नी प्रीति भी। उन्होंने उससे पूछा: 'तुम सीईआरएन क्यों जाना चाहते हो?'

नील का जवाब बहुत सीधा-सरल था: 'मैं जाना चाहता हूं क्योंकि डैड जाना चाहते हैं।'

जब अणुओं को विपरीत दिशा में खींचा जाता है तो 'प्रबल-अन्योन्य क्रिया' बल कमज़ोर नहीं पड़ता है। इसमें एक आध्यात्मिक सबक़ है। मेरे बेटे नील ने मुझे सिखाया था। और यह इतना जज़्बाती सबक़ था कि मेरी आंखों में आंसू आ गए।

हिंदुस्तान टाइम्स, 2013 में सर्वप्रथम प्रकाशित

तीन बुद्धिमान महिलाएं

जिन लोगों ने मेरी किताबें पढ़ी हैं, वे जानते होंगे कि अपनी बात रखने के लिए मैं सामान्यतया चार सौ पन्नों और एक लाख शब्दों का सहारा लेता हूं! इसके बावजूद, फ़ेमिना ने मुझसे अपनी रामकहानी लिखने को कहा जिसमें विशेष बल महिलाओं द्वारा इस पर डाले गए प्रभाव पर दिया जाए। और मुझे यह बस एक हज़ार शब्दों में करना था। रहम करें!

इसलिए मैंने तय किया कि मैं ख़ुद को उन तीन घटनाओं तक सीमित रखूंगा जिन्होंने मुझ पर बहुत गहरा प्रभाव डाला था। कहने की जरूरत नहीं कि ये तीनों ही मेरी ज़िंदगी से जुड़ी महिलाओं से संबद्ध थीं।

पहली घटना मेरे बचपन की है जब मैं क़रीब आठ साल का था। हम उड़ीसा के राउरकेला के पास कंसबहल नाम की सुगठित कंपनी कॉलोनी में रहते थे! मेरे पिता उस समय लार्सन एंड टूब्रो में कार्यरत थे। मां सख़्त अनुशासनप्रिय थीं, जबकि पिता जी बहुत छूट दिया करते थे। एक शाम, मेरे जुड़वां भाई आशीष और मैंने कंट्री क्लब जाने का तय किया। हमने मां से इजाज़त मांगी, उन्होंने मना कर दिया क्योंकि हमने अपना होमवर्क पूरा नहीं किया था। एक घंटे बाद जब पिता जी ऑफ़िस से आए तो हमने उनसे पूछा। और उन्होंने तो हां कह दिया। हम ख़ुशी-ख़ुशी चल दिए, पूरी शाम मस्ती की और रात को डिनर के वक़्त वापस

आए! माहौल बहुत ख़तरनाक था। हमसे सख़्ती से पेश आते हुए पिता जी बहुत नाराज़ थे! चूंकि ऐसा कभी हुआ नहीं था, तो हम रोने लगे। हमने उन्हें आश्वासन देने की कोशिश की कि सोने से पहले हम फ़ौरन अपना होमवर्क निबटा लेंगे। लेकिन वे तो किसी और वजह से नाराज़ थेः जब मां हमसे किसी बात के लिए मना कर चुकी थीं, तो हमारी हिम्मत ही कैसे हुई उनसे इजाज़त मांगने की? उन्होंने कहा जब माता-पिता में से कोई एक मना करता है तो ख़ुद-ब-ख़ुद इसका मतलब दोनों की ओर से इंकार होता है। परिवार के बीच चालबाज़ी नहीं की जाती। और ये ऐसा सबक़ था जिसे मैंने अच्छी तरह सीख लिया था। परिवार के बीच आप चालबाज़ी से काम नहीं लेते! इससे भी महत्वपूर्ण यह कि माता और पिता बराबर होते हैं।

दूसरी घटना वास्तव में शिव रचना त्रय की सूत्रधार थी। एक टीवी कार्यक्रम ने मेरे परिवार में एक बहस छेड़ दी थी, जिससे मेरे मन में एक फ़लसफ़ाना सवाल उठाः बुराई क्या है? क्या बुराई भी किसी उद्देश्य को पूरा करती है? मेरे प्रति प्रेम के कारण और अपने विवेक के विपरीत जाते हुए भी–कविता में हाथ आज़माने के मेरे बेतुके पूर्व प्रयासों को देखते हुए–मेरे परिवार ने मुझे प्रेरित किया कि मैं अपने विचारों को पन्नों पर उतारूं। लेकिन मैं अनिश्चित सा था। और मुझे याद है कि मेरी बड़ी बहन भावना और मेरे जुड़वां भाई आशीष ने मुझसे बात की थी। भावना दी ने मुझसे कहा, जब तक मैं किसी काम की कोशिश नहीं करूंगा, तब तक मैं यह कैसे जान पाऊंगा कि मैं उसे कर सकता हूं या नहीं? मुझे दूसरों को प्रभावित करने के लिए नहीं, बल्कि अपने दिमाग़ में बेतरतीब पड़े विचारों को खंगालने और अपने परिवार से बातचीत करने के लिए उन्हें लिखना चाहिए, जो कि मेरा आकलन नहीं करेगा। लेखन की क्वालिटी की किसे परवाह है? बस जुट जाओ और लिखो। यह दूसरा सबक़ था जो मैंने सीखा थाः कोशिश करने में कभी हिचकिचाओ नहीं। नाकामी के डर से आप कुछ नया आज़माने से क्यों डरें? और उससे भी

अहम यह कि अगर आप अपने लिए कुछ कर रहे हैं तो भला किसे परवाह है कि दुनिया क्या सोचती है?

तीसरी घटना शिव रचना त्रय की दूसरी पुस्तक *द सीक्रेट ऑफ द नागाज़* के लॉन्च के दौरान घटी थी। ईश्वर की कृपा से त्रय की पहली पुस्तक, द *इमॉर्टल्स ऑफ मेलूहा*, काफ़ी पसंद की गई थी। दूसरी पुस्तक की पहले से हुई बुकिंग्स ने मुझे विश्वास दिला दिया था कि यह भी सफल होगी। उस समय तक मैं एक बीमा कंपनी में सीनियर मैनेजमेंट कमेटी के सदस्य की अपनी नौकरी के साथ ही लिखता था। मैं मार्केटिंग, उत्पादों और सेवा गुणवत्ता विभागों को देखता था। ये बहुत ज़्यादा दबाव वाली नौकरी थी जो मुझे हफ़्ते के छहों दिन व्यस्त रखती थी। इसके साथ ही जो भी ख़ाली समय मिलता उसमें मैं लिखता और अपनी किताबों को प्रमोट भी करता था। दरअसल मैंने अपने को बेतहाशा व्यस्त कर लिया था। किसी को तो छोड़ना ही था।

लेकिन अपनी नौकरी छोड़ने को लेकर मैं अभी भी अनिश्चित था। इस सच के बावजूद कि मेरी रॉयल्टी के चैक मेरी तन्ख़ाह से ज़्यादा हो चुके थे। मैं बहुत संपन्न पृष्ठभूमि का नहीं हूं और अपने कैरियर के चुनावों को लेकर ग़ैरज़िम्मेदार नहीं हो सकता था। इसके अलावा, हाल ही में हमारा बेटा हुआ था और उसकी देखभाल के लिए मेरी पत्नी ने नौकरी से ब्रेक लिया था।

तब मेरी पत्नी प्रीति और मेरे बड़े भाई अनीश ने मुझसे बात की। उन्होंने मुझे समझाया कि खुद को पूर्णकालिक लेखन में न लगाकर मैं ज़रूरत से ज़्यादा ही सावधानी बरत रहा हूं। अनीश दा ने कहा कि बैंकिंग में वापस जाने का विकल्प तो मेरे पास हमेशा ही रहेगा। लेकिन लेखक के रूप में कैरियर बनाने का यह मौक़ा एक वरदान है। और अगर यह कारगर रहा तो मैं उस तरह की ज़िंदगी बिता सकूंगा जो मुझे पसंद हैः पढ़ना, लिखना, घूमना और अपने परिवार के साथ समय बिताना। प्रीति ने मुझसे बहुत प्यारी बात कही थीः कि परिवार के प्रति अपने दायित्वों के अलावा मेरा अपने प्रति, अपने सपनों को पूरा करने के

प्रति, अपनी ज़िंदगी को कोई मायने देने के प्रति भी दायित्व है। उन्होंने कहा कि ज़्यादातर लोगों को ऐसा मौक़ा नहीं मिलता है। और मैं ख़ुशक़िस्मत हूं कि मुझे यह मिला है। इसे पूरी तरह से हासिल न करना ग़ैरज़िम्मेदारी होगी।

तो मैंने नौकरी से इस्तीफ़ा दे दिया। मैंने यह सुनिश्चित किया कि अच्छे संबंध बरक़रार रखते हुए अपने ऑफ़िस को छोड़ूं! कि कहीं मुझे अपनी पूर्व ज़िंदगी में वापस न जाना पड़े! लेकिन जो सबक़ मैंने सीखा वह यह था: बेशक अपने प्रियजनों के प्रति हमारी ज़िम्मेदारी होती है। लेकिन अपने प्रति भी हमारी ज़िम्मेदारी होती है। हमें यह कभी नहीं भूलना चाहिए।

मैं यह नहीं कह रहा हूं कि मेरी ज़िंदगी में बस यही तीन क्रांतिकारी मोड़ आए हैं, लेकिन ये महत्वपूर्ण हैं। ज़िंदगी केवल मंज़िल नहीं, बल्कि सफ़र भी है। पीछे देखने, 'छोटी-छोटी घटनाओं' पर विचार करने से एक दृष्टिकोण का आभास मिलता है! और शेष बचे सफ़र को सुदृढ़ दिशा मिलती है।

भगवान शिव और पवित्र झील आप पर और आपकी यात्रा पर कृपा करें।

फ़ेमिना, मार्च 2014 में सर्वप्रथम प्रकाशित

एक देशभक्तिपूर्ण घोषणापत्र

मैंने अभी शशि थरूर की बेहतरीन पुस्तक *एन ईरा ऑफ डार्कनेस* पढ़कर ख़त्म की है, जो उस भयावहता का अध्ययन है जिसका नाम ब्रिटिश राज था। और मुझे अपने अंदर एक जाना-पहचाना ग़ुस्सा उमड़ता महसूस हुआ; वैसा जैसा मैंने बहुत साल पहले महसूस किया था जब मैंने विल डुरैंट की द *केस फ़ॉर इंडिया* या माइक डेविस की *लेट विक्टोरियन हॉलोकॉस्ट्स* पढ़ी थी। और ऐसी ही दूसरी कई किताबें जिन्होंने मानवता के ख़िलाफ़ किए उन जुर्मों को दर्ज किया था जो अंग्रेज़ उपनिवेशवादियों ने ढाए थे। अनुमान लगाया गया है कि उन्होंने मानवनिर्मित अकालों में लगभग चार करोड़ भारतीयों की जान ली। उन्होंने मानवता के इतिहास में मादक पदार्थों का सबसे बड़ा तस्करी कारोबार चलाया था, जिसने भारत और चीन को तबाह कर दिया था। एक समीक्षक ने उचित ही कहा था कि क्वीन विक्टोरिया अनिवार्यतः ड्रग लॉर्ड थीं; कुख्यात दाऊद इब्राहीम की तरह, बस बेहतर टोपी के साथ। कितने ही और जुर्म हैं, इतने ज़्यादा कि उन्हें इस छोटे से लेख में दर्ज नहीं किया जा सकता।

लेकिन इसी के साथ मेरे दिमाग़ में एक प्रश्न उठता है। अंग्रेज़ों ने हमें अपने दम पर नहीं जीता था; वे तो बहुत कम तादाद में थे। उनके लिए बहुत से भारतीय सैनिकों ने भारत को जीता था। अंग्रेज़ों ने अपने दम पर अफ़ीम की तस्करी

का कारोबार नहीं चलाया था; बहुत से भारतीय (और चीनी) व्यापारियों ने उनके लिए हाथ मैले किए थे। जलियांवाले बाग़ में जनरल डायर ने भले ही असहाय हिंदुस्तानियों पर गोली चलाने का आदेश दिया था, मगर जिन सैनिकों ने वास्तव में बंदूक़ें थाम रखी थीं, वे अधिकांशतः भारतीय उपमहाद्वीप के थे। विंस्टन चर्चिल (युद्ध अपराधी जो हिटलर से भिन्न नहीं था) ने भले ही उन घटनाओं से जुड़े आदेश दिए हों जिनके कारण 1940 के दशक के शुरू में बंगाल में अकाल पड़ा था (जिसमें मरने वालों की संख्या डेढ़ से चार करोड़ के बीच थी), मगर जिन अफ़सरों ने उसके आदेशों को लागू करवाया था, वे ज़्यादातर हिंदुस्तानी थे।

उन भारतीयों ने विद्रोह क्यों नहीं किया, जिन्होंने अपने देशवासियों पर ये ज़ुल्म किए थे? उन्होंने क्यों नहीं कहाः 'मैं अपने देशवासियों के साथ ऐसा नहीं करूंगा?' ब्रिटिश राज के घृणास्पद समर्थक (जिनमें अनेक भारतीय भी हैं) कहेंगे कि ऐसा इसलिए है क्योंकि हम अपने को 'भारतीय' नहीं मानते थे क्योंकि अंग्रेज़ों के आने से पहले हम एक देश नहीं थे। यह बकवास है।

संस्कृति और सभ्यता की एक इकाई के रूप में भारत हज़ारों साल से विद्यमान है। इसे साबित करने के लिए पर्याप्त उदाहरण और दस्तावेज़ हैं। उनमें से कुछ के लिए आप उन पुस्तकों को पढ़ सकते हैं जिनका मैंने ऊपर ज़िक्र किया है। और वैसे भी, सत्रहवीं सदी में हुई वैस्टफ़ैलिया की संधियों से पहले, 'राष्ट्रों' का अस्तित्व राजनीतिक इकाई के रूप में नहीं बल्कि सांस्कृतिक इकाइयों के रूप में होता था। सोलहवीं सदी में अगर आप किंग हेनरी अष्टम की जगह इंग्लैंड के प्रति वफ़ादार होते तो एक ग़द्दार मानकर आपका सर क़लम करवा दिया जाता। मगर उस समय इंग्लैंड की सांस्कृतिक अवधारणा मौजूद थी। जैसे भारत की सांस्कृतिक अवधारणा मौजूद थी।

तो, क्या भारतीय सहयोगी निजी लालच से प्रेरित थे? इससे हमें उन व्यापारियों के प्रेरकों को समझने में मदद मिल सकती है जिन्होंने राज का

समर्थन किया था; वे बेतहाशा दौलतमंद हो गए थे। लेकिन क्या यह उन भारतीय सैनिकों के व्यवहार को भी स्पष्ट करता है जो ब्रिटिश राज के लिए लड़े और मरे थे? किसी और के लिए मरने से बड़ी निस्वार्थता और कुछ नहीं हो सकती, सही? कुछ आरोप लगाते हैं कि जो भारतीय अंग्रेज़ों के लिए लड़े और मरे थे, वे अधिकांशतः निम्न जातियों के थे जो एक विदेशी शक्ति का साथ देकर अपने समाज के अन्यायों के ख़िलाफ़ विद्रोह कर रहे थे। यह तथ्यों के घोर विरुद्ध है। अठारहवीं और शुरुआती उन्नीसवीं शताब्दी में ब्रिटिश सेना में शामिल होने और भारत को जीतने में अंग्रेज़ों की मदद करने वाले ज़्यादातर सैनिक वास्तव में ऊंची जातियों के थे (पार्श्व टिप्पणीः इसी वर्ग के सैनिक थे जिन्होंने 1857 में हुई भारत की स्वतंत्रता की पहली लड़ाई में विद्रोह किया था)। फिर क्यों इन लोगों ने अपने ही देश के हितों के ख़िलाफ़ काम किया था?

मेरे मन में एक विचार आया है जिसे मैं आपके सोचने के लिए सामने रखूंगा।

ज़्यादातर ज्ञात इतिहास में, भारत ने समृद्धि और सकल घरेलू उत्पाद के, साथ ही ज्ञान और विज्ञान के संदर्भों में विश्व का नेतृत्व किया है। हमारे पूर्वजों ने विभिन्न क्षेत्रों में खोजें और आविष्कार किए थे, जैसे कि गणित, चिकित्सा, धातु विज्ञान, जहाज़रानी, खगोलविद्या आदि। लेकिन हमारा सबसे बड़ा योगदान अध्यात्म और दर्शन के क्षेत्र में था। मेरा विचार है कि, शायद, इस क्षेत्र की एक खोज को जब उसके चरम पर ले जाया गया तो वह हमारे लिए बहुत कारगर नहीं रही।

और वह दार्शनिक खोज है स्वधर्म।

एक उपयोगी जीवन जीने में हमारी मदद करने के लिए एक दार्शनिक अवधारणा के तौर पर स्वधर्म को पाना निश्चय ही अच्छा विचार है। अपने सरलतम रूप में, अवधारणा यह हैः कि आप अपना स्वधर्म खोजें और उसे जिएं; क्योंकि तभी आप वास्तविक उपलब्धि और व्यक्तिगत प्रसन्नता प्राप्त

करेंगे। बेशक, अपना स्वधर्म आपको ख़ुद ही खोजना होगा, समाज को अपनी अवधारणा अपने ऊपर न थोपने दें। स्वधर्म पाने की ख़ूबसूरती यह है कि अगर आप अपना जीवन इसके अनुरूप जिएंगे तो सफलता असफलता बेमानी हो जाएंगी। आप आनंद के अलावा और कुछ महसूस नहीं करेंगे। जैसा मैं महसूस करता हूं जब मैं अपने स्वधर्म के अनुरूप जीवन जीता हूं, जो कि उस राष्ट्र की संस्कृति और दर्शन को खोजते और समझते हुए पुस्तकें लिखना है जिसे मैं प्रेम करता हूं, यानी भारत।

मगर स्वधर्म, अगर इसे अपने चरम पर ले जाया जाए तो, बेलगाम वैयक्तिवाद और स्वार्थ की ओर ले जा सकता है। यह ऐसे नागरिकों को उभार सकता है जो दूसरों पर और यहां तक कि पूरे समाज पर भी अपने स्वधर्म के प्रभावों पर विचार नहीं करते हैं। उनका फ़ोकस केवल उस पर होता है जो अपने उद्देश्य को पूरा करने के लिए उन्हें करना होता है। आज कुछ वैज्ञानिक ऐसे प्रोजेक्टों पर काम कर रहे हैं जो नाटकीय रूप से समाज पर नकारात्मक प्रभाव डाल सकते हैं। जैसे कि, अनुवांशिक रूप से संशोधित डिज़ाइनर शिशु। मगर फिर भी वे जारी रखे हुए हैं, क्योंकि वे अपने उद्देश्य को विशुद्ध विज्ञान की खोज के तौर पर देखते हैं; समाज पर उसके प्रभाव के रूप में नहीं।

मेरा मानना है कि स्वधर्म की भूमि होने के नाते भारत ने अनेक ऐसे व्यक्तियों को गढ़ा है जो केवल अपने लक्ष्य में गुम रहे हैं। उनके स्वधर्म का समाज पर क्या प्रभाव पड़ रहा है, इस ओर से वे बेख़बर हैं। इससे हमें ब्रिटिश राज के दौरान भारतीय सैनिकों की मानसिकता को समझने में मदद मिल सकती है, जो योद्धा होने के अपने स्वधर्म में लीन थे भले ही इसका अर्थ एक विदेशी ताक़त के लिए मरना हो, लेकिन अपने स्वयं के समाज पर पड़ने वाले अपने कार्यों के प्रभाव पर विचार करने के लिए ठहरना नहीं।

ब्रिटिश हमारी संस्कृति को बख़ूबी समझते थे। उन्होंने भारतीयों में योद्धाओं के स्वधर्म का इस्तेमाल किया, और उन्हें लक्ष्य देकर हमारे बेहतरीनों

को हमारे ख़िलाफ़ इस्तेमाल किया। टीम-टाम, विधि-विधान और अनुष्ठानों के साथ।

आत्म केंद्रित लोगों से बना समाज खंडित हो सकता है। विडंबना ये है कि ऐसा समाज भी संगठित उद्देश्यों को पूरा करने में असफल हो सकता है।

मगर मैं यह नहीं कह रहा हूं कि हम अपने स्वधर्म को नज़रअंदाज़ कर दें। यह हमारा कर्तव्य है कि अपने लक्ष्य के अनुरूप जीवन जिएं। लेकिन हमें अपना राजधर्म भी नहीं भूलना चाहिए। राजधर्म, यानी राष्ट्र के प्रति हमारा कर्तव्य केवल नेताओं के लिए ही सुरक्षित नहीं है। सामान्य नागरिकों को, हम सबको राजधर्म का पालन करना चाहिए जो हमारे इस महान देश में रहते हैं।

दूसरे शब्दों में कहें तो देशभक्ति आपके निजी उद्देश्य के समान ही महत्वपूर्ण है।

आजकल देशभक्ति शब्द का बहुत ही दुरुपयोग हो रहा है। बहुत से लोग बिना संदर्भ के सैमुएल जॉनसन को उद्धृत करते हैं जिसने कहा था, 'देशभक्ति बदमाशों की अंतिम शरणस्थली है।' साक्ष्य बताते हैं कि जॉनसन ने जब यह कहा था तब वे झूठी देशभक्ति का हवाला दे रहे थे; और वे सच्ची देशभक्ति को बहुत अहमियत देते थे।

यही मैं भी कह रहा हूं। सच्ची देशभक्ति। राजधर्म। अपनी मातृभूमि के लिए गहरा और स्थायी प्रेम। उन सबके प्रति प्रेम जो यहां रहते हैं। रचनात्मक प्रेम, जो हमें इस बात की अनुमति देता है कि जब हमें लगे कि हमारे नेता हमारे देश या राज्य के हित में कार्य नहीं कर रहे हैं तो हम उनसे सवाल कर सकें। प्रेम जो हमें उन मसलों पर अपने साथी देशवासियों से सवाल करने के लिए प्रेरित करता है जिन्हें सुधारा जाना चाहिए क्योंकि हम अपनी मातृभूमि को अपने पुरखों के योग्य बनाना चाहते हैं।

मेरे लिए, अपनी मातृभूमि के लिए प्रेम अटल है। हमें अपनी सरकार को नापसंद करने का पूरा अधिकार है, मगर यह नहीं हो सकता कि हम भारत में

रहें और अपने देश से नफ़रत करने के अधिकार का पालन करें। राष्ट्र उन लोगों के द्वारा नहीं बनता जो उससे नफ़रत करते हैं। यह उन लोगों के कंधों पर निर्मित होता है जो इससे प्रेम करते हैं।

हम पिछली कुछ सदियों के भारतीयों की ग़लतियों से सबक़ सीखें। हम अपने स्वधर्म पर, अपने लक्ष्य पर फ़ोकस करें। लेकिन अपना राजधर्म, अपने महान देश के प्रति अपने कर्तव्य को न भूलें।

भारत माता की जय।

द *टैलीग्राफ़*, 2017 में सर्वप्रथम प्रकाशित

ब्लैक पैंथर, अफ़्रीका और भारत

हॉलीवुड की ब्लॉकबस्टर फ़िल्म *ब्लैक पैंथर*, जिसने पूरे विश्व में एक अरब डॉलर से अधिक कमाए हैं, भारत में ख़ूब चली है। अफ़्रीकी-अमेरीकियों और अफ़्रीका (ख़ासकर उप-सहारा अफ़्रीका) के लिए इसके संदेश पर विश्लेषणों की एक लहर सी आई हुई है। क्या इसमें भारत के लिए भी कोई अंतर्निहित सबक़ हैं? मुझे तो लगता है।

ब्लैक पैंथर में जबारी जनजाति का लीडर म'बाकू (विंस्टन ड्यूक द्वारा अभिनीत) कहता है 'हनुमान की जय हो' (हालांकि किसी अस्पष्ट सी वजह से भारत में 'हनुमान' का संदर्भ हटा दिया गया था)। प्रभु हनुमान भारत के सबसे अधिक जनप्रिय देवता हैं। वे सरल, विशाल-हृदय और शक्तिशाली योद्धा हैं। *ब्लैक पैंथर* में प्रभु हनुमान का संदर्भ महज़ कथात्मक नहीं है। एक समय में प्राचीन विश्व के अनेक हिस्सों में योद्धा उनकी पूजा करते थे। बेशक, हिंद महासागर के दायरे (पूर्वी अफ़्रीका, अरब, फ़ारस, भारत और दक्षिणी एशिया) के व्यापारिक मार्ग पर चलने वाले अनेक जहाज़ केवल सामान और कपड़ा ही नहीं, बल्कि भारतीय देवी-देवताओं के दर्शन और कहानियां भी लेकर चलते थे। बदले में अफ़्रीकी विचार, सामग्री और लोग भारतीय तटों पर आते थे। सिद्धि (मूल रूप से प्राचीन इथियोपिया और केन्या के लोग) कई सदियों पहले भारत

आए थे और समय के साथ श्रेष्ठ व्यापारी, सेनापति, यहां तक कि राजा-रानी तक बने। उनमें से अनेक ने हिंदू या इस्लाम धर्म अपना लिया। उन्होंने भारतीय तौर-तरीक़ों को अपना लिया। आज वे मराठी और गुजराती जैसी भारतीय भाषाएं बोलते हैं।

लेकिन भारत और अफ़्रीका एक और, कहीं अधिक स्याह समानता को भी बांटते हैं: ये दोनों ही लोलुप हमलावरों से पीड़ित रहे हैं। अफ़्रीका की ही तरह भारत ने भी पिछली कई सदियों में बहुत अधिक झेला है। ब्रिटिश आर्थिक इतिहासकार एंगस मैडिसन ने कहा था कि अंग्रेज़ों के आने से पहले भारत दुनिया की अर्थव्यवस्थाओं में पहले स्थान पर था। दुखद रूप से तुर्की और यूरोपीय हमलावरों के हमसे पल्ला झाड़ने तक हम ग़रीबी और पिछड़ेपन का दूसरा नाम बनकर रह गए थे। प्राचीन भारत ज्ञान का अथाह भंडार था, केवल आध्यात्मिकता के क्षेत्र में ही नहीं, बल्कि गणित, धातुविज्ञान, खगोलशास्त्र, चिकित्सा, नौपरिवहन, जल-प्रबंधन, कपड़ा उद्योग आदि में भी। दुनिया के सबसे पुराने विश्वविद्यालयों में से अनेक भारत में थे। भारत की संस्कृति के अनेक पक्षों को हमलावरों ने नष्ट कर दिया था; सबसे प्रसिद्ध रूप से नालंदा विश्वविद्यालय को। यह अपने समय का सबसे बड़ा विश्वविद्यालय था, जहां दस हज़ार से अधिक छात्र थे। 1193 में तुर्की हमलावर बख़्तियार ख़िलजी ने इसे जलाकर राख कर दिया था।

इतिहासकारों का अनुमान है कि ब्रिटिश राज के दौरान मानव-कृत अकालों ने तीन-साढ़े तीन करोड़ भारतीयों की जान ली थी। किसी एक का ज़िक्र करें, तो 1943-44 का बंगाल अकाल विंस्टन चर्चिल की जानबूझकर बनाई गई युद्ध-नीतियों का परिणाम था। उसके फ़ैसलों के कारण अनुमानतः चालीस लाख भारतीय भुखमरी का शिकार हुए थे। जब राज के स्थानीय अधिकारियों ने इस तबाही के बारे में उसे संदेश भेजा तो महान 'युद्ध-नायक' ने कथित रूप से हैरानी जताई थी कि गांधी अभी तक ज़िंदा कैसे थे।

भारतीय किलमौंगर (माइकल बी. जॉर्डन द्वारा अभिनीत) जैसे हो सकते हैं और अतीत के अपराधों के प्रति नफ़रत, क्रोध और बदले की भावना से प्रतिक्रिया कर सकते हैं। या आप टी'चला (चैडविक बोसमैन) जैसे हो सकते हैं, जिसने ऐतिहासिक अपराधों को स्वीकारा, लेकिन क्रोध और नफ़रत के बिना। बदला लेने की बजाय उसने वकांडा को मज़बूत बनाने के लिए काम किया। मेरी मां ने, जो बहुत ही बुद्धिमान महिला हैं, एक बार मुझसे कहा था कि अगर तुम किसी से उससे ज़्यादा नफ़रत करोगे जितना कि ख़ुद से प्यार करते हो, तो तुम्हारे लिए कोई उम्मीद नहीं है।

ब्लैक पैंथर को देखना आज के भारत-अफ़्रीका संबंधों में आए दुखद तनावों की भी याद दिलाता है। भारतीयों को 1970 के दशक में ईदी अमीन के शासन में उगांडा से बड़े पैमाने पर हुआ निष्कासन याद है। अफ़्रीकी आज के भारत में अपने साथ हो रहे रंगभेद को महसूस करते हैं। भारत में अफ़्रीकी छात्रों पर हमले की ख़बरें आती रहती हैं। लेकिन ये पारंपरिक अफ़्रीकी-भारत संबंधों की भावना के ख़िलाफ़ हैं। हालिया दौर में भी भारत ने पूरे अफ़्रीका में उपनिवेशवाद के विरुद्ध आंदोलनों को प्रेरित किया है। भारत ने अफ़्रीका में ऊर्जा और टेलीकम्युनिकेशंस जैसे विभिन्न क्षेत्रों में निवेश किया है। घाना के राष्ट्रपति का महल भारतीय सहायता से बना था। *ब्लैक पैंथर* में मैं यह देखे बिना नहीं रह पाया कि अनेक पारंपरिक परिधानों में अफ़्रीकी और भारतीय डिज़ाइनों का मिश्रण था।

अफ़्रीका और भारत के लिए बेहतर होगा कि वे अपने पूर्वजों के तौर-तरीक़ों को याद रखें, एक-दूसरे के साथ उदारता और सम्मान के साथ पेश आएं, और एक नया भविष्य गढ़ें।

ब्लैक पैंथर से जो एक और शक्तिशाली संदेश उभरकर आता है, वह है गर्व का महत्व। वकांडा काल्पनिक हो सकता है, लेकिन प्राचीन सोंघाई और महान ज़िम्बाब्वे साम्राज्य काल्पनिक नहीं हैं। उन्हें इतिहास से मिटा दिया गया

है। अफ्रीकी इन महान साम्राज्यों की स्मृतियों को फिर से जीवित कर सकते हैं, जो उन्हें गर्व और आत्मविश्वास से भर देंगी और महानता के लिए ईंधन का काम करेंगी। भारत और अफ्रीका को आज अपने पूर्वजों की महान उपलब्धियों को याद करना चाहिए, अपने अंदर गर्व पैदा करना चाहिए, और बड़ी से बड़ी ऊंचाइयों तक पहुंचने की कोशिश करनी चाहिए—और इसलिए नहीं कि हमें अपने आक्रांताओं या उपनिवेशवादियों के सामने कुछ साबित करना है जिन्होंने एक दौर में हमें अपने घुटनों के बल ला दिया था। हमें आज बड़े मुक़ाम हासिल करने होंगे ताकि हम ख़ुद को अपने उत्कृष्ट पूर्वजों के सुयोग्य वंशज साबित कर सकें।

फ़िल्म में 'वकांडा फ़ॉरएवर' अभिवादन है। लेकिन अगर आप मुझे इजाज़त दें तो मैं 'अफ्रीका फ़ॉरएवर' और 'इंडिया फ़ॉरएवर' भी कहना चाहूंगा।

द वाशिंगटन पोस्ट, 12 मार्च 2018 में सर्वप्रथम प्रकाशित

भारत का बढ़ता प्रभाव

'नीली जीन्स और रॉक एंड रोल में पूरी रैड आर्मी से ज़्यादा ताक़त है।'
—रेगिस डैब्रे, फ्रांसीसी वामपंथी फ़िलॉसफ़र एवं
चे ग्वेरा के भूतपूर्व कमांडर-इन-आर्म्स

यह इल्ज़ाम लगाया जा सकता है कि रेगिस डैब्रे ने पश्चिमी लोकप्रिय संस्कृति एवं नर्म शक्ति के आकर्षण की अपनी अवधारणा में अतिशयोक्ति की थी। मगर उनके कथन को पूरी तरह से सारहीन नहीं कहा जा सकता। उन्होंने यह 1986 में कहा था। उस दशक के अंत में हुई घटनाओं को देखते हुए यह दूरदर्शितापूर्ण था।

इस विषय में अंतरराष्ट्रीय संबंधों के सिद्धांत बहुत ही स्पष्ट हैं। अपने उद्देश्यों को पूरा करने की किसी देश की क्षमता उसके पास मौजूद ताक़त की सीमा से सीमित हो जाती है। और यह स्वीकार करना होगा कि कठोर शक्ति का कोई विकल्प नहीं है; कोई भी विचारशील देश इसे प्रदर्शित करेगा। मगर कठोर शक्ति के प्रयोग को कहीं अधिक सक्षम बनाकर नर्म शक्ति बल-गुणक का काम करती है।

यह सटीक तर्क है।

मगर क्या कभी-कभी हम कार्य-कारण संबंध को लेकर भ्रम में पड़ जाते हैं? क्या यह भी हो सकता है कि नर्म शक्ति या संस्कृति लंबी अवधि में कठोर शक्ति की ओर ले जाए? क्या यह संभव है कि किसी देश की संस्कृति (नर्म शक्ति का मूल) अपनी ख़ुद की कठोर शक्ति को सुदृढ़ करने की परिस्थितियां उत्पन्न कर दे?

प्रभाव का प्रवाह

कहा जाता है कि राजनीति नीतियों से बढ़कर है, ठीक वैसे ही जैसे संस्कृति राजनीति से बढ़कर है।

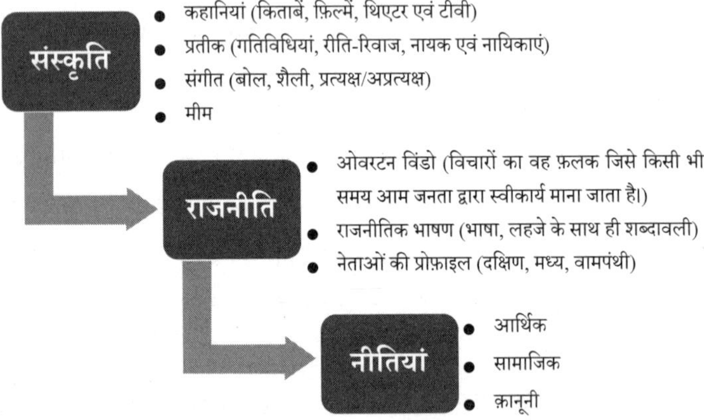

ऊपर दिया गया ग्राफ़िक इस विचार को सरल तरीक़े से दर्शाता है कि समय के साथ सांस्कृतिक स्थान राजनीति को प्रभावित करता है। और फिर आगामी वर्षों में राजनीति नीतियों की व्यवहार्यता को प्रभावित करती है। प्रवाह आमतौर पर ऊपर से नीचे की ओर होता है, काफ़ी कुछ नदी की तरह। और यह एक-के साथ-अनेक संबंध है (इसे मैं लेख में आगे समझाऊंगा)।

तो, अगर कोई ऐसी नीतियों को लागू करना चाहता है जिनसे देश मज़बूत हो (उदाहरण के लिए, सशक्त सेना में निवेश), तो उसे ऐसी राजनीति लानी होगी जो इसे संभव कर सके (अर्थात, मज़बूत राष्ट्रीय चेतना)। और इस आवश्यक राजनीति के लिए स्थान, एक लंबे अरसे में, संस्कृति द्वारा बनाया जाएगा।

राजनीतिक आधार बनाए बिना बड़ी नीतियों में बदलाव लाने का कोई भी प्रयास मुश्किल और जोखिम भरा होगा। उदाहरण के लिए, वित्त संकट के दौरान यूरोप में सुधारवादी आर्थिक नीतियों को लागू करने में अनेक उभरते राजनीतिक कैरियर असमय डूब गए। लक्ज़ेमबर्ग के नेता ज़्यां-क्लॉ जुंकर ने एक बार सुधारों पर बहुत ही सटीक टिप्पणी की थी, 'हम सब जानते हैं कि क्या करना है, बस हम यह नहीं जानते कि वह करने के बाद वापस चुनकर कैसे आएं!' भारत में भी अनेक आर्थिक सुधार गुपचुप तरीक़े से लाए गए हैं। हमारे दक्ष नेता भलीभांति जानते हैं कि केवल आर्थिक सुधार उन्हें चुनाव नहीं जिता सकते। जब आर्थिक सुधारों को उचित राजनीतिक मुद्दों से जोड़ा जाता है, केवल तभी उन्हें स्वीकार किया जाता है। उदाहरण के लिए, जीएसटी के क्रियान्वयन को काला धन समाप्त करने और भ्रष्टाचार को मिटाने के राजनीतिक उद्घोष से जोड़ा गया था। जब तक राजनीति विशिष्ट नीतियों के लिए तैयार नहीं होगी, भले ही वे लोगों के दीर्घकालिक हित में हों, तब तक उन्हें लागू करना मुश्किल होगा, उदाहरण के लिए, भारत में कृषि सुधार।

जब हम एक स्वाभाविक प्रवाह पर चलते हैं—पहले संस्कृति पर प्रभाव डालें, फिर राजनीति पर और अंत में नीतियों पर—तो बदलाव लाना, यहां तक कि रूपांतरण करना भी, आश्चर्यजनक रूप से आसान हो सकता है। महज़ पंद्रह-बीस साल पहले यह कल्पना भी नहीं की जा सकती थी कि पश्चिम में एलजीबीटी विवाहों को मान्यता देने के लिए क़ानूनों में बदलाव किया जा सकता है। याद रखें, एलजीबीटी के ख़िलाफ़ व्यापक रूप से फैले पूर्वाग्रह के

साथ ही यह तथ्य भी था कि एड्स के संक्रमण ने समलैंगिक संबंधों को कलंकित कर दिया था। लेकिन जब नई पीढ़ी में एलजीबीटी संबंधों ने स्वीकृति पाई तो सांस्कृतिक रूप से ज़मीन तैयार हो गई। सांस्कृतिक पॉवरहाउस समुदायों (जैसे हॉलीवुड, पश्चिमी टीवी, पश्चिमी सोशल मीडिया) में गे और लैस्बियन लोगों की भरपूर मौजूदगी ने भी जन-स्वीकृति और सहजता को स्थान दिया। एक बार सांस्कृतिक ज़मीन तैयार होने के बाद राजनीति में भी बदलाव आने लगा था। उदारवादी राष्ट्रपति बिल क्लिंटन तक अपने सार्वजनिक बयानों में एलजीबीटी अधिकारों के बारे में जिस तरह संभल-संभलकर बोलते थे, उसकी तुलना में महज़ डेढ दशक बाद ही रूढ़िवादी-समर्थित राष्ट्रपति ट्रम्प का बेझिझक इसके समर्थन में बोलना राजनीतिक परिवर्तन का संकेत देता था। राजनीति के अनुकूल होते ही क़ानूनों में बदलाव लाना कुछ ही समय की बात थी। इसके अलावा, पश्चिम की सांस्कृतिक ताक़त ने भारत समेत दुनिया भर में एलजीबीटी क़ानूनों को उदार बनाने में सहायता की। यहां यह उल्लेख करना होगा कि भारत की प्राचीन संस्कृति में एलजीबीटी संबंध को अपराध नहीं माना गया था। इसने यहां कार्य को सुगम बना दिया।

तो, कुल मिलाकर, अगर राजनीति गंगा है, और इस महान नदी के अंत में स्थित सुंदरवन नीतियां हैं, तो गंगोत्री संस्कृति है।

संस्कृति, राजनीति और नीतियों के बीच एक-के साथ-अनेक संबंध

ऊपर से नीचे की ओर चलते इस संबंध में एक अहम अवधारणा एक के साथ अनेक का प्रभाव है। यह एक-के-साथ-एक संबंध नहीं है। मैं इस बिंदु को स्पष्ट करता हूं: *एक* सांस्कृतिक मीम समूह का *अनेक* राजनीतिक प्रक्रियाओं पर विषम प्रभाव हो सकता है। और *प्रत्येक* राजनीतिक प्रक्रिया बदले में नीति विकल्पों पर *अनेक* प्रभाव डाल सकती है।

तो बस एक शक्तिशाली सांस्कृतिक मीम समूह (उदाहरण के लिए एलजीबीटी अधिकारों के समर्थक) दुनिया भर में हज़ारों नीतियों पर प्रभाव डाल सकता है।

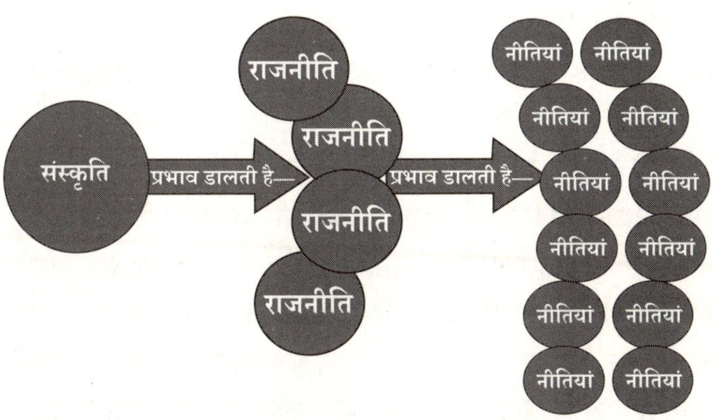

भारत पर आते हैं... 1980 के दशक के मध्य से 1990 के दशक के शुरू के सालों तक दूरदर्शन पर *रामायण* और *महाभारत* का प्रसारण होता था; साथ ही *चाणक्य, भारत एक खोज, हम लोग, बुनियाद* आदि और भी कुछ टेलीसीरियल चल रहे थे। इन टीवी धारावाहिकों का भारत की संस्कृति पर बहुत गहरा प्रभाव पड़ा था। अगले कुछ दशकों में इस सांस्कृतिक दृश्य ने (अन्य कुछ कारकों के अलावा) राजनीति पर रूपांतरकारी प्रभाव डाला। और अब राजनीतिक प्रभाव नीतियों पर पड़ रहा है। इस बारे में सोचें: तीस साल पहले टीवी पर दिखाए गए दस से भी कम कार्यक्रम आज उन नीतियों को प्रभावित कर रहे हैं जिनका असर इस देश की 1.3 अरब आबादी पर पड़ता है। एक-के साथ-अनेक का प्रभाव।

संस्कृति के क्षेत्र में कोई भी काम समय के साथ बहुत ज़बरदस्त बल-गुणक हो जाता है।

तो कोविड-19 के बाद की दुनिया में भारतीय नर्म शक्ति कहां होगी?

लेकिन पहले, आज हम कहां हैं?

स्वतंत्रता के बाद, व्यापक रूप से, लोकप्रिय पश्चिमी संस्कृति में हमें नज़रअंदाज़ किया गया है। यह विशेष रूप से बेहद ताक़तवर एंग्लोफ़ोन (अंग्रेज़ी-भाषी दुनिया) संस्कृति के विषय में सच है। *ग्लोबल सॉफ़्ट पॉवर इंडेक्स रिपोर्ट* नर्म शक्ति की अवधारणाओं पर दुनिया के सबसे व्यापक रिसर्च अध्ययनों में से है। इसकी 2020 की रिपोर्ट में भारत फ़िनलैंड और आयरलैंड जैसी कहीं छोटी अर्थव्यवस्थाओं से भी पीछे सत्ताइसवें स्थान पर था। और यह जानना विशेष रूप से निराशाजनक है कि यह भी पिछले रिसर्च अध्ययनों में सुधार था। भारत के पास एक ऐसे देश के तौर पर कोई प्रोफ़ाइल नहीं है जो दुनिया की पांचवीं सबसे बड़ी अर्थव्यवस्था है और जहां मानवजाति का पांचवां हिस्सा रहता है (एक ऐसा राष्ट्र जहां की जनसंख्या उत्तरी अमेरिका, यूरोप और मिडिल ईस्ट की कुल जनसंख्या से भी ज़्यादा है)। 1991 से पहले के दौर में हमारी अर्थव्यवस्था के प्रदर्शन का भी कुल मिलाकर प्रतिकूल असर पड़ा था, अगर हम उस थोड़े से समय की दृश्यता को छोड़ दें जब 1960 और 70 के दशक में मुख्यधारा के कुछ पश्चिमी म्युज़िक बैंडों ने भारतीय आध्यात्मिकता और योग को खोजा था। उनमें भी सबसे ज़्यादा प्रभावशाली बीटल्स थे (जो जॉर्ज हैरिसन की भारत और भारतीय संस्कृति में भारी दिलचस्पी से ज़्यादा प्रभावित थे)। परिणामस्वरूप, पश्चिम के बेबी बूमर्स के फ़्लॉवर-पॉवर समुदाय में योग और भारतीय संस्कृति छा गई। कुछ साल बाद जब योग के लाभ पश्चिमी चेतना में जज़्ब हुए, तो यह मुख्यधारा में आ गया; अलबत्ता इसके आध्यात्मिक पहलू कम और शारीरिक पहलू कहीं ज़्यादा। महामना दलाई लामा की लोकप्रियता, और परिणामस्वरूप बौद्ध धर्म में बढ़ी दिलचस्पी ने भी भारतीय लोकाचार के साथ इस नए-नए पनपे

जुड़ाव को हवा दी। सौभाग्य से, और बहुत सकारात्मक रूप से, हाल के कुछ सालों में भारत ने योग के प्रति इस पहले से मौजूद दिलचस्पी को दुनिया भर में आगे बढ़ाया है और इस शारीरिक, मानसिक और आध्यात्मिक अभ्यास के प्रतीकात्मक स्वामित्व पर अधिकार कर लिया है। भारत सरकार ने यूएन में अंतरराष्ट्रीय योग दिवस को मान्यता दिलाने की कार्रवाई की और इस एक प्रेरित कार्य ने हमारी नर्म शक्ति में नाटकीय योगदान प्रदान किया। भारत के अनेक नए युग के गुरुओं की दुनिया भर में बढ़ती लोकप्रियता ने भी मदद की। महात्मा गांधी पश्चिमी संस्कृति की मुख्यधारा में निर्विवाद रूप से जाने जाते हैं, और इस आभामंडल में रिचर्ड एटनबरो की फ़िल्म (1982 में रिलीज़ हुई) के योगदान को नकारा नहीं जा सकता।

हाल के वर्षों में कुछ दायरों में, ख़ासकर एकेडेमिया के इंडोलॉजी विभागों और मुख्यधारा के पश्चिमी मीडिया के कुछ हिस्सों में हमारी इमेज नकारात्मक बन गई है। हमें तीसरी दुनिया के एक घमंडी देश के रूप में देखा जाता है जो अपनी जगह भूल गया है; मिसाल के लिए, यूक्रेन संकट के दौरान भारत की तटस्थता की प्रतिक्रिया में कुछ वरिष्ठ श्वेत पत्रकारों द्वारा भारत को मिलने वाली मामूली सी पश्चिमी सहायता को रोकने का आह्वान या भारत के सफल मंगल मिशन पर द *न्यू यॉर्क टाइम्स* का नस्लवादी कार्टून। भारत पर एकेडेमिया और मीडिया के ये हमले हमारे देश में राय-निर्माताओं को भले ही क्षुब्ध करें, मगर ये राय घिसी-पिटी हैं और पश्चिमी देशों की मुख्यधारा में ज्ञात नहीं हैं। सोशल मीडिया इन शब्दाडंबरों की ताक़त का बढ़ाता है।

भारत के बारे में असल समस्या यह है कि यह देखते हुए भी कि हम दुनिया का दूसरा सबसे बड़ी आबादी वाला देश और पांचवीं सबसे बड़ी अर्थव्यवस्था हैं, लोकप्रिय पश्चिमी संस्कृति और मुख्यधारा के पश्चिमी एकेडेमिया/मीडिया में हमारी दृश्यता तुलनात्मक रूप से बहुत कम है।

अगर किसी की कोई इमेज ही न हो तो उसकी कोई सकारात्मक (या नकारात्मक भी) इमेज नहीं हो सकती।

वास्तविकता से प्रेरित नर्म शक्ति

पिछले कुछ सालों में धीरे-धीरे इसमें बदलाव आना शुरू हुआ है। भारतीय सरकार के कार्यक्रमों की बढ़ती दृश्यता ने हमारी दृश्यता को बढ़ाया है। इस संदर्भ में अंतरराष्ट्रीय योग दिवस की अभूतपूर्व सफलता का विशेष उल्लेख करना होगा। दुनिया भर में अधिकाधिक लोग भारतीय उत्पादों या सेवाओं का उपभोग करेंगे, तो हमारी बढ़ती आर्थिक ताक़त इस सुचक्र में इज़ाफ़ा करेगी। भारतीय डायस्पोरा बहुत शक्तिशाली पूंजी है, भारत की मातृ-संस्कृति के लिए भी और उन देशों के लिए भी जिन्हें उन्होंने अपना घर बनाया है। अपनी शानदार आर्थिक और अकादमिक उपलब्धियों के लिए पश्चिम में भारतीयों को 'मॉडल माइनॉरिटी' कहा जाता है। हालिया दौर में, भारतीय समुदाय ने अपने अंगीकृत देशों में राजनीतिक शक्ति हासिल करना भी शुरू कर दी है; यूके की वर्तमान कैबिनेट के शीर्ष चार में से दो सदस्य भारतीय मूल के हैं।

आईटी उद्योग में हमारे हाल के प्रदर्शन, और हमारे मंगलयान और सैटेलाइट प्रक्षेपण जैसी उपलब्धियों के आधार पर हमारी आईटी और वैज्ञानिकों का अच्छा प्रभाव पड़ा है और इन्होंने पश्चिमी दिलो-दिमाग़ में भारतीयों की उच्च बौद्धिकता की छाप छोड़ी है। पश्चिमी मनोरंजन उद्योग में बुद्धिमान गीक भारतीय यदा-कदा दिखाई देने लगे हैं: अमेरिकी हिट टीवी सीरीज़ द *बिग बैंग थ्योरी* (2007 के बाद) के राजेश कूथ्राप्पाली की तुलना *फ़्रैंड्स* (1994 के बाद) के लगभग पूरी तरह से ग़ैरमौजूद भारतीय पात्र से; या द *सिम्पसन्स* (1987 के बाद) के कॉमिक पात्र अपू से करें। राजेश ने द *बिग बैंग थ्योरी* के मुख्य किरदारों में से

एक की भूमिका निभाई है, हालांकि पश्चिमी लोकप्रिय संस्कृति में मुख्यधारा के अग्रणी भारतीय पात्र मिलना अभी भी बहुत दुर्लभ है; मगर चीनी मुख्य पात्रों वाले थोड़े ज़्यादा प्रोग्राम आ रहे हैं।

कोविड-19 महामारी शुरू होने के बाद से दुनिया भर में मची उथल-पुथल ने भारतीय प्रणाली की मज़बूत छवि को और बढ़ाया है। बाक़ी दुनिया के मुक़ाबले हमारे देश में पोलियो टीकाकरण शुरू होने की (1990 के दशक से) धीमी गति को देखते हुए यह माना जा रहा था कि भारत पर्याप्त तेज़ी से अपनी विशाल आबादी का टीकाकरण नहीं कर पाएगा। मगर भारत ने न केवल अपनी ख़ुद की वैक्सीन विकसित कीं (जिनकी सक्षमता दर सबसे ज़्यादा थीं) और उनका निर्माण किया, बल्कि 80 करोड़ भारतीयों का पूरा टीकाकरण करने के साथ ही लगभग 1.8 अरब खुराक प्रदान कीं। भारत को उस तरह के राजनीतिक विभाजनों से नहीं जूझना पड़ा जिन्होंने टीकाकरण के अवैज्ञानिक विरोध और कोविड-19 के प्रसार को नियंत्रित करने के अन्य उपायों को लागू करने के मामले में विश्व के दूसरे देशों को त्रस्त कर रखा था। पश्चिम के विकसित देशों के मुक़ाबले भारत में कोविड-19 के कारण प्रति दस लाख पर मृत्यु दर कहीं कम रही थी। साथ ही, अनेक पश्चिमी देशों के विपरीत—जिन्होंने बाक़ी दुनिया की मदद करने की जगह अपने देशों में वैक्सीन के स्टॉक को बर्बाद होने दिया था—भारत ने वसुधैव कुटुम्बकम् की भावना में भारी तादाद में निर्धन देशों को वैक्सीन का निर्यात किया।

भारत ने दुनिया भर के युद्ध क्षेत्रों से, जैसे 2015 में यमन से (ऑपरेशन राहत) और 2022 में यूक्रेन से (ऑपरेशन गंगा), कुछ सबसे बड़े निकासी अभियानों को भी सफलतापूर्वक अंजाम दिया। हमने दूसरे देशों के यहां तक कि पाकिस्तान के नागरिकों की भी मदद की। दुनिया ने यह भी देखा कि जब उत्तर से एक ताक़तवर पड़ोसी ने हम पर हमला किया, तो उन कुछ देशों के उलट जो ऐसे इम्तेहानों की घड़ी में अपने घुटनों पर आ गए थे, भारत दृढ़ता

से डटा रहा और लड़ा। हमारा इंफ्रास्ट्रक्चर भी दिन दूनी रात चौगुनी प्रगति कर रहा है। उच्च-स्तरीय निर्माण और सेवाओं में हमारी क्षमताएं पूरी दुनिया का ध्यान खींच रही हैं।

और इसका असर हमारी इमेज पर भी पड़ रहा है। क्षमता और आत्मविश्वास से भरा आचरण अपनी ख़ुद की नर्म शक्ति बनाता है। और इस दशक में व्यापक रूप से बेहतर हो रही भारतीय क्षमताएं दृढ़ नर्म शक्ति की ओर ले जाएंगी।

लेकिन, जैसा कि इस अध्याय के शुरू में भी कहा गया है, कार्य-कारण विपरीत दिशा में भी जा सकते हैं। संस्कृति (या हम कह सकते हैं, नर्म शक्ति के बिल्डिंग ब्लॉक्स) कठोर शक्ति को भी उत्पन्न कर सकती है।

संस्कृति वास्तविकता, और इसलिए कठोर शक्ति को प्रेरित करती है

यद्यपि भारत अपनी क्षमताओं का निर्माण कर रहा है—और भारत में हमारे सामने अनेक सांस्कृतिक पुनरुत्थान की परियोजनाएं हैं (जैसे काशी विश्वनाथ धाम परियोजना)—मगर हमने विश्व स्तर पर अपनी नर्म शक्ति को आकर्षक बनाने पर ध्यान नहीं दिया है। इस कमी को सुधारना होगा। हमें दुनिया भर में सांस्कृतिक प्रभावकों को साथ लेना होगा और अपना संदेश सब जगह पहुंचाना होगा; और यह ध्यान में रखना होगा कि सांस्कृतिक दायरे में हाइपर पैरेटो प्रिंसिपल चलता है: एक प्रतिशत प्रभावकों का प्रभाव अन्य 99 प्रतिशत से ज़्यादा होगा।

हम यह कैसे सुनिश्चित करेंगे कि दुनिया को प्रभावित करने वाले अन्य साधनों के अलावा हमारे देश का कथ्य और संदेश फ़िल्मों, किताबों, डॉक्युमेंट्रीज़, मुख्यधारा के मीडिया और सोशल मीडया चैनलों में भी आए? देश के बेहतरीन सांस्कृतिक मस्तिष्कों को इस पर काम करना होगा।

और इसका वास्तविक आर्थिक प्रभाव भी पड़ेगा। मिसाल के लिए, पर्यटन उद्योग। दुनिया भर में इस महत्वपूर्ण उद्योग ने बड़े पैमाने पर रोज़गार पैदा किया है, और समृद्धि और विकास को देश के कोने-कोने में पहुंचाया है। याद रहे, देश की संस्कृति को बचाए रखने और उसे फैलाने में मदद करने के अलावा, पर्यटकों की संख्या को बढ़ाने के लिए भी इंफ्रास्ट्रक्चर और क़ानून-व्यवस्था बेहतर होनी चाहिए। भारत में इस उद्योग को बहुत तेज़ी से प्रगति करनी होगी। इससे भी बड़ा लाभ यह है कि विदेशी पर्यटक भारतीय संस्कृति की यादें वापस लेकर जाते हैं, और वह हमारी नर्म शक्ति के सशक्त पैरोकार बन सकते हैं। हाल के वर्षों में हमारे इंफ्रास्ट्रक्चर में बहुत भारी सुधार आया है, और महामारी का अंत होने के साथ पर्यटन उद्योग फिर से उठ खड़ा होगा, मगर हमें पर्यटन उद्योग के अभिजात्य वर्ग के बीच अपनी इमेज पर भी ध्यान देना होगा। यह दृष्टिकोण पूरी तरह से ग़लत नहीं है कि भारत महिलाओं के लिए असुरक्षित है और इसे सही करने के लिए भारत को अपनी क़ानून-व्यवस्था को बेहतर बनाना होगा। मगर ऐसे कई देश हैं, जैसे यूरोप के कुछ देश, जहां महिलाएं कहीं ज़्यादा असुरक्षित हैं, मगर उनकी साख इतनी ख़राब नहीं है। यद्यपि एक भी महिला के साथ दुर्व्यवहार होना अक्षम्य है, मगर डेटा स्पष्ट रूप से दिखाता है कि भारत को महिलाओं के लिए सबसे ज़्यादा असुरक्षित देशों में डालना आंकड़ों के अनुसार सही नहीं है। जहां तक महिलाओं की सुरक्षा की बात है, तो भारत दरअसल मध्य-स्तर के देशों में आता है; पश्चिमी यूरोप के कुछ देशों से कहीं बेहतर। मगर, पश्चिमी मीडिया की कहानियों ने ऐसी छवि बना दी है जो पर्यटन उद्योग के अभिजात्य वर्ग के डेटा से भिन्न है। बाहरी लोगों के सामने असल डेटा को लाना जाना चाहिए।

पर्यटन उद्योग उन अनेक सैक्टरों में से एक है जिनके बारे में पश्चिमी और ग़ैर-पश्चिमी अभिजात्य वर्ग के बीच में भारत की स्थिति और छवि वास्तविकता के उलट ग़लत ढंग से पेश की गई है; कश्मीर, रूस-यूक्रेन

युद्ध, और हाल के किसान आंदोलन कुछ उदाहरण हैं। ताक़तवर देशों में स्वतंत्र सांस्कृतिक प्रवक्ता होते हैं जो, कभी-कभार आलोचनात्मक होते हुए भी, देश की स्थिति को स्पष्ट करते हैं। हमें ऐसे लोगों को नज़रअंदाज़ करने के बजाय उन्हें जोड़ना चाहिए जिन्हें भारत में दिलचस्पी है, भले ही वे 'चीयरलीडर' न हों।

वर्ल्ड पेगन फ़ेस्टीवल एक ऐसी अवधारणा है जिसका समय अब आ गया है, और भारत को प्राचीन अतीत के इस जश्न का नेतृत्व करना चाहिए। भारत में हम इसे एक नियमित आयोजन बना दें। भारतीय जीवनशैली अंतिम शेष बची मूर्ति-पूजक जीवनशैली है (दक्षिणपूर्व एशिया, चीन और जापान भी ऐतिहासिक रूप से हमारी संस्कृति से बेहद प्रभावित रहे हैं)। पूर्व-कांस्य-युग की हम अकेली ऐसी संस्कृति हैं जो आज भी जीवित है। प्राचीन काल में भारत का सांस्कृतिक प्रभाव हमारे पश्चिम में भी अनेक देशों तक फैल गया था, उदाहरण के लिए मध्य पूर्व में मित्तानी और प्राचीन रोम में मिथ्रा पंथ। अधिकांश दूसरी प्राचीन पेगन जीवनशैलियां नष्ट कर दी गई हैं। लेकिन अब दुनिया भर में, ख़ासकर पश्चिम में पेगनिज़्म (जिसमें मूर्ति पूजा, देवी पूजा, प्रकृति पूजा और नास्तिकता शामिल हैं) में आधुनिक रुचि फिर से पैदा हो रही है। *आउटलैंडर* और *वाइकिंग्स* जैसे ओटीटी टीवी सीरियलों की लोकप्रियता ध्यान देने योग्य है। भारत इस आंदोलन का स्वाभाविक लीडर बन सकता है—हम इस फ़ेस्टीवल के ज़रिए विश्व भर में पेगनिज़्म को फिर से जिला सकते हैं। यह हमें दुनिया भर में नर्म शक्ति के केंद्र में ला खड़ा करेगा। योग, महाकाव्यों, ज्योतिष, नृत्य-संगीत समेत हमारी प्राचीन विरासत और ज्ञान इस योजना में सहज रूप से फ़िट होते हैं। उदाहरण के लिए, हम इसे अपने कुंभ मेला आयोजनों के साथ जोड़ सकते हैं।

हमें आइज़ेनहॉवर और फ़ुलब्राइट फ़ैलोशिप के भारतीय समकक्ष स्थापित करने होंगे। उनके तहत, हम अमेरिका और चीन (और अन्य कई राष्ट्रीयताओं के भी) के सांस्कृतिक और अकादमिक क्षेत्रों के मिड-कैरियर के, उभरते लीडरों को

एक फ़ैलोशिप प्रोग्राम पर भारत आमंत्रित करें, उन्हें भारत की गहन जानकारी दें और राजनीति, बिज़नेस, संस्कृति और प्रशासन जैसे क्षेत्रों के नेतृत्व तक पहुंच प्रदान करें। समय के साथ ये फ़ैलो भारत की कहीं ज़्यादा गहन समझ के साथ अपने कैरियर बनाएंगे और हमारे राष्ट्र के लिए ब्रांड एंबैस्डर का काम करेंगे।

ज्ञान का सृजन और प्रसार नर्म शक्ति का एक और अहम स्रोत हो सकते हैं। उदाहरण के लिए, राष्ट्रीय पांडुलिपि मिशन ने सूचीबद्ध किया है कि संस्कृत की हाथ से लिखी तीस लाख से अधिक पांडुलिपियां (ग्रीक की हाथ से लिखी 20,000 से 30,000 पांडुलिपियों की तुलना में) आज भी शेष हैं। हमारे पूर्वजों ने हमें ज्ञान का अथाह सागर विरासत में दिया है, जो कि अभी तक भी एक अनखोजा ख़ज़ाना है। यह ज्ञान आध्यात्मिक से खगोलशास्त्र, गणित, फ़िज़िक्स, कैमिस्ट्री, चिकित्सा, धातुविज्ञान और अन्य कई शाखाओं तक फैला हुआ है। अपने नर्म शक्ति प्रोजेक्ट के अंग के तौर पर हमें दुनिया भर के भारत के हमदर्द विद्वानों को आमंत्रित और वित्तपोषित करना चाहिए कि वे अनुवाद करके इस ज्ञान को दुनिया भर में पहुंचाएं, बशर्ते उनके कामों में भारत को उचित स्थान दिया जाए। यह ज्ञान के केंद्र, विश्व गुरु के रूप में भारत की नर्म शक्ति प्रोफ़ाइल में नाटकीय रूप से इज़ाफ़ा कर सकता है। राष्ट्रीय पांडुलिपि मिशन इस प्रयास में बहुत मज़बूत पार्टनर बन सकता है।

अंत में, यह ध्यान में रखते हुए कि अनेक नर्म शक्ति साधनों (जैसे कि पश्चिमी सोशल मीडिया कंपनियां और मुख्यधारा के मीडिया केंद्र) का हालिया दौर में अस्त्रीकरण कर दिया गया है, हमें भारतीय मानस को न केवल सेना और वित्त जैसे कठोर शक्ति क्षेत्रों में, बल्कि नर्म शक्ति और संस्कृति के क्षेत्रों में भी आत्मनिर्भरता की ओर मोड़ना होगा। हमें देसी सोशल मीडिया कंपनियां और सांस्कृतिक प्रभावक, हमारी अपनी मुख्यधारा की मीडिया कंपनियां और डेटा नियंत्रण चाहिए ताकि हम विकसित देशों के साथ समकक्षों की तरह पेश आ सकें।

निष्कर्ष

यह अध्याय महज़ कुछ शुरुआती विचार और दिशाएं प्रदान करता है। यह कहना सुरक्षित है कि भारत तेज़ी से सकारात्मक दिशा में बदल रहा है, और आने वाले दो दशकों में यह गति और बढ़ेगी। अगले दो दशक पिछली कुछ सदियों में देखे गए बदलावों से कहीं ज़्यादा बदलाव देखेंगे। यह भारतीय होने के लिए एक रोमांचकारी समय है। सांस्कृतिक क्षेत्र में बहुत कुछ किया जाना है। तो चलिए, जुट जाते हैं!

मोदी: शेपिंग ए ग्लोबल ऑर्डर इन फ़्लक्स, फ़रवरी 2023 में सर्वप्रथम प्रकाशित

भारतीय नर्म शक्ति

स्थापित सिद्धांत और अर्जित ज्ञान दोनों ही इस बात पर सहमत प्रतीत होते हैं कि नर्म शक्ति का प्रसार प्रायः कठोर शक्ति द्वारा विजय पाने के बाद होता है। रोम के सैनिकों के पीछे-पीछे ग्रीको-रोमन संस्कृति लगभग सारे यूरोप पर छा गई थी। मध्य पूर्व और उत्तरी अफ़्रीका में अरबी भाषा, संस्कृति और जीवनशैली का प्रभुत्व होने से पहले अरब जीत हुई थीं। आज की दुनिया में एंग्लोस्फ़ीयर का सांस्कृतिक प्रभुत्व, युद्ध के आधार पर स्थापित ब्रिटिश साम्राज्य द्वारा प्रयोग की गई ज़बरदस्त ताक़त का अवशेष है। लेकिन यह ज़रूरी नहीं है कि कठोर शक्ति नर्म शक्ति को रास्ता देगी ही। मंगोलों ने मानव इतिहास के सबसे बड़े साम्राज्यों में से एक की स्थापना की थी, लेकिन फिर भी मंगोलिया की नर्म शक्ति, मंगोल भाषा से लेकर तेन्ग्री धर्म और मंगोल संस्कृति तक कुछ भी, शायद ही मंगोलिया के बाहर दिखाई देती है।

तो यह निष्कर्ष निकालना सुरक्षित प्रतीत होता है कि नर्म शक्ति प्रायः कठोर शक्ति की विजय पर निर्मित होती है। और समान रूप से, नर्म शक्ति गारंटी नहीं देती कि वह अपने आप से उभर आएगी। नर्म शक्ति के लिए कठोर शक्ति 'एक आवश्यक मगर अपर्याप्त' स्थिति प्रतीत होती है।

इतिहास में क्या ऐसा कोई मॉडल है जो इस नियम को तोड़ता हो? क्या किसी संस्कृति ने असंभाव्य कर दिखाया है, यानी विदेशों में कठोर शक्ति के

प्रदर्शन का सहारा लिए बिना अधिकांश ज्ञात दुनिया में अपनी नर्म शक्ति का प्रसार किया हो?

जी हां, ऐसा एक मॉडल वास्तव में है; एक ऐसे देश का जिसकी नर्म शक्ति समुद्र पार एक हज़ार साल से अधिक (पहली सदी से लेकर 12वीं सदी) समय तक, लगभग बिना किसी सैन्य विजय के उस दौर की दुनिया की आधी से ज़्यादा आबादी में फैली हुई थी। एक ऐसा देश जिसकी जीवनशैली, धर्म, दर्शन, कहानियां, रीति-रिवाज, संगीत, और कभी-कभी नाम तक भी विदेशों में लाखों लोगों ने अपनाए और स्वीकार किए थे। एक ऐसा देश जो बज़ाहिर किसी तरह की भी कोशिश किए बिना बहुतों को अपनी छवि में (विभिन्न स्तरों पर) ढालने में सफल रहा था। एक ऐसा देश जिसने बलात कुछ नहीं थोपा; इसके बजाय उसने *आकर्षण* के बल का प्रयोग किया। एक ऐसा देश जिसने अपने व्यापारियों, विद्वानों, कथावाचकों, वैज्ञानिकों, पुजारियों, गणितज्ञों, मूर्तिकारों, चित्रकारों, संगीतकारों, धातुकर्मियों एवं अन्य लोगों को विदेशों में भेजा था, लेकिन हमलावर सेना शायद ही कभी भेजी हो। ऐसी भूमि जिसे उन दिनों भारतवर्ष कहा जाता था; आज, अपनी कहीं सिकुड़ी-सिमटी स्थिति में हम इसे भारत के नाम से जानते हैं।

यह एक उल्लेखनीय कहानी है। इसका गंभीरता से अध्ययन किया जाना चाहिए था। मगर किया नहीं गया है। प्राचीन भारतवर्ष के उन महान स्त्री-पुरुषों के आधुनिक वंशजों द्वारा भी नहीं। आधुनिक भारतीयों में आत्मविश्वास की कमी पर चर्चा बाद में कभी सही।

पहली सहस्राब्दी में भारतवर्ष (जिसमें पूरा भारतीय उपमहाद्वीप समाया हुआ था) की नर्म शक्ति की विजय के अवशेष आज भी देखे जा सकते हैं। सबसे स्पष्ट उदाहरण दक्षिणपूर्व एशिया में मौजूद हैं जहां स्थानीय लोगों ने संस्कृत के नामों को अपनाया, भारतीय शैली में मंदिर बनाए, भारतीय अवधारणाओं के अनुसार अपने समाजों का पुनर्गठन किया, भारतीय शैली के रीति-रिवाज अपनाए, और

हिंदू देवी-देवताओं की (अपनी क्षेत्रीय विभिन्नताओं के साथ) उपासना की। पूर्वी और केंद्रीय एशिया में दैनिक जीवन के ताने-बाने में बौद्ध धर्म को पिरो लिया गया था। एक ओर यह जापानी शिन्तो मत और चीनी कंफ़्युशियनवाद की स्थानीय परंपराओं में घुल-मिल गया था, तो दूसरी ओर मध्य एशिया में बौद्ध धर्म ने (हिंदुत्व के मिश्रण के साथ) लगभग जीवन का पूरा आधार बना लिया था। आज भी मध्य एशियाई शहरों में संस्कृत शिलालेखों के साथ मंदिरों के अवशेष मौजूद हैं। इसके प्रभाव की झलक भाषाओं पर भी देखी जा सकती है। तुषारी (वर्तमान उत्तर-पश्चिमी चीन) की बीस प्रतिशत से ज़्यादा शब्दावली संस्कृत की है। मध्य एशिया की सीथियन भाषाएं प्राचीन भारत की ब्राह्मी लिपि का प्रयोग करती थीं। उज़बेकिस्तान के कारा टेपे में संस्कृत के ब्राह्मी शिलालेख मिले हैं। उन्नीसवीं सदी से पहले के जापानी नक़्शों में आमतौर पर भारत को दुनिया के केंद्र के रूप में दर्शाया जाता था।

दक्षिण एशिया, दक्षिणपूर्व एशिया, पूर्वी एशिया और केंद्रीय एशिया में उस समय विश्व की आधी से ज़्यादा आबादी थी।

भारतीय प्रभाव व्यापक, बड़े पैमाने पर और इतना ज़बरदस्त था कि दूसरी सहस्राब्दी में (ग्यारहवीं सदी के बाद से) विदेशी हमलावरों द्वारा लगातार जीत हासिल करने के कारण हुए भारत के पतन के लंबे समय बाद भी इन दूर-दराज के क्षेत्रों में इसके अवशेष आज तक बचे हुए हैं। इसके बाद बीसवीं सदी के मध्य में आज़ाद होने तक भारतीय उपमहाद्वीप के अधिकांश हिस्सों पर लगभग लगातार ही बाहरी शक्तियों का राज रहा: पहले तुर्की हमलावरों का और फिर यूरोपीय उपनिवेशवादियों का।

अधिकतम शब्दों की सीमा से बंधा होने के साथ ही इस उल्लेखनीय परिघटना पर गंभीर अध्ययन के अभाव में, मैं शीघ्रता से कुछ सिद्धांतों का प्रस्ताव रखना चाहूंगा कि पहली सहस्राब्दी में विदेशों में कठोर शक्ति के लगभग (ग्यारहवीं सदी में भारतीय सम्राट राजेंद्र चोल द्वारा दक्षिणपूर्व एशिया की क्षणिक

विजय के अलावा) नगण्य प्रयोग के बावजूद इतनी दूर-दूर तक भारतीय नर्म शक्ति क्यों पहुंच पाई। ये केवल भारतीयों के लिए ही नहीं बल्कि अन्यों के लिए भी सबक़ का काम कर सकते हैं।

1) घरेलू ताक़त

वैश्विक नर्म शक्ति का मर्म घरेलू ताक़त में निहित होता है। दूसरों द्वारा अनुकरणीय होने के लिए किसी भी राष्ट्र को वास्तविक अर्थ में सफल होना होगा। अगर उसमें आत्मविश्वास की कमी होगी, वह घरेलू झगड़ों से त्रस्त होगा, या वैश्विक मंच पर दूसरों से पराजित होता रहेगा, तो वह न तो किसी को प्रेरित कर पाएगा, न आकर्षित। सामान्य युग की दूसरी सहस्राब्दी शुरू होने तक भारत के साथ ऐसा होने लगा था, और जैसे-जैसे इसकी घरेलू ताक़त कमज़ोर पड़ी, विदेशों में इसकी नर्म शक्ति भी कम होने लगी। आज कुछ पश्चिमी शक्तियों के साथ भी यही हो रहा है।

2) आर्थिक सफलता

ब्रिटिश अर्थशास्त्री-इतिहासकार एंगस मैडिसन के अनुसार पहली सहस्राब्दी में भारत की सकल उत्पाद दर विश्व की सकल उत्पाद दर का लगभग तीस प्रतिशत थी। उस काल में यह पृथ्वी का सबसे समृद्ध देश था। यह बेशक भारत की विशाल जनसंख्या पर आधारित थी (जिसे कुछ इतिहासकार चिकित्सा और स्वच्छता के बेहतर मापदंडों का परिणाम मानते हैं)। दुनिया के दूसरे अनेक देशों की तरह ही भारत भी उस काल में मुख्यतया कृषि आधारित अर्थव्यवस्था था। लेकिन व्यापार ने भी बहुत बड़ी भूमिका निभाई थी। इतिहासकार संजीव सान्याल ने भू-आधारित रेशम मार्ग की तुलना में हिंद महासागर के व्यापार-मार्गों के भारी महत्व के बारे में लिखा है। ऊंटों/बैलों के मुक़ाबले जहाज़ों में माल

लादने की कहीं ज़्यादा क्षमता होती थी। साथ ही हिंद महासागर इस नज़रिए से भी अनूठा है कि मानसून प्रणाली के कारण हवाएं हर साल घड़ी की सुइयों की तरह अपनी दिशाएं बदलती हैं। इससे आने-जाने की यात्रा का वार्षिक व्यापार मार्ग संभव हो गया था। पहली सहस्राब्दी के शुरू में रोम के इतिहासकार प्लिनी ने भारतीय वस्तुओं के प्रति रोमवासियों की आसक्ति और भारी कारोबारी घाटे पर अफ़सोस जताया था, जिसके नतीजे में रोम का सोना भारत में बहा आ रहा था। दूसरी सहस्राब्दी में हमले होने, और समुद्री यात्रा को लेकर भारतीय संस्कृति में पनपे अंधविश्वासों के कारण व्यापार में भारी कमी आई। विदेशी लुटेरों के हमलों और बाधाएं डालने की वजह से कृषि में भी नुकसान हुआ। भारत ने धीरे-धीरे अपना आर्थिक प्रभुत्व खो दिया, और इसलिए वह कम प्रभावशाली हो गया। पश्चिमी ताक़तों को इस पर विचार करना होगा क्योंकि उनका वैश्विक व्यापारिक विश्वास और घरेलू उत्पादन घट रहा है।

3) उदारवादी और खुली सोच

भारत दुनिया में यहूदी समुदाय के एक सबसे पुराने समूह का आवास रहा है जिसने सामान्य युग की पहली/दूसरी सदी में उस समय यहां शरण ली थी जब रोमनों ने येरुशलेम के उनके मंदिर को नष्ट कर दिया था। ज़रथुष्ट्री पारसियों ने भी सातवीं सदी में अरब दमन से बचकर भागने पर भारत में घर पाया था। कभी-कभी हमने कुछ राजवंशों को भी आयात किया (जब सत्तारूढ़ वंश के पास वैध उत्तराधिकारी नहीं थे)। दूसरी ज़्यादातर प्राचीन संस्कृतियों की तुलना में प्राचीन भारत में स्त्रियों को बहुत ऊंचा स्थान प्राप्त था। एलजीबीटीक्यू जीवनशैलियां अपराध नहीं मानी जाती थीं। भारत के सबसे महान राजवंशों में से एक चंद्रवंश (भगवान कृष्ण चंद्रवंशी थे) के संस्थापक इल नाम के ट्रांसजैंडर थे। हम व्यावहारिक और सुलझे हुए लोग थे, जिसका मतलब था कि हम उदारवादी

थे क्योंकि ऐसा करने में ही समझदारी थी, इसलिए नहीं कि हम अपनी नैतिक श्रेष्ठता का प्रदर्शन कर रहे थे। और हमें इससे लाभ भी हुआ।

4) ज्ञान-विज्ञान

जैसा कि विदेशी यात्रियों ने लिखा है, प्राचीन भारतीय ज्ञान को लेकर सबसे अधिक जुनूनी थे। हमारे यहां प्राचीन दुनिया के सबसे पुराने और महानतम विश्वविद्यालय थे: नालंदा, तक्षशिला, और शारदा पीठ ऐसे कुछेक नाम हैं। धरती के कोने-कोने से विद्यार्थी इन विश्वविद्यालयों में आते थे। उपमहाद्वीप में अनेक गुरुकुल और मंदिर प्राथमिक शिक्षा की आवश्यकता को पूरा करते थे और निर्धनों को भोजन करवाते थे। विज्ञानों, गणित, धातुविज्ञान, नौपरिवहन और कृषि आदि अनेक क्षेत्रों में बड़ी-बड़ी खोजें हुई थीं। इनमें से ज़्यादातर को लिखा भी गया था। दूसरी सहस्राब्दी के हमलों में लगभग सभी प्राचीन विश्वविद्यालयों का भारी विनाश होने के बावजूद, राष्ट्रीय पांडुलिपि मिशन के अनुसार संस्कृत में हस्तलिखित कम से कम तीस लाख पांडुलिपियां आज भी शेष हैं। यह संख्या शेष प्राचीन दुनिया की कुल पांडुलिपियों से कहीं अधिक है। आज का पश्चिम एल्गोरिद्म के ज्ञान के लिए अरब विद्वान अल-ख़्वारिज़्मी को श्रेय देता है। मगर अल-ख़्वारिज़्मी ख़ुद अपने ज्ञान के अधिकांश हिस्से के स्रोत के बारे में स्पष्ट थे; उन्होंने अपने ग्रंथ का नाम *किताब अल हिसाब अल हिंदी* (हिंदू अंकों/गणित की किताब) रखा था। आज का पश्चिम फ़िबोनाची श्रेणी का श्रेय फ़िबोनाची (उर्फ़ ल्योनार्दो बोनाची) को देता है, मगर फ़िबोनाची ने स्वयं अपनी किताब *लीबर अबासी* में इसे 'भारतीय श्रेणी' कहा था। इस सबके बावजूद, तेरहवीं-चौदहवीं सदी के बाद से ज्ञान के क्षेत्र में भारतीयों की किसी भी युगांतरकारी खोज को याद कर पाना मुश्किल है। केरल के कुछ क्षेत्रों को छोड़कर हमने ज्ञान के क्षेत्र में उत्पादक होना बंद कर दिया था, जहां सोलहवीं

सदी में केरलीय गणित संप्रदाय ने बहुत विकास किया था। जैसे-जैसे हमारे ज्ञान का उत्पादन घटता गया, वैसे-वैसे हमारी नर्म शक्ति भी घटती गई।

5) योद्धा भाव

आज, भारत को बुनियादी तौर पर शांतिप्रिय और अहिंसक संस्कृति के रूप में देखा जाता है। लेकिन यह आमतौर पर महात्मा गांधी के प्रभामंडल को प्राचीन इतिहास में आरोपित करना है। जी हां, भारत में यक़ीनन प्राचीन शांतिवादी और अहिंसक परंपराएं हैं। यह भी सच है कि भारतीयों ने शायद ही कभी विदेशी भूमि को जीतने के लिए भारतीय उपमहाद्वीप के बाहर कूच किया हो। लेकिन यह भी उतना ही सच है कि भारतीयों में योद्धा भाव की कमी नहीं थी, और भारतीय राज्यों और साम्राज्यों के बीच बड़े-बड़े युद्ध होने के साक्ष्य मौजूद हैं। यह भी सच है कि दूसरी सहस्राब्दी शुरू होने से पहले तक भारत लगातार विदेशी आक्रमणकारियों को हराता रहा था। हूणों ने अधिकांश प्राचीन यूरोप को नष्ट कर दिया था मगर उन्हें बार-बार भारत से खदेड़ दिया गया। 'सिकंदर महान' उपमहाद्वीप में ज़्यादा अंदर नहीं आ पाया, और उसने कभी उस समय के किसी केंद्रीय साम्राज्य से युद्ध तक नहीं किया था; उसे सीमावर्ती, तुलनात्मक रूप से छोटे राज्यों ने ही रोक दिया था। यानी, भारत के पास कठोर शक्ति थी। लेकिन वह हमेशा ही रक्षात्मक कठोर शक्ति रही, आक्रामक नहीं। मज़बूत सेना का इस्तेमाल मातृभूमि की रक्षा के लिए होता था, न कि विदेशी भूमि को जीतने के लिए। इसने सुनिश्चित किया कि हम उसकी रक्षा करें जो अनमोल था। और विदेशी भूमि को जीतने पर फ़ोकस न रखकर भारतीयों ने महान शक्तियों के पतन के एक मूलभूत कारण को दूर रखा: अति-महत्वाकांक्षा। मगर, बारहवीं सदी के बाद जब हमारी कठोर शक्ति कमज़ोर पड़ने लगी, तो अनेक विदेशी हमलावर भारत को जीतने में सफल रहे। उन हमलों ने मध्ययुगीन भारत के दिल को चीर डाला। हज़ारों मंदिर नष्ट कर दिए गए, दसियों विश्वविद्यालयों को जलाकर राख

कर दिया गया, लाखों लोगों का नरसंहार हुआ, ज्ञान नष्ट हो गया, और भारतीय उपमहाद्वीप का एक बड़ा हिस्सा पराजित, विजित भूमि बन गया। प्रख्यात अमेरिकी इतिहासकार विल डूरंट ने कहा था कि भारत पर हमला शायद मानव इतिहास का सबसे ज़्यादा रक्तरंजित था। नर्म शक्ति तो हमारे सबसे कम नुकसानों में से थी। हमने और बहुत कुछ गंवा दिया था और बस किसी तरह शेष बचे रह पाए थे। अगर एक राष्ट्र अपनी रक्षा नहीं कर सकता, तो हमलावरों द्वारा उसकी अनमोल संपदा को लूटने में देर नहीं लगती। वे क्या कारण थे कि भारत को बार-बार इन सैन्य हारों का सामना करना पड़ा? बहुत ज़्यादा अंतरूनी कलह? ज़रूरत से ज़्यादा शांतिवाद? पुरातन सैन्य तकनीकें? हठी अति-आत्मविश्वास और तब भी तिरस्कार की भावना जब वे उभरती हुई ताक़तें हमें चुनौती दे रही थीं जिन्हें हम नीची नज़र से देखते थे? अपने अपरिहार्य संकटों के साथ भयावह सफलता? ये सभी? शायद।

पिछले 800 साल में भारत का इतना ज़बरदस्त पतन हुआ है कि आज अनेक भारतीय जब विदेश-यात्राएं करते हैं और विदेशी धरती पर अपनी प्राचीन संस्कृति के अवशेष देखते हैं तो हतप्रभ रह जाते हैं। क्योंकि हम बहुत कुछ भूल चुके हैं। आज के भारतीयों को अपने पूर्वजों की सफलता के कारणों को समझना होगा और उस भावना को फिर से जगाने की कोशिश करनी होगी। और शायद, आज की पश्चिमी ताक़तें भी सीख सकती हैं कि कैसे प्राचीन भारत ने अपनी प्रभुता खोई थी और वे उन ग़लतियों को न दोहराने की कोशिश कर सकती हैं। प्राचीन भारत की कहानी में वर्तमान दुनिया के लिए, और वर्तमान भारतीयों के लिए भी अनेक सबक़ हैं कि वे फिर से क्या बन सकते हैं।

'ग्लोबल सॉफ़्ट पॉवर इंडेक्स रिपोर्ट' 2020 (ब्रांड फ़ाइनेंस यूके द्वारा) में सर्वप्रथम प्रकाशित

सारी बात संतुलन की है

जब कोरोना वायरस की महामारी दुनिया भर में फैली, तो उस समय मैं लंदन में था जहां मौतों के आंकड़े भयावह और चिंताजनक थे। अगर हमारे सामूहिक जीवनकाल में किसी घटना को वैश्विक ब्लैक स्वान कहा जा सकता है तो वह यह महामारी होगी। बेशक कुछ लोग आपत्ति करेंगे कि यह बीमारी अपने आप में नहीं, बल्कि उसके प्रति वैश्विक प्रतिक्रिया ब्लैक स्वान है। लेकिन यह चर्चा किसी और दिन के लिए है, जिस पर एक-दो साल बाद जब मौतों की कुल संख्या अंतिम रूप से स्पष्ट हो जाएगी तब ज़्यादा अच्छी तरह से बात की जा सकती है।

लेकिन एक बात जो पहले ही साफ़ हो चुकी है, वह यह है कि यह कई स्तरों पर भारी बदलाव लाने का समय है, चाहे वे पारिस्थितिकीय हों, या राष्ट्रीय, सामाजिक या वैयक्तिक हों।

हम वायरस की परिभाषा से बात शुरू करते हैं। यह एक ऑर्गेनिज़्म है जो अनियंत्रित गति से दोगुना-चौगुना होता जाता है और इतना लोभी है कि उसी चीज़ को नष्ट कर देता है जो इसे पोषण देती है। अनेक मायनों में शायद धरती मां भी मानवजाति को इसी तरह देखती होगी। विश्व भर में लगे लॉकडाउन ने पृथ्वी को फिर से सांस लेने का मौक़ा दिया है, इसके आकाश स्वच्छ-निर्मल हो

गए हैं, नदियां साफ़ हो गई हैं, और पशु लाचार नहीं रहे हैं। मानवजाति के लिए भले ही यह बुरा समय हो, मगर पर्यावरण के लिए अच्छा समय है। क्या इंसान इससे कुछ सीख सकता है? हम जो चाहते हैं उसमें संतुलन का भाव, शायद? ताकि हम धरती मां को संक्रमित करने वाले वायरस की तरह बर्ताव न करें?

राष्ट्रीय स्तर पर, दुनिया भर की सरकारें चाहें वे सत्तावादी हों या लोकतांत्रिक, अभूतपूर्व स्तर पर अपने नागरिकों पर नज़र रख रही हैं। अधिकांश लोग इसे इस मासूम विश्वास के साथ स्वीकार कर रहे हैं कि और कोई विकल्प नहीं है; सबकी सुरक्षा और स्वास्थ्य के लिए ऐसा करना ज़रूरी है। क्या महामारी के ख़त्म होने के बाद भी इसी स्तर की निगरानी जारी रहेगी?

सामाजिक स्तर पर दो विशिष्ट दिशाएं होंगी। या तो समाज अपनी परंपराओं, और आध्यात्मिकता को वापस खोजेंगे, और एक दूसरे से ताक़त पाएंगे। पिछले कुछ दशकों में ज़रूरत से ज़्यादा व्यक्तिवाद पर सवाल उठाए जाने लगे हैं, जिसके नतीजे में दुनिया भर में अकेलापन बढ़ रहा है। या समाज और भी ज़्यादा व्यक्तिवाद को अपना लेंगे, कुछ मायनों में रोअरिंग ट्वैंटीज़ (1920 का दौर) को फिर से जिया जाएगा जब स्पेनिश फ़्लू और पहले विश्व युद्ध की दोहरी त्रासदी की प्रतिक्रिया में भोगवाद, ड्रग्स, आत्मलीनता हावी हो गई थी। मुझे लगता है भारत अपनी परंपराओं और आध्यात्मिकता को फिर से खोजेगा। पश्चिम किस दिशा में जाएगा, यह देखना बाक़ी है।

वैयक्तिक स्तर पर भी बदलाव आएंगे, पिछली सदी के आर्थिक मॉडल से दूरी जिसके मूल में उपभोक्तावाद था। इसका सकारात्मक पहलू अर्थव्यवस्था में भारी विकास था, जिससे ऐसी बहुत सी चीज़ें हुई जिन्हें अब हम सामान्य रूप से लेते हैं; एक विशाल आबादी को ग़रीबी से ऊपर उठाया गया और मध्यवर्गों का जीवनस्तर एक सदी से कुछ ही पहले के राजसी परिवारों जैसा हो गया। लेकिन इसका नकारात्मक पहलू प्रकृति का विनाश और भौतिक संपत्ति के बावजूद बढ़ती अप्रसन्नता थी। क्या मनुष्य भौतिकतावाद और आध्यात्मिकता के बीच संतुलन बना पाएगा? उम्मीद तो है।

भारत में चीज़ें क्या आकार लेंगी? मुझे लगता है कि यह महामारी, और इसके नतीजे कुल मिलाकर भारत के लिए वह करेंगे जो वाई2के ने हमारे आईटी उद्योग के लिए किया था; आदर्श बदलाव। यह भुला देना आसान है कि दुनिया भर में वाई2के के आने से पहले भारतीयों को किस तरह से देखा जाता है। सपेरों और हाथियों की एक आम पूर्वाग्रह से भरी छवि थी। मगर वाई2के के बाद, भारतीयों को बुद्धिमान और भरोसेमंद की तरह देखा जाने लगा था, और भारत जल्दी ही दुनिया भर के लिए बैक-ऑफ़िस बन गया था।

मुझे लगता है कि अब तक हमने जिस तरह से महामारी का प्रबंधन किया है (और यह मानने की वजह है कि हम इसी दिशा में काम जारी रखेंगे), उससे एक और आदर्श बदलाव आएगा। हमारी सरकारें निर्णायक ढंग से आगे बढ़ी हैं। क्वारंटीन के दौरान लोग आमतौर पर अनुशासित रहे हैं; ईमानदारी से देखें तो अगर अधिकांश लोग लॉकडाउन का पालन करने से इंकार कर देते तो अपनी सीमित राजकीय क्षमता के साथ सरकार ज़्यादा कुछ नहीं कर पाती। हमारे नेताओं ने बस अनुरोध किया, और ज़्यादातर लोगों ने उसका पालन किया। हम भारतीयों के अंदर यह अद्भुत गुण है कि सामान्य दिनों में हम भले ही अराजक हों, मगर संकट काल में असाधारण रूप से अनुशासित और स्पष्ट हो जाते हैं। बहुत से समाज इसका ठीक उलट होते हैं। और इसके परिणाम हमारे आंकड़ों में स्पष्ट दिखते हैं: न केवल कोविड-19 में मृत्यु दर कम रही, बल्कि अप्राकृतिक कारणों से होने वाली मृत्यु दर में भी कमी आई है।

बेशक ऐसे बहुत से क्षेत्र हैं जिनमें हम बेहतर कर सकते हैं। और वे आलोचनाएं की जानी चाहिएं और उन्हें सुना जाना चाहिए। लेकिन एक लंबी लड़ाई को जीतने में एक बड़ा हिस्सा मनोबल का होता है। और ये देखते हुए हमारा मनोबल ऊंचा होना चाहिए कि हमने अब तक काफ़ी ठीकठाक प्रदर्शन किया है। मुझे विश्वास है कि नेतृत्व के मात्र अनुरोध करने पर भारतीयों ने जिस असाधारण ढंग से ख़ुद को संभाला है, उसकी वजह अपने देश के प्रति उनका

गहरा लगाव है। हमारी आत्म-छवि भले ही कमज़ोर और निरीह सी हो, मगर वास्तव में हम अविश्वसनीय रूप से दृढ़ और साहसी हैं। यह लचीलापन, यह इस्पाती रीढ़ इस संकट से निपटने के हमारे तरीक़े में स्पष्ट दिखती है। यह न भूलें कि हम उन कुछेक प्राचीन संस्कृतियों में से हैं जो इतने सारे हमलों और चढ़ाइयों के बाद भी जीवित है।

हम मज़बूती के साथ इस संकट के भी पार निकलेंगे। मुझे इसका विश्वास है।

—कावेरी बामज़ी को दी वार्ता के अनुसार

ओपन मैगज़ीन, मई 2020 में सर्वप्रथम प्रकाशित

स्काइवॉकर्स का धर्म

फ़िल्मों की काल्पनिक दुनिया सम्मोहक होती है। और एक भली-भांति लिखी गई फ़िल्म अंतर्दृष्टि से भरी हो सकती है। ऐसी ही एक फ़िल्म सीरीज़ है *स्टार वार्स:* अच्छाई और बुराई की प्रकृति पर एक मननशील संकलन। चौथी, पांचवीं और छठी एपिसोड में ऐसा बहुत कुछ है जो ऐसे दार्शनिक सत्यों को खोजता है जिनसे हम सीख सकते हैं।

पहली *स्टार वार्स* फ़िल्म की मूल रिलीज़ ने हमें कालातीत पात्रों की एक गैलरी से मिलवाया था: योदा, ओबी-वान, हान सोलो, ल्यूक और लीया। और हां, डार्थ वाडर। कथानक में अच्छाई और बुराई के बीच नाटकीय द्वंद्व ने इस फ़्रेंचाइज़ के प्रति मेरे आकर्षण को हवा दी। और उस दृश्य ने तो पूरी तरह से मेरे होश गुम कर दिए थे: वह विलक्षण पल जब डार्थ वाडर ल्यूक स्काइवॉकर से कहता है, 'नहीं, मैं तुम्हारा पिता हूं!' मैं अवाक था क्योंकि बारीकी से बुनी गई कहानियां कुछ-कुछ वैसी थीं जैसी घर पर मैंने प्राचीन धार्मिक तौर-तरीक़ों के बारे में जानी थीं। जैसे, जब जेडी चयनित व्यक्ति को खोज रहे हैं तो उनका मक़सद बुराई पर अच्छाई की विजय नहीं है। इसके बजाय यह फ़ोर्स में संतुलन लाने के लिए है। यह बहुत ही गहन धार्मिक विचार है; हिंदू, जैन, बौद्ध और सिख धर्मों में व्यक्त एक प्रमुख दार्शनिक विचार। *अति सर्वत्र वर्जयेत्,* अति से

हमेशा बचना चाहिए। क्योंकि दिव्यता संतुलन में निहित है। मैं इन विचारों को अपने परिवार के बाहर के लोगों के सामने व्यक्त करने में झिझकता हूं। मैं ख़ुद को आश्वस्त करता हूं कि वे हतप्रभ रह जाएंगे कि मैं आज के दौर के हॉलीवुड की एक सफलतम फ़िल्म सीरीज़ और प्राचीन हिंदू अवधारणा के फ़लसफ़े में समानताएं देख रहा हूं।

इसीलिए जब कुछ साल पहले मैंने एक लेख पढ़ा था, तो मैं अचंभित रह गया था; उसका शीर्षक था, 'द 3000 ईयर-ओल्ड सैक्रेड स्टोरी दैट इंस्पायर्ड स्टार वार्स।' उसे डेमियन वॉल्टर ने लिखा था। एक बहुत ही सधे, नपे-तुले अंदाज़ में वॉल्टर एक दिलचस्प कहानी पर चिंतन करते हैं जो 'बहुत समय पहले, दूर किसी आकाशगंगा में' सैट थी, जिसमें तकनीकी तड़क-भड़क थी जो आपको चकित कर देती थी, लेकिन जो वास्तव में बहुत गहराई से प्राचीन और धार्मिक थी।

जैसा कि द *फ़ोर्स अवेकेन्स* के डाइरेक्टर जे.जे. अब्रैम्स को इस लेख में उद्धृत किया गया था, '*स्टार वार्स* साइंस फ़िक्शन तो कभी था ही नहीं—यह एक आध्यात्मिक कहानी थी।'

डेमियन वॉल्टर सुझाते हैं कि हमारी अपनी *रामायण* जॉसेफ़ कैंपबेल के बेहतरीन लेखन के माध्यम से *स्टार वार्स* के प्रेरक स्रोतों में से एक बनी थी। पात्रों द्वारा किए गए चुनाव, सभी स्थितियों में सूक्ष्म अंतर, और उनके प्रति हमारा सम्मोहन, सभी हमें बताते हैं।

लेकिन मुझे लगता है यह कहानी से कहीं अधिक गहरा है। क्या फ़ोर्स कुछ-कुछ हमारे ब्रह्म के समान नहीं है? मैं स्पष्ट कर दूं, मेरा तात्पर्य यहां जातिगत ब्राह्मण से नहीं, ब्रह्म से है। ब्रह्म वे दिव्य शक्ति हैं जिन्होंने हमें प्राण दिए हैं और जो सारे ब्रह्मांड के मूल में हैं। बहुत कुछ फ़ोर्स की तरह। जो वास्तव में ब्रह्म को समझते हैं, वे धार्मिक अर्थ में सिद्ध आत्मा हैं। 'उनके साथ फ़ोर्स है!'

जॉर्ज लूकस की काल्पनिक दुनिया में क्या फ़ोर्स ने अंततः संतुलन पाया? जैसा कि सामने आता है, सिथ के विनाश से संतुलन नहीं आता। क्योंकि जैसा हमारे प्राचीन ग्रंथ कहते हैं, वास्तविक संतुलन, वह बिंदु जिस पर हम मोक्ष या निर्वाण प्राप्त करते हैं, अच्छाई-बुराई से परे है। और चूंकि संतुलन वापस स्थापित नहीं हुआ है, तो सिथ के मरने के बाद भी एक पीढ़ी के अंदर ही एक नई डार्क साइड उभरती है। ऐसा प्रतीत होता है कि संतुलन हमेशा एक सक्रिय खोज है, निष्क्रिय उपलब्धि नहीं! एक और दिलचस्प तथ्य यह है कि सिथ और जेडी फ़ोर्स में पहले भाई थे, और फ़ोर्स में स्याह और उजले पक्ष के बीच पड़ी दरार ने उन्हें अलग कर दिया था। अनेक भारतीय यह भूल चुके हैं कि भारतीय परंपरा के असुर और देव भी दरअसल सौतेले भाई-बहन थे और उनके पिता एक ही थे: सप्तर्षि कश्यप। अद्भुत समानताएं हैं, आप नहीं मानते?

भारतीय तरीक़े में समय चक्राकार है; एक आरंभ और एक अंत के साथ रैखिक नहीं। और अगर समय चक्राकार है, तो जब आपकी यात्रा आगे बढ़ती है, तो कभी-कभी आपको लगता है जैसे आप यहां पहले भी आ चुके हैं। लेकिन आप यात्रा का आनंद लेते हैं, मंज़िल का नहीं। तो अब देखते हैं कि प्राचीन आत्मा वाली एक मॉडर्न कहानी की यात्रा को *द राइज़ ऑफ़ स्काइवॉकर* कहां ले जाती है।

फ़ोर्स, और बल, आपके साथ रहें!

इंडिया टुडे, दिसंबर 2019 में सर्वप्रथम प्रकाशित

महामारी की पीड़ा और धर्म पर पाठ

हम दोनों आमतौर पर इतवार को बात करते हैं—लंदन से मुंबई बातचीत। कुछ समय से हमारी बात लगातार एक किताब पर हो रही है जिस पर हम काम कर रहे हैं। लेकिन पिछले इतवार हम महामारी से भटककर लेखकों और वैश्विक नज़रिए पर चले गए—विशेष रूप से, दो पर: जेआरआर टॉल्कीन और जॉर्ज आरआर मार्टिन, आज के दौर में पश्चिम के फ़ंतासी कथा साहित्य के दो बड़े नाम। *द लॉर्ड ऑफ़ द रिंग्स (एलओटीआर)* और *ए सॉन्ग ऑफ़ आइस एंड फ़ायर* (जो अपनी टीवी सीरीज़ के नाम *गेम ऑफ़ थॉर्न्स (जीओटी)* से ज़्यादा मशहूर है)। दो महान लेखक। दो बेहतरीन व्यक्ति (अधिकांश मायनों में)। दो शानदार दर्शन। दो भिन्न नज़रिए।

कुछ लोग कह सकते हैं, धर्म पर अंतर्दृष्टि के लिए पश्चिमी लेखकों का रुख़ क्यों करना? क्यों नहीं? देवी सरस्वती सब पर अपनी कृपा बरसाती हैं, और ज्ञान कोने-कोने से मिलता है, वह देशों और सभ्यताओं की मानवीय सीमाओं से बंधा नहीं है।

तो, टॉल्कीन का नज़रिया नेकी, अच्छाई, नैतिकता की स्पष्टता, सही और ग़लत से प्रेरित है। यहां तक कि *एलओटीआर* में हिंसा भी मर्यादा से चालित है। मार्टिन का दृष्टिकोण स्याह है। विषादपूर्ण। क्रूर। क्षमाहीन। यह अनैतिक, पथभ्रष्ट

और हिंसक है। *जीओटी* में अक्सर बेवजह की हिंसा होती है, केवल इसलिए कि पात्र ऐसा कर सकता है। यह स्याह कोने से निकली हिंसा है।

अपने मूल में, *एलओटीआर* अच्छाई और सद्गुणों से चालित हैं, सरलीकृत आलोचनात्मक बर्ताव से नहीं, जबकि जीओटी शक्ति-प्रदर्शन, नैतिकता के अभाव से चालित है, यथार्थवादी व्यावहारिकता से नहीं।

टॉल्कीन का जन्म 1892 में हुआ था और उनकी मृत्यु 1973 में हुई थी। उन्होंने ये सब देखा था, क्योंकि वे दशक निर्मम थे। पहला विश्व युद्ध: बाईस मिलियन मौतें। स्पेनिश फ़्लू: पचास मिलियन मौतें। महामंदी: बेरोज़गारी, अकाल, मुद्रास्फीति, तबाही। नात्ज़ी उत्थान। दूसरा विश्व युद्ध: साठ मिलियन मौत। आश्चर्यजनक ढंग से, मानवजाति जीवित रही।

मार्टिन का जन्म 1948 में हुआ था। 1940 के दशक के उत्तरार्ध में पश्चिमी जगत दीर्घ शांति में चला गया था। मार्टिन बेबी बूमर (विश्व युद्धों के बाद जन्म लेने वाली पीढ़ी) थे और अपने समाज की ख़ुशहाली के दिनों में बड़े हुए थे। उन्होंने शायद मानवजाति के लिए सबसे अच्छा काल देखा था, जब प्रति व्यक्ति हिंसा की दर सबसे कम थी। प्रति व्यक्ति समृद्धि अब तक के इतिहास में सबसे अधिक थी। बेबी बूमर्स ने अच्छा जीवन जिया था और मार्टिन को किसी युद्ध की भयावहता को नहीं जीना पड़ा था। उन्होंने तो सुदूर वियतनाम युद्ध को भी चकमा दे दिया था।

आप सोचेंगे कि जीवन के अनुभवों ने दुनिया के प्रति उनके नज़रिए को आकार दिया होगा। जिस व्यक्ति ने युद्ध और अभाव को देखा हो, वह एक स्याह दुनिया रचेगा और जो शांतिकाल में एवं अच्छी ज़िंदगी जिया हो, वह रौशनी और अच्छाई से भरी सुनहरी दुनिया रचेगा।

लेकिन यहां इसका उलट है। क्यों? कैसे?

क्या ऐसा है कि जो कष्ट पाते हैं, वे सीखते हैं? नैतिकता उत्पन्न करते हैं? अपनी नेकी को गहराते हैं (क्योंकि सब लोगों में नेकी का माद्दा होता है)? प्राचीन

भारतीय आध्यात्मिक विकास में कष्ट की भूमिका की बात करते थे। चुनौतियां अवसर होती हैं। मुश्किल समय मंथन का काम करता है और नेकी प्रदान करता है। दुख हमारे भीतर के सर्वश्रेष्ठ को सामने ला सकता है। यह विडंबना है कि आसान जीवन भटकाव और पतन का भाव पैदा करता है।

आज के पश्चिमी संभ्रांत वर्ग के युवा मानव इतिहास की सबसे अधिक सुविधा-प्राप्त पीढ़ी हैं। यह समझना मुश्किल है कि उनमें इतना ग़ुस्सा क्यों है। भौतिकतावादी संदर्भ में अब तक की किसी भी पीढ़ी की अपेक्षा सबसे अच्छी ज़िंदगी जीने के बावजूद उनमें यह नकारवादी और विनाशकारी हठ क्यों है?

बुद्ध ने हमें *चत्वारि आर्यसत्यानि*, यानी चार श्रेष्ठ सत्य दिए थे। इसका ज़्यादा सटीक अनुवाद श्रेष्ठ के लिए चार सत्य होगा।

श्रेष्ठता का पहला सत्य है दुख। पीड़ा। कष्ट। जीवन दुख है, बुद्ध ने कहा था। दुख की उनकी अवधारणा महज़ कष्ट पाने से कहीं अधिक व्यापक है। इसमें व्याकुलता और असंतोष का भाव निहित है। दूसरा सत्य है समुदय, जो दुख के कारण को परिभाषित करता है। यह तृष्णा, आसक्तियों और इच्छाओं का बादल है जो हमारे हर जाग्रत पल पर छाया रहता है। यह अ-सकारात्मक, अचेतन भावात्मक और मानसिक स्थिति है। तीसरा है निरोध, दुख का अंत करने की संभावना। और चौथा है मार्ग, दुख को समाप्त करने का मार्ग।

दुख मार्ग की ओर ले जाता है।

वुहान (चीन) से फैली कोविड-19 महामारी ने सारी दुनिया को एक मनोवैज्ञानिक तूफ़ान में जकड़ लिया है। मौतें, तबाही और आर्थिक उथल-पुथल मची हुई है। कारोबार डूब गए हैं। दुनिया भर में 1.5 मिलियन लोगों की मृत्यु हो चुकी है। भारी तादाद में लोगों ने पीड़ा भोगी और अभी भी भोग रहे हैं। यह भयानक, दिल दहला देने वाला है, और इसका अंत जैसे बहुत दूर कहीं है। इसके अलावा ज़्यादातर विशेषज्ञ मानते हैं कि महामारी ख़त्म हो गई तो भी आर्थिक और मनोवैज्ञानिक घाव, अगर दशकों नहीं तो, बरसों तो रहेंगे ही।

और इसलिए, क्या धर्म और दुख की भूमिका के नियमों का प्रयोग करके हम इस महामारी से कहीं ज़्यादा मज़बूत और बुद्धिमान बनकर बाहर निकलेंगे? क्या हम बेहतर बनकर बाहर निकलेंगे? या हममें से अनेक लोगों, ख़ासकर अभिजात्य वर्ग, ने पर्याप्त कष्ट नहीं पाया है? आख़िरकार, हां, हम अपने घरों में सीमित रहे हैं। बंदी, मगर नलों में पानी और भोजन के साथ; यहां तक कि नए-नए व्यंजनों के भी। फ़ेस मास्क और सामाजिक दूरी है, लेकिन बिजली, वाई-फ़ाई, नेटफ़्लिक्स और एमेज़ॉन प्राइम भी है।

क्या हमने पर्याप्त कष्ट पाया है? क्या हमें वाक़ई पर्याप्त कष्ट पाने की ज़रूरत भी है? पर्याप्त कितना होता है? क्या हम भाग्य की देवी के ज़ोरदार थप्पड़ों के बिना अहम सबक़ सीख सकते हैं? धर्म क्या कहता है? क्या महामारी का कोई आध्यात्मिक उद्देश्य है? क्या यह कोई आध्यात्मिक अवसर हो सकता है?

यह हमारे ऊपर है। हममें से हरेक के ऊपर।

सबक़ बेतहाशा हैं। हम सामुदायिक भावना को फिर से जिला सकते हैं। ख़ुद को परिवार, मित्रों और पड़ोसियों—सोशल मीडिया के शोर की अपेक्षा सार्थक मानव संबंध—के सुरक्षित साये में ला सकते हैं। क्या हम ऐसी ज़िंदगी जी सकते हैं जो हमारे स्वार्थपूर्ण हितों, लक्ष्यों और महत्वाकांक्षाओं से कहीं बड़ी हो? महामारी ने हमें सिखाया है कि हम कम में भी बसर कर सकते हैं। बहुत कम में। हमने जाना है कि इच्छाएं असीमित भी हो सकती हैं और बहुत सीमित भी। यह एक मानसिक व्यवस्था है। क्या हम ख़ामोशी से चैरिटी करें और प्रेस रिलीज़ और सोशल मीडिया की पोस्ट के ज़रिए उसका प्रदर्शन करने की अंहकार भरी इच्छा को छोड़ सकते हैं? तब शायद हम अपने जीवन में धर्म को आने देने का रास्ता खोल सकते हैं।

हमने इस धरती की अन्य नस्लों के अपने साथी जीवों को राहत की सांस लेते देखा है। क्या हम अपने लिए ही नहीं, बल्कि पशु-पक्षियों के लिए भी एक

बेहतर दुनिया बना सकते हैं? जलाशयों, पहाड़ों, घास के मैदानों के लिए? सभी प्राणधारी नस्लों के लिए?

अपने भीतर उतरें। समय के संदेश को पहचानें। आश्चर्य की अनुभूति को फिर से वापस पाएं। और सारे जीवन के लिए एक वयस्क दायित्व लें।

दुख आध्यात्मिक विकास की ओर ले जा सकता है। गौतम बुद्ध ने ऐसा कहा था। हमें सुनना चाहिए।

भावना रॉय के साथ सह-लिखित;
द *प्रिंट*, दिसंबर 2020 में सर्वप्रथम प्रकाशित

आतंक का वास्तविक स्रोत

इस लेख की नींव एक पश्चिमी अख़बार के एक संवाददाता के साथ हाल में हुई एक दिलचस्प बातचीत से पड़ी थी। वे भारत में हिंदू आतंकवाद के बारे में कह रहे थे, जो कि, बज़ाहिर, इस्लामी आतंकवाद के जवाब में उभरा था। और बेशक, उन्हें हमारे 'नाज़ुक लोकतंत्र' को लेकर कृपालु चिंता भी थी।

कृपालु चिंता को तो फ़िलहाल अलग रखते हैं। भारत एक मज़बूत देश है। हम टूटने वाले नहीं हैं। लेकिन हिंदू आतंकवाद और भारतीय इस्लामी आतंकवाद को लेकर चले आ रहे इस पुराने क़िस्से को डेटा का आईना दिखाना ज़रूरी है। ख़ुशक़िस्मती से डेटा मौजूद है। यूएस स्थित नेशनल कॉन्सॉर्टियम फ़ॉर द स्टडी ऑफ़ टैररिज़्म एंड रैस्पॉन्सेज़ टु टैररिज़्म वैश्विक आतंकवाद का डेटाबेस रखता है। और इस वैश्विक डेटाबेस में भारत में हुए आतंकवादी हमलों की भी विस्तृत जानकारी है। इसमें 1974 से लेकर वर्तमान तक का डेटा है। इसमें क़रीब दस हज़ार से ज़्यादा आतंकवादी घटनाएं दर्ज हैं। इसका विश्लेषण रूपा सुब्रामण्य ने किया है, जिनके काम को मैं इस लेख में उद्धृत कर रहा हूं। एक डेटाबेस और है, साउथ एशियन टैररिज़्म पोर्टल, जिसमें 20,000 आतंकवादी हमले दर्ज हैं। आतंकवाद की उनकी परिभाषा ज़्यादा व्यापक है। इन दोनों डेटाबेस का विश्लेषण आंखें खोल देने वाला है। आंकड़े कहानी को एकदम साफ़ कर देते हैं।

सबसे पहले तो, कथित हिंदू आतंकवाद का आरोप बिल्कुल बेबुनियाद है। भारत में हुए दस हज़ार आतंकवादी हमलों में से केवल 0.6 प्रतिशत को ही 'हिंदू आतंकवाद' की श्रेणी में रखा जा सकता है। ये देखते हुए कि हिंदू भारत की जनसंख्या का लगभग 80 प्रतिशत है, मुझे लगता है कि सुरक्षित रूप से ऐसा कहा जा सकता है कि भारत में हिंदू आतंकवाद की कोई समस्या नहीं है।

अब मैं उस पर आता हूं जिसे अधिकांश राय-निर्माता भारत में इस्लामी आतंकवाद कहते हैं। बहुत से लोग, दक्षिणपंथी और वामपंथी दोनों, आरोप लगाते हैं कि भारत में आतंक का सबसे बड़ा कारण कट्टरपंथी इस्लाम है। लेकिन डेटा क्या कहता है? अगर आप कश्मीर में आतंकवाद को हटा दें, तो भारत में आतंकवाद की कुल घटनाएं तीन प्रतिशत से कुछ ही ऊपर हैं। जी हां। तीन प्रतिशत। हालांकि मैं मानता हूं कि कश्मीर में कट्टरपंथी इस्लामी तत्व हैं (स्वतंत्र भारत में बस कश्मीरियों ने ही जातीय उन्मूलन किया था: कश्मीरी पंडितों का), मगर इससे इंकार नहीं किया जा सकता कि कश्मीर के आतंकवाद में एक भूगोल-आधारित स्वतंत्रता तत्व भी है। इसके अलावा, हालांकि भारत में हिंदू आतंकवाद के मुक़ाबले इस्लामी आतंकवाद की घटनाओं की ज़्यादा संभावना है, मगर हमें यह भी मानना होगा कि इस्लामी आतंकवाद कही जाने वाली घटनाओं के एक बड़े हिस्से की योजना और क्रियान्वयन वास्तव में पाकिस्तान के निर्यात-उन्मुख आतंकवादी उद्योग द्वारा किया जाता है। ठीक है कि पाकिस्तानियों को भारत में कुछ सहयोगी मिल जाते हैं, मगर जिन पुलिसवालों से मेरी बात हुई है वे यह स्वीकार करते हैं कि इनमें से अधिकांश आतंकवादी भारत के मुस्लिम समुदाय की मदद से ही पकड़े गए हैं। यह देशभक्ति है। मेरा यह दृढ़ विश्वास है कि हम पाकिस्तानी आतंकवाद को केवल तभी रोक सकते हैं जब हमारे अंदर पाकिस्तान राज्य की भयावह प्रकृति को लेकर नैतिक, बौद्धिक और नीतिपरक स्पष्टता होगी; और हम उसके साथ शांति की भ्रामक उम्मीदों में डूबे नहीं रहेंगे। लेकिन मैं उन सबसे बहस करूंगा

जो भारतीय मुसलमानों को उसी कूची से रंगने की कोशिश करते हैं। भारतीय मुसलमान, अपने विशाल बहुमत में, उतने ही देशभक्त, शांतिप्रिय और समावेशी हैं जितने कि उनके हिंदू बंधु हैं।

तो फिर भारत में आतंकवाद का सबसे बड़ा स्रोत क्या है? जानकार लोगों के लिए यह कोई हैरानी की बात नहीं होनी चाहिए कि अब तक वामपंथी आतंकवाद सबसे बड़ा रहा है। आप आतंकवाद के इस वैचारिक धरातल को कई नामों से बुला सकते हैं: मार्क्सवाद, साम्यवाद, माओवोद। मगर यह सच है कि पिछले चालीस साल में भारत में हुई आतंकवादी घटनाओं का तीस प्रतिशत इसी विचारधारा का परिणाम था। वास्तव में, पिछले दशक में आतंकवाद की सभी घटनाओं में वामपंथी आंतकवाद का अनुपात बढ़कर लगभग पचास प्रतिशत हो गया है। अगर हम भारत में आतंकवाद में कमी लाना चाहते हैं, तो इसके लिए विचारधाराओं के बाज़ार में मार्क्सवाद/साम्यवाद/माओवाद का शांत, विवेकसम्मत विश्लेषण करना होगा। इस विचारधारा में ऐसा क्या है जो हिंसा को बढ़ावा देता प्रतीत होता है? फ्रांसीसी इतिहासकार और विद्वान स्टीफ़न कुर्तवा ने अपनी पुस्तक द *ब्लैक बुक ऑफ़ कम्युनिज़्म* में लिखा है कि पिछले सौ साल में दुनिया भर के कम्युनिस्ट शासनों में नब्बे मिलियन से ज़्यादा लोग मारे गए हैं; मानव-रचित अकालों, सामूहिक नरसंहारों, जातीय उन्मूलन आदि में। भारत में भी वास्तविक साक्ष्य बताते हैं कि उन राज्यों में जहां कम्युनिज़्म/मार्क्सवाद की विचारधारा मज़बूत है वहां राजनीतिक हिंसा सबसे ज़्यादा प्रतीत होती है: जैसे पश्चिम बंगाल और केरल में। मैं यह नहीं कह रहा हूं कि हम सब मिलकर सारे कम्युनिस्टों और मार्क्सवादियों को वैयक्तिक रूप से इल्ज़ाम दें; क्योंकि वे भी इस विचारधारा के पीड़ित और बंदी हैं। लेकिन मेरा मानना है कि सावधानी और शांति से इस विचारधारा का विश्लेषण करने की ज़रूरत है, और शायद सुधार लाने की भी। कम्युनिज़्म/मार्क्सवाद को पूरी तरह से हिंसा और दूसरों के प्रति नफ़रत को छोड़ना होगा।

मतभेद ठीक हैं। ऐसा संभव नहीं है कि हम सबका एक ही दृष्टिकोण हो। और हम भारत हैं। हम विभिन्न दृष्टिकोणों को सराहते हैं। हम ईश्वर समेत सब पर प्रश्न उठाने को सराहते हैं। वैदिक संस्कृत में अंग्रेज़ी शब्द *ब्लासफ़ेमी* (ईशनिंदा) का अनुवाद नहीं है।

लेकिन दूसरे भारतीयों के साथ अपने मतभेद निपटाने के लिए हिंसा का सहारा लेना ठीक नहीं है। यह तो स्पष्ट है।

डीएनए, अप्रैल 2017 में सर्वप्रथम प्रकाशित

अब समय है कि सीएए को समझा जाए, तर्क के साथ

भावनाएं दिमाग़ पर छा जाती हैं और विवेक को हाइजैक कर लेती हैं। वे बहुत शक्तिशाली होती हैं। भावनाओं को संबोधित किए बिना चर्चा शुरू करना बेमानी है। क्योंकि दिमाग़ के काम करने के लिए उनका शांत रहना ज़रूरी है। नागरिकता संशोधन अधिनियम (सीएए) के इर्द-गिर्द भड़की भावनाएं सामाजिक समरसता को छिन्न-भिन्न कर रही हैं। बेहतरीन क्रिकेटर इरफ़ान पठान की ट्विटर टाइमलाइन पर कुछ हिंदुओं द्वारा प्रयोग किए गए क्रूर शब्दों ने मुझे आहत कर दिया था। इरफ़ान पठान जैसे वतन के वफ़ादार पर शक करना अधर्म है। उसी तरह एक मूर्तिपूजक होने के नाते मुझे जामिया मिलिया इस्लामिया में लगे 'सब बुत उठवाए जाएंगे... और बस नाम रहेगा अल्लाह का' जैसे नारों पर ग़ुस्सा आया। ये शब्द भले ही पाकिस्तानी शायर फ़ैज़ के हों, लेकिन इन्हें भारत में सुनना, जिसने महमूद ग़ज़नी, सिकंदर बुतशिकन और औरंगज़ेब जैसे बर्बर धर्मांधों के हाथों भयावह मूर्तिभंजक हिंसा झेली है, निर्ममता है। इन भड़की हुई भावनाओं ने दिल दहला देने वाली हिंसा को अंजाम दिया। हमें शांत होना होगा; हम सब भारत मां की संतान हैं। इसके आगे बाक़ी सारी पहचानें कम मायने रखती हैं।

शांत होने से हमारे नागरिकता अधिनियम में इस संशोधन पर तर्कसम्मत बहस करने की गुंजाइश भी बनेगी। यह समझने की ज़रूरत है कि इससे बस पाकिस्तान, बांग्लादेश और अफ़ग़ानिस्तान के उन अल्पसंख्यकों के नागरिकता पाने की राह में तेज़ी आएगी, जो दिसंबर 2014 से पहले भारत में शरण ले चुके हैं। यह इन तीन लोकतंत्रों के मुस्लिम बहुमत के लिए दरवाज़े बंद नहीं करता। वे मौजूदा सामान्य प्रक्रिया से भारत में शरण पा सकते हैं। अदनान सामी जैसे व्यक्तियों ने इसके लिए याचिका दी और भारतीय नागरिकता हासिल की। 2015 में, भारत ने लगभग 15000 बांग्लादेशियों, अधिकांशतः मुसलमानों, को नागरिकता प्रदान की थी। तो उपमहाद्वीप के इन तीन मुस्लिम-बहुल गणतंत्रों के अल्पसंख्यकों (हिंदू, ईसाई, सिख, बौद्ध, जैन और पारसी) के लिए यह संशोधन क्यों आवश्यक था? क्योंकि वे विलुप्ति के स्तर का उत्पीड़न झेल रहे हैं। यह वही नियम है जिसके आधार पर नात्ज़ी युग में यहूदियों को या सीरिया में इस्लामिक स्टेट के दौर में यज़ीदियों को शरण दी गई थी।

जिन देशों ने यह शरण दी थी, वे भी अल्पसंख्यकों के साथ अपने व्यवहार में पूरी तरह उचित नहीं थे। अमेरिका ने बहुत सारे यज़ीदियों को शरण दी थी, मगर अफ़्रीकी-अमेरीकियों के साथ उसका व्यवहार अभी भी प्रक्रियाधीन था। साथ ही, इन देशों ने संकटग्रस्त सीरिया के सब लोगों को नागरिकता का एक समान त्वरित रास्ता देकर 'निष्पक्षता स्थापित' नहीं की थी।

तो यहां क्या सिद्धांत था? कि अल्पसंख्यकों के सभी अधिकार, जैसे समानता, भाषा/संस्कृति आदि की रक्षा एक बुनियादी अधिकार पर निर्मित हैं: जीवन का अधिकार। अगर अल्पसंख्यकों को सामूहिक हत्या, जबरन धर्मांतरण, और देश-निकाले के ज़रिए ख़त्म किया जा रहा हो, तो दूसरे सारे अधिकार बेमानी हो जाते हैं। क्या पाकिस्तान में अल्पसंख्यकों के जीवन के अधिकार पर हमला किया गया है, और बेतहाशा दमन किसी शासन विशेष की अल्पकालीन राजनीति (जिसमें बाहरी दुनिया दख़ल दे सकती थी और

मदद कर सकती थी) की जगह राज्य का दीर्घकालीन कार्यक्रम रहा है? डेटा को अपने निर्णय का आधार बनाएं। उपमहाद्वीप के इन तीनों मुस्लिम-बहुल गणतंत्रों में अल्पसंख्यक तेज़ी से ख़त्म हो रहे हैं। पाकिस्तानी विद्वान फ़राहनाज़ इस्पहानी के अनुसार, 1947 के आसपास पश्चिमी और पूर्वी पाकिस्तान की जनसंख्या का तेईस प्रतिशत अल्पसंख्यक थे। यह पाकिस्तान (भूतपूर्व पश्चिमी पाकिस्तान) में घटकर तीन प्रतिशत, और बांग्लादेश (भूतपूर्व पूर्वी पाकिस्तान) में नौ प्रतिशत से कुछ ज़्यादा रह गया है। इसमें ज़बरदस्त गिरावट 1971 में आई थी जब पाकिस्तानी सेना ने तीन मिलियन बांग्लादेशियों, ज़्यादातर हिंदुओं, का क़त्लेआम कर दिया था। अल्पसंख्यकों के इस घटे हुए प्रतिशत को वर्तमान जनसंख्या में जोड़ें। पाकिस्तान, बांग्लादेश और अफ़ग़ानिस्तान में साठ मिलियन से ज़्यादा हिंदू, ईसाई, सिख और अन्य अल्पसंख्यक लापता हैं।

1950 में, प्रधानमंत्री नेहरू ने पाकिस्तान के प्रधानमंत्री लियाक़त अली ख़ान के साथ नेहरू-लियाक़त संधि पर हस्ताक्षर किए थे जिसमें भारत ने अपने मुस्लिम अल्पसंख्यकों और पाकिस्तान ने अपने ग़ैर-मुस्लिम अल्पसंख्यकों का ध्यान रखने का वादा किया था। भारत ने समझौते के अपने हिस्से को निभाया। इस अवधि में भारत में मुसलमानों की आबादी का अनुपात दस प्रतिशत से कम से बढ़कर चौदह प्रतिशत से कुछ अधिक हो गया है। लेकिन पाकिस्तान और बांग्लादेश में शायद पिछली सदी का सबसे बड़ा जातीय उन्मूलन हुआ है जिसमें अल्पसंख्यकों की संख्या साठ मिलियन कम हो गई।

यह संशोधन छह संकटग्रस्त अल्पसंख्यकों को लुप्त होने से बचाने की कोशिश कर रहा है। यह पाकिस्तान, बांग्लादेश और अफ़ग़ानिस्तान के मुस्लिम समुदायों के शरणार्थियों को सामान्य प्रक्रिया से भारत आने से नहीं रोकता है, जैसा बहुत से अफ़ग़ानी मुसलमान कर भी चुके हैं। और यह निश्चय ही मुसलमानों समेत किसी भी भारतीय नागरिक को प्रभावित नहीं करता है। इसके विपरीत सारे दावे झूठे हैं।

इस संशोधन के लिए भारत की आलोचना करना उन देशों की आलोचना करने के बराबर होगा जिन्होंने बीसवीं सदी के मध्य में यह दावा करते हुए यहूदियों को ख़त्म होने से बचाने के लिए शरण दी थी कि यह ईसाई धर्म विरोधी काम होगा।

आश्चर्यजनक रूप से, कोई भी उपमहाद्वीप के मुस्लिम-बहुल गणतंत्रों से उन साठ मिलियन लापता अल्पसंख्यकों के बारे में नहीं पूछ रहा है। बांग्लादेश और अफ़ग़ानिस्तान कम से कम अब अपने देश के बचे हुए अल्पसंख्यकों को बचाने की दिशा में काम कर रहे हैं। मगर पाकिस्तान... कोई क्या कह सकता है...

सच पांवों में जूते पहन भी नहीं पाता कि तब तक झूठ आधी दुनिया नाप चुका होता है। इस संशोधन के बारे में ग़लत जानकारी ने कई जानें ले ली हैं। बिना देखे-भाले संपत्तियां नष्ट की गई हैं। यह भयावह है। भारतीय संसद की संयुक्त कमेटी के अनुसार इस संशोधन से 30,000 से कुछ ज़्यादा हिंदू (ज़्यादातर पिछड़ी जातियों के और दलित), ईसाई, सिख, बौद्ध, जैन और पारसी तुरंत लाभान्वित होंगे, और वह भी भारतीय सुरक्षा एजेंसियों द्वारा कड़ी जांच-पड़ताल करने के बाद। और मैं दोहराता हूं, भारत ने 2015 में क़रीब 15,000 बांग्लादेशियों, अधिकांशतः मुसलमान, को नागरिकता प्रदान की थी। अब आप उन लोगों से क्या कहेंगे जो कहते हैं कि भारत अपनी धर्मनिरपेक्षता को खो रहा है, जबकि इसी के साथ वे भारतीय उपमहाद्वीप के तीन मुस्लिम-बहुल गणतंत्रों के उन साठ मिलियन लापता लोगों के ज्वलंत मुद्दे को नज़रअंदाज़ कर देते हैं?

सच को बताना होगा। शांति से। लेकिन बताना तो होगा ही।

हिंदुस्तान टाइम्स, दिसंबर 2019 में सर्वप्रथम प्रकाशित

अनुवादक के बारे में

शुचिता मीतल एक लंबे समय से भारतीय अनुवाद परिषद एवं यात्रा बुक्स से जुड़ी हुई हैं। आपने नमिता गोखले की *शकुंतला*; संजीव सान्याल की *मंथन का सागर;* अमीश की *वायुपुत्रों की शपथ*, रावण, अमर भारत: युवा देश, कालातीत सभ्यता, धर्म, मूर्ति पूजा; नीलिमा डालमिया आधार की *कस्तूरबा की रहस्यमय डायरी* समेत तीस से अधिक पुस्तकों का अनुवाद किया है।

अमीश की अन्य किताबें

शिव रचना त्रयी

भारतीय प्रकाशन इतिहास में सबसे तेज़ी से बिकने वाली पुस्तक श्रृंखला

मेलूहा के मृत्युंजय

(शिव रचना त्रयी की किताब 1)

1900 ईसापूर्व। जिसे आधुनिक भारतीय ग़लती से सिंधु घाटी की सभ्यता कहते हैं, उसे उस समय के निवासी मेलूहा की भूमि—एक सम्पूर्ण साम्राज्य जिसकी स्थापना प्रभु श्रीराम ने कई शताब्दियों पूर्व की थी—के रूप में जानते थे। अब उनकी प्राथमिक नदी सरस्वती मृतप्राय होती जा रही है, और वे पूर्व दिशा में अपने शत्रुओं द्वारा किये जा रहे आतंकवादी हमलों का सामना कर रहे हैं। क्या उनके प्रसिद्ध महानायक नीलकंठ बुराई के नाश के लिए अवतरित होंगे?

नागाओं का रहस्य

(शिव रचना त्रयी की किताब 2)

कुटिल नागा योद्धा ने अपने मित्र बृहस्पति की हत्या कर दी है और अब उसकी पत्नी सती के पीछे पड़ा है। शिव, जो बुराई के प्रसिद्ध विनाशक हैं, अपने राक्षसी विरोधियों को ढूँढ़ लेने तक चैन से नहीं बैठेंगे। प्रतिशोध की प्यास उन्हें सर्प प्रजाति के लोगों नागाओं के द्वार तक ले जायेगी। शिव रचना त्रयी की दूसरी किताब में, भयंकर युद्ध लड़े जायेंगे और कुछ चौंकाने वाले रहस्यों से पर्दा उठेगा।

वायुपुत्रों की शपथ

(शिव रचना त्रयी की किताब 3)

शिव नागाओं की राजधानी पंचवटी तक जा पहुँचते हैं, और अपने वास्तविक शत्रु के विरुद्ध धर्मयुद्ध की तैयारी करते हैं। नीलकंठ नाकाम नहीं हो सकते चाहे इसकी जो भी क़ीमत चुकानी पड़े। अपनी हताशा में, वे वायुपुत्रों से सम्पर्क करते हैं। क्या वे सफल हो पायेंगे? और बुराई से लड़ने की वास्तविक क़ीमत क्या होगी? इन सभी रहस्यों का जवाब पाने के लिए इस बैस्टसैलिंग शिव रचना त्रयी का अन्तिम भाग पढ़ें।

राम चंद्र श्रृंखला

भारतीय प्रकाशन इतिहास में दूसरी सबसे तेज़ी से बिकने वाली पुस्तक द्र◌ंखला

राम—इक्ष्वाकु के वंशज

(श्रृंखला की किताब 1)

वे अपने देश से प्रेम करते हैं और क़ानून के लिए अकेले डटकर खड़े रहते हैं। उनके भाई, उनकी पत्नी सीता, और अराजकता के अँधकार के विरुद्ध लड़ाई। वे हैं राजकुमार राम। क्या वे दूसरों द्वारा उन पर उछाली गयी कीचड़ से उबर पायेंगे? क्या सीता के प्रति उनका प्रेम उन्हें उनके संघर्षों से पार लगा सकेगा? क्या वे उस राक्षस राजा रावण को हरा पायेंगे जिसने उनका बचपन नष्ट कर दिया था? क्या वे विष्णु की नियति को पूरा कर पायेंगे? अमीश की नयी राम चंद्र श्रृंखला के साथ एक और ऐतिहासिक सफ़र की शुरुआत करें।

सीता—मिथिला की योद्धा

(श्रृंखला की किताब 2)

खेतों में एक परित्यक्त बच्ची मिलती है। उसे दूसरों द्वारा नज़रअन्दाज़, कमज़ोर राज्य मिथिला के शासक गोद ले लेते हैं। किसी को विश्वास नहीं है कि यह बच्ची कुछ विशेष कर पायेगी। लेकिन वे ग़लत हैं। क्योंकि वह कोई साधारण लड़की नहीं है। वे सीता हैं। एक अनोखी बहु-रेखीय कथा शैली के माध्यम से, अमीश आपको राम चंद्र श्रृंखला के ऐतिहासिक जगत की गहराइयों में और अन्दर तक ले जाते हैं।

रावण—आर्यवर्त का शत्रु

(शृंखला की किताब 3)

रावण मनुष्यों में विशालतम बनने, विजयी होने, लूटपाट करने, और उस महानता को हासिल करने के लिए दृढ़संकल्प है जिसे वह अपना अधिकार मानता है। वह विरोधाभासों, नृशंस हिंसा और अथाह ज्ञान से भरपूर व्यक्ति है। ऐसा व्यक्ति जो प्रतिदान की आशा के बिना प्रेम करता है और बिना पश्चाताप हत्या कर सकता है। राम चंद्र शृंखला की इस तीसरी किताब में, अमीश ने लंका के राजा रावण के व्यक्तित्व के विभिन्न पहलुओं को उभारा है। क्या वह इतिहास का सबसे बड़ा खलनायक है या परिस्थितियों का मारा?

लंका का युद्ध

(शृंखला की किताब 4)

सीता का अपहरण हो गया। उन्होंने बेख़ौफ़ रावण को चुनौती दी कि वो उनका वध कर दे—उन्हें राम के समर्पण की अपेक्षा अपनी मृत्यु मंजूर थी। राम स्वयं संताप और क्रोध में घिरे थे। उन्होंने युद्ध की तैयारी कर ली। क्रोध ही उनका ईंधन है। और शांतिपूर्ण ध्यान उनका मार्गदर्शक। रावण ने खुद को अपराजित मान लिया था। उसने सोचा था कि वो राम को समर्पण के लिए मजबूर कर देगा। लेकिन उसे नहीं पता था...

भारत गाथा

महाराजा सुहेलदेव

गज़नी के महमूद के लगातार हमले भारत के उत्तरी क्षेत्रों को कमज़ोर कर देते हैं और कई पुराने साम्राज्य खत्म हो जाते हैं। इसके बाद तुर्क देश के सबसे पवित्र मन्दिरों में से एक, सोमनाथ में भगवान शिव के भव्य मन्दिर पर हमला कर उसे नष्ट कर देते हैं। भारी निराशा से भरे इस काल में एक योद्धा राष्ट्र की रक्षा के लिए सामने आता है। महाराजा सुहेलदेव—एक प्रचंड विद्रोही, एक करिश्माई नेता, एक पक्का देशभक्त। साहस और वीरता की इस रोमांचक महागाथा को पढ़िये, जो शेर के सामान उस निडर योद्धा की कहानी और बहराइच के महासंग्राम की याद दिलाती है।

कथेतर

धर्म - सार्थक जीवन के लिए महाकाव्यों की मीमांसा

अमीश और भावना भारतीय दर्शन की कुछ मुख्य अवधारणाओं को खंगालने के लिए भारत के प्राचीन महाकाव्यों के अनमोल ख़ज़ाने के विशाल और जटिल संसार में गहरे उतरते हैं। हम सही और ग़लत में कैसे भेद कर सकते हैं? उत्तर निहित हैं हमारी इन मनपसंद कहानियों की सीधी-सरल और ज्ञानपूर्ण व्याख्याओं में, जो प्रस्तुत कर रहे हैं बहुत प्यारे ऐसे काल्पनिक पात्र जिन्हें जानने में आपको बहुत आनंद आएगा।

मूर्ति पूजा: तथ्य और आस्था का संगम

बेस्टसेलिंग धर्म की सहयोगी पुस्तक मूर्ति पूजा में, मूर्ति पूजा के सार और वास्तविक अर्थ को खोजने के लिए एक बार फिर आपके पसंदीदा काल्पनिक पात्र कुछ नए पात्रों के साथ वापस आए हैं। इस अंतर्दृष्टि से भरी और विचारोत्तेजक किताब में, अमीश और भावना मिथकों और धार्मिक ग्रंथों की सीधी-सरल, विविध और दक्षतापूर्ण व्याख्याओं के माध्यम से मूर्ति पूजा से जुड़े ज्वलंत प्रश्नों को सुलझाते हैं। इस प्रक्रिया में, वे इस परंपरा के पीछे निहित व्यापक दर्शन को सामने लाते हैं और बताते हैं कि कैसे यह हमें रूपांतरण, स्वीकृति और प्रेम के माध्यम से ईश्वर के एकत्व का अनुभव करवा सकती है।

HarperCollins *Publishers* India

At HarperCollins India, we believe in telling the best stories and finding the widest readership for our books in every format possible. We started publishing in 1992; a great deal has changed since then, but what has remained constant is the passion with which our authors write their books, the love with which readers receive them, and the sheer joy and excitement that we as publishers feel in being a part of the publishing process.

Over the years, we've had the pleasure of publishing some of the finest writing from the subcontinent and around the world, including several award-winning titles and some of the biggest bestsellers in India's publishing history. But nothing has meant more to us than the fact that millions of people have read the books we published, and that somewhere, a book of ours might have made a difference.

As we look to the future, we go back to that one word—a word which has been a driving force for us all these years.

Read.